数理金融基础

Fundamentals of Mathematical Finance

张元萍 主 编
周 远 副主编

图书在版编目(CIP)数据

数理金融基础/张元萍主编. —北京：北京大学出版社，2016.10
(21世纪经济与管理规划教材·金融学系列)
ISBN 978-7-301-27459-0

Ⅰ.①数… Ⅱ.①张… Ⅲ.①金融学—数理经济学—高等学校—教材 Ⅳ.①F830

中国版本图书馆CIP数据核字(2016)第199371号

书　　　名	数理金融基础
	Shuli Jinrong Jichu
著作责任者	张元萍　主编　　周　远　副主编
责任编辑	张　燕
标准书号	ISBN 978-7-301-27459-0
出版发行	北京大学出版社
地　　址	北京市海淀区成府路205号　100871
网　　址	http://www.pup.cn
电子信箱	em@pup.cn　　　QQ:552063295
新浪微博	@北京大学出版社　@北京大学出版社经管图书
电　　话	邮购部 62752015　发行部 62750672　编辑部 62752926
印刷者	河北滦县鑫华书刊印刷厂
经销者	新华书店
	787毫米×1092毫米　16开本　14.25印张　320千字
	2016年10月第1版　2022年5月第4次印刷
定　　价	35.00元

未经许可，不得以任何方式复制或抄袭本书之部分或全部内容。
版权所有，侵权必究
举报电话：010-62752024　电子信箱：fd@pup.pku.edu.cn
图书如有印装质量问题，请与出版部联系，电话：010-62756370

丛书出版前言

作为一家综合性的大学出版社,北京大学出版社始终坚持为教学科研服务,为人才培养服务。呈现在您面前的这套"21世纪经济与管理规划教材"是由我国经济与管理领域颇具影响力和潜力的专家学者编写而成,力求结合中国实际,反映当前学科发展的前沿水平。

"21世纪经济与管理规划教材"面向各高等院校经济与管理专业的本科生,不仅涵盖了经济与管理类传统课程的教材,还包括根据学科发展不断开发的新兴课程教材;在注重系统性和综合性的同时,注重与研究生教育接轨、与国际接轨,培养学生的综合素质,帮助学生打下扎实的专业基础和掌握最新的学科前沿知识,以满足高等院校培养精英人才的需要。

针对目前国内本科层次教材质量参差不齐、国外教材适用性不强的问题,本系列教材在保持相对一致的风格和体例的基础上,力求吸收国内外同类教材的优点,增加支持先进教学手段和多元化教学方法的内容,如增加课堂讨论素材以适应启发式教学,增加本土化案例及相关知识链接,在增强教材可读性的同时给学生进一步学习提供指引。

为帮助教师取得更好的教学效果,本系列教材以精品课程建设标准严格要求各教材的编写,努力配备丰富、多元的教辅材料,如电子课件、习题答案、案例分析要点等。

为了使本系列教材具有持续的生命力,我们将积极与作者沟通,争取三年左右对教材不断进行修订。无论您是教师还是学生,您在使用本系列教材的过程中,如果发现任何问题或者有任何意见或建议,欢迎及时与我们联系(发送邮件至em@pup.cn)。我们会将您的宝贵意见或建议及时反馈给作者,以便修订再版时进一步完善教材内容,更好地满足教师教学和学生学习的需要。

最后,感谢所有参与编写和为我们出谋划策提供帮助的专家学者,以及广大使用本系列教材的师生,希望本系列教材能够为我国高等院校经管专业教育贡献绵薄之力。

北京大学出版社
经济与管理图书事业部

前　言

　　数理金融学是金融学自身发展而衍生出来的一个新的分支,是数学与金融学相结合的产物,是金融学由定性分析向定性分析与定量分析相结合转变,由规范研究向实证研究转变,由理论阐述向理论研究与实用研究并重转变,金融模糊决策向精确化决策发展,由微观金融模型向宏观金融数量化拓展的结果。

　　随着国内经济、金融的教学逐步与国际接轨,特别是近年来金融工程专业的发展,急需一本适合金融专业学生使用的数理金融教材。本教材拟在普及性和广泛适用性上下功夫,借鉴国外教材和最新研究成果,同时考虑学生的接受程度和教学要求,不注重复杂公式的推导,而侧重于应用,并附加大量例题,使金融定量分析方法与实际应用紧密结合,并在理论系统化、模型数学化、方法计量化、表述通俗化上做一些有益的尝试。

　　全书分为八章,系统地介绍了数理金融的基本理论、基本观点和基本方法,逻辑严密,层次清楚,力图展示数理金融理论及实践的最新发展趋势和研究成果,达到基础性和前瞻性的统一。

　　本书由天津财经大学张元萍老师任主编,天津财经大学周远老师任副主编,天津财经大学李炳念老师以及部分研究生参编。具体编写分工如下:第一章由张元萍编写,第二章和第三章由张元萍、赵亿编写,第四章和第五章由周远编写,第六章由周远、史德坤编写,第七章由李炳念、史德坤、封笑笑编写,第八章由李炳念、封笑笑编写。本教材得到天津财经大学重点教材建设立项项目的资助,北京大学出版社张燕编辑对本书的出版付出了辛勤的劳动,在此一并表示感谢。

编者
2016 年 7 月

目 录

第一章 数理金融引论 ·············· 1
第一节 数理金融学的发展沿革 ·············· 2
第二节 数理金融学的结构框架 ·············· 7
第三节 数理金融学面临的挑战 ·············· 13
本章小结 ·············· 21
本章重要概念 ·············· 21
思考练习题 ·············· 21

第二章 数理金融中的基本数学方法 ·············· 23
第一节 函数和微积分在数理金融中的应用 ·············· 24
第二节 线性代数在数理金融中的应用 ·············· 32
第三节 随机过程在数理金融中的应用 ·············· 35
本章小结 ·············· 41
本章重要概念 ·············· 42
思考练习题 ·············· 42

第三章 计量经济学在数理金融中的应用 ·············· 45
第一节 一元线性回归模型 ·············· 46
第二节 多元线性回归模型 ·············· 49
第三节 市场间联动性分析 ·············· 53
本章小结 ·············· 65
本章重要概念 ·············· 66
思考练习题 ·············· 66

第四章 投资组合理论与资产定价模型 ·············· 67
第一节 不确定条件下的选择理论 ·············· 68
第二节 投资组合理论 ·············· 70
第三节 资本资产定价模型 ·············· 74
第四节 套利定价理论 ·············· 77
本章小结 ·············· 82
本章重要概念 ·············· 83
思考练习题 ·············· 83

第五章 期权定价模型 ·············· 85
- 第一节 期权价格的构成 ·············· 86
- 第二节 布朗运动与伊托引理 ·············· 92
- 第三节 布莱克-斯科尔斯期权定价模型 ·············· 97
- 第四节 二叉树期权定价模型 ·············· 103
- 第五节 金融期权价格的敏感性指标 ·············· 107
- 本章小结 ·············· 112
- 本章重要概念 ·············· 113
- 思考练习题 ·············· 113

第六章 有效市场理论及检验 ·············· 115
- 第一节 股票市场的信息效率 ·············· 116
- 第二节 有效市场假说在投资中的运用 ·············· 120
- 第三节 有效市场假说的实证检验 ·············· 124
- 第四节 中国股票市场有效性问题的实证检验 ·············· 128
- 第五节 对有效市场理论的评价与发展 ·············· 132
- 本章小结 ·············· 136
- 本章重要概念 ·············· 137
- 思考练习题 ·············· 137

第七章 金融风险分析与测度 ·············· 139
- 第一节 金融风险概述 ·············· 140
- 第二节 灵敏度分析与债券市场风险 ·············· 147
- 第三节 VaR 模型 ·············· 156
- 第四节 贝叶斯 MCMC 模拟方法与操作风险 ·············· 166
- 第五节 信号评估法与信用风险的测度 ·············· 172
- 第六节 整体风险管理 ·············· 178
- 本章小结 ·············· 184
- 本章重要概念 ·············· 184
- 思考练习题 ·············· 184

第八章 宏观金融模型 ·············· 187
- 第一节 宏观金融分析框架 ·············· 188
- 第二节 货币政策模型 ·············· 193
- 第三节 动态随机一般均衡模型 ·············· 197
- 第四节 宏观金融风险管理 ·············· 204
- 本章小结 ·············· 207
- 本章重要概念 ·············· 208
- 思考练习题 ·············· 208

习题答案 ·············· 209

参考文献 ·············· 216

第一章

数理金融引论

【本章学习要点与要求】

本章讲述了数理金融的基本思想,梳理了数理金融的发展脉络,阐述了数理金融与金融学、数学的关系,确立了数理金融在金融学科体系中的地位,同时对数理金融面临的行为金融方面的挑战进行了分析。要求学生通过本章的学习,重点掌握数理金融的相关概念,了解数理金融的发展背景,认清数理金融在金融学科体系中的作用,对数理金融的发展前景有所了解。

第一节 数理金融学的发展沿革

数理金融学是金融学自身发展而衍生出来的一个新的分支,是数学与金融学相结合而产生的一门新的学科,是金融学由定性分析向定性分析与定量分析相结合转变,由微观金融模型向宏观金融数量化拓展,由规范研究向实证研究转变,由理论阐述向理论研究与实用研究并重转变,由金融模糊决策向精确化决策发展的结果。

一、数理金融学的相关机理

在现代的金融交易中,任何一项金融决策,特别是金融交易的决策都要面对许多不确定性因素,这些不确定性因素都将影响并反映在金融产品的风险与收益上,因此,任何金融决策都必须在权衡收益与风险之后才能做出。所以,如何精确地度量金融交易过程中的收益和风险,就成为金融交易决策的核心。为了使决策做到科学和精确,就必须对各种不确定性因素进行定量分析,这种现实和不断发展的需求促进了数学在金融活动中的应用和发展,从而衍生出数理金融学这一新的学科。

数理金融研究的内容可分为套利、优化和均衡。从模型的精确度分析,资产的价格波动是随机的,受外界因素影响较大,用随机过程刻画价格波动的特征是合理的。模型可分为离散型随机模型和连续型随机模型两大类。在 20 世纪 50 年代、70 年代的两个时间段,一些学者提出了"风险的处理和效益的优化"两个现代金融学的中心议题。从此,几乎所有数理金融的理论也都围绕着这两个基本问题而展开。数理金融学的这两大命题都用到了非常深刻的数学工具。前者需要近二十年来发展起来的随机分析;后者更是为数学家提出了许多新问题,使数学在金融经济学中找到了用武之地,吸引了许多数学家投身到金融经济学的研究中去。应该说明的是:将数理概念引入对金融市场制度、金融工具和金融分析方法之中,使金融分析方法得以丰富和发展,并且充实了金融研究方法体系。

金融创新还包括金融制度创新。任何事物的运动规律必然通过量的关系反映出来。金融制度创新也是如此。反过来,透过这些量的关系,可以深刻地研究和分析现象背后的本质。对金融制度用数理金融方法加以研究分析,可以从量的方面更精确地把握金融制度的深层结构和制度变迁的基本决定因素及其变化规律。因此,数理金融学还可以对金融制度创新有着巨大的推动作用。数理金融学可以把决定金融制度创新的因素量化,从而对金融制度的发展进行定量分析并揭示其内在规律。数理金融学可以通过建模、模拟分析等方法模拟市场的制度运行和制度安排本身的内在机理并揭示其特征,从而推动金融制度创新。

数理金融学和金融工程学在我国的发展是近十几年的事。我国市场经济的发展特别是证券市场的发展,实际上已为金融工程产品的开发与创新及应用提供了现实的土壤和发展空间,中国金融市场的国际化发展也预示着金融工程在中国将有广阔的发展前景。与此同时,作为金融工程基础理论的数理金融学,也必将获得迅速发展。事实上,数理金融学和金融工程学正在我国呈加速发展的态势,不少高等院校已开办了数理金融专业,不少金融企业都设立了专门的金融工程研究小组,这标志着数理金融学和金融工程学已植根于我国的金融市场土壤之中,其发展前景广阔。

二、数理金融学的发展阶段

数理金融学是20世纪50年代迅速发展起来的一门学科。数理金融学的迅速发展,是现代金融实践发展推动的结果。现代金融市场的发展实质上是一个金融产品不断快速创新的过程。20世纪50年代前的金融理论主要是对金融实践的总结和对金融政策的解释。后期金融学研究方法发生了重大改变,转向运用规范的数理论证和计量模型分析金融问题。20世纪70年代以来,各种衍生工具的产生和发展是数理金融学产生和发展的基本推动力。随着金融产品的不断创新,金融交易的范围和层次更具多样性,同时金融产品的交易价格也更具不确定性。因此,金融交易过程实际上就是一个以金融产品价格为核心的风险与收益的度量与决策问题,本质上是一个如何把交易行为量化并进而研究其相互之间关系的问题,这是数理金融学得以产生和发展的现实基础。

(一) 20世纪70年代前

金融理论的核心问题是研究在不确定的环境中经济主体如何在时间和空间上配置资源。数理金融定价模型是金融研究的一种重要工具,其产生可以追溯到路易斯·巴施里耶(Louis Bachelier)在1900年关于投机的一篇论文,它标志着连续型期权定价理论的诞生。

20世纪70年代以前,金融定价模型集中于货币的时间价值分析和贴现值研究,主要运用于非金融机构的资本预算。1938年,麦考利(Macaulay)曾将金融定价模型运用于债券价格的利率敏感性分析。20世纪40年代至50年代初,伊藤清(Kiyoshi Ito)发展了巴氏理论,使其成为金融学中重要的数学工具,即随机计算。

而一般认为,金融学从一门描述性科学向分析性科学的转变始于马科维茨(Markowitz,1952)提出的投资组合理论(modern portfolio theory,MPT)。20世纪50年代后期和整个60年代,马科维茨、斯普伦克尔(Sprenkle)、莫迪利亚尼(Modigliani)、米勒(Miller)、夏普(Sharpe)、林特纳(Lintner)、伯纳斯(Boness)、法玛(Fama)和萨缪尔森(Samuelson)等作了大量的开拓性工作。

定价模型在公司金融方面的运用有了一些新的突破,但还是集中在投融资决策和资本预算方面。1958年莫迪利亚尼和米勒在他们的一篇论文中证明了一个重要定理,后来被称为MM定理。

斯普伦克尔(1961)假设股价服从均值和方差为常数的对数正态分布,该分布允许股价有正向漂移,部分消除了巴施里耶公式的缺陷。该模型直接排除了证券具有非正价格的可能性。如果允许漂移存在随机游走,就产生了正的利率和风险厌恶。

伯纳斯(1964)在"股票期权价值理论的要素"一文中,假设股票收益服从对数正态分布。由于认识到风险态度对投资者的影响,模型中还假设投资者对风险的态度无差异,即为风险中性的。由于考虑了货币的时间价值,该模型消除了斯普里克尔模型的缺陷,但该模型同样未考虑股票和期权的风险水平不同,对这两种不同的证券采用了同一期望收益率,导致结果不太合理。

麦考利的投资组合均值-方差分析为一般资产的风险-收益分析提供了一种可行的量化工具;在此基础上,夏普(1964)、林特纳(1965)研究了资本资产价格的均衡结构,资本资产定价模型(capital asset pricing model,CAPM)也成为证券风险量化分析的基础(CAPM 的严格的假定条件给经验验证带来了许多障碍,即使在规模最大、制度最完善、效率最高的美国证券市场中,证券的风险-收益关系也不可能与 CAPM 结论完全吻合)。

20 世纪 60 年代另一个对金融实践具有重要影响的假说是萨缪尔森和法玛(1965)提出的有效市场假说(该假说认为,在一个充分有效的资本市场中,资产价格的最优估计就是经过"公平"预期回报率调整的现行价格),法玛(1970)进行了系统的总结。按照这个假说,试图使用历史数据和公众预期进行证券未来价格的预期必然是不可行的。

萨缪尔森(1965)认识到由于风险的不同,期权和股票的期望收益应该是不同的。假定股价遵循带有正成长率的几何布朗运动,因而允许有正的利率和风险收益。该模型推动了期权定价理论的发展,构成了 20 世纪 60 年代以来证券理论研究的基石,为后来的 Black-Scholes 模型的开发奠定了基础。

20 世纪 60 年代末和 70 年代初,发展到了资产定价和最优决策的跨期与不确定性分析。马科维茨的均值-方差模型为动态的投资组合理论所发展和丰富。马科维茨组合理论的立足点是全面考虑期望收益最大和不确定性(即风险)最小。随着量化研究的不断深入,组合理论及其实际运用方法越来越完善,成为现代投资学中的交流工具。

1970 年罗斯(Ross)提出了一种新的资本资产均衡模型——套利定价模型(arbitrage pricing theory,APT)。APT 的核心是假设不存在套利机会。APT 在更加广泛的意义上建立了证券收益与宏观经济中其他因素的联系,为证券走势分析提供了比 CAPM 更好的拟合。

20 世纪 50 年代以前,宏观金融学的核心理论主要建立在古典学派和凯恩斯学派的货币学说的基础上,其分析范式以定性的制度分析为主,数理方法的运用还相对较少。古典学派理论体系中货币是中性,其数量变化仅造成名义收入的变化,不会引起相对价格体系的变化,市场在瓦尔拉斯一般均衡机制下迅速出清,此时的宏观金融理论主要有决定物价的货币数量论、决定利息的资本市场供求论和金属货币制度下汇率决定的"休谟机制"与纸币制度下汇率决定的货币模型(如 Tobin 模型)等。

在 20 世纪 60 年代经济增长的"黄金时期"和 70—80 年代的"滞胀危机"前后,新古典学派和新凯恩斯学派兴起,宏观金融学进入快速发展阶段。货币主义学派、理性预期学派和供给学派是新古典经济学的三大支柱,基本假设依然是完全竞争和价格完全弹性,三个学派的理论机制存在差异,但基本结论一致,即政府政策无效。

凯恩斯主义的产生是宏观金融学的重要革命,其理论基础是货币供给外生论和货币需求"流动性偏好"说,认为在价格刚性条件下,给定货币需求函数,货币供给变化能够影响实际有效需求,进而影响实际产出。凯恩斯主义货币理论模型主要有利率产出决定的 IS-LM 模型、价格产出决定的 AD-AS 模型和开放条件下的蒙代尔-弗莱明模型等。同时,在此阶段,金融学在研究方法上也出现了重要创新,由静态和比较静态分析向动态分析转变,形成了哈罗德-多马(Harrod-Domar)的"刀刃"模型和多恩布什(Dornbusch)的"超调"(overshoot)模型等。

弗里德曼(Friedman,1963)在古典货币数量论基础上,将货币需求函数化,发现此需求函数相对稳定,提倡货币政策执行与长期实际国民收入增长率相一致的"单一规则"。在梅茨勒(Metzler,1941)的外推型预期和卡根(Cagen,1965)的适应性预期模型的基础上,卢卡斯(Lucas,1961)提出了理性预期假说,认为经济主体的理性行为将使政府的任何调控政策失效,市场会达到完美预见的均衡,系统的货币活动仅仅影响名义变量,不影响实际变量。在开放经济方面,穆斯(Muth,1961)认为在市场理性预期假设下,远期汇率是未来即期汇率的最好无偏预测器。

(二) 20 世纪 70—90 年代

1973 年布莱克(Black)和斯科尔斯(Scholes)发表了题为"期权价格和公司负债"一文,提出了有史以来第一个期权定价模型,在学术界和实务界引起了强烈反响。在这篇突破性的论文中,他们成功求解了随机微分方程,利用市场的套利条件,导出了到期月以前的期权价格的精确公式。该经济理论的重要意义在于超前于金融实践,并引导金融实践的运行。

自从布莱克和斯科尔斯的论文发表以后,莫顿(Merton)、考克斯(Cox)、鲁宾斯坦(Rubinstein)等一些学者相继对这一理论进行了重要的推广并加以广泛的应用。期权定价模型可用来制定各种金融衍生产品的价格,是各种衍生产品估价的有效工具。期权定价模型为西方国家的金融创新提供了有利的指导,是现代金融理论的主要内容之一。

20 世纪 70 年代的金融定价模型主要运用于股票市场以及基于股票的衍生证券市场。到 80 年代,其运用集中于固定收益证券领域。这些模型连同或有要求权分析(coutingent claims analysis,CCA)模型的各种发展形式为各种衍生证券的定价和套期操作提供了理论依据。80 年代后期,金融理论的时间滞后模型在实践中得到广泛的运用,例如利率动态模型连同 CCA 模型对货币市场衍生工具的定价提供了依据。

相对完全竞争市场的新古典主义,强调市场非完全的新凯恩斯主义的发展也非常迅速。针对货币市场摩擦,新凯恩斯主义发展了四大货币模型,分别是西德劳斯基(Sidrauski,1967)的效用函数中的货币模型(MIU)、卢卡斯(Lucas,1982)的现金先行模型(CIA)、金布罗(Kimbrough,1986)的购物时间模型(STM)和芬斯特拉(Feenstra,1986)的交易成本模型,这四大模型为货币进入新凯恩斯主义宏观金融分析框架奠定了基础。另外,迪克西特和斯蒂格利茨(Dixit & Stiglits,1977)的垄断竞争模型引入新凯恩斯研究框架,成为其框架下的基本设定之一;同时,新凯恩斯主义继续坚持名义价格粘性假设,开创了价格调整的 Calvo 规则和 Taylor 规则(Calvo,1983;Taylor,1980),并据此推导出新凯恩斯菲利普斯曲线,该曲线成为货币政策调控研究的重要方程。卡雷肯和华莱士(Kareken & Wallace,1981)进一步阐述了汇率的不确定性,认为政府政策变量的设置条件不足以决定汇率,就该意义上的政策而言,汇率是不确定的;卢卡斯则用太阳黑子理论证明汇率的不确定性。

(三) 20 世纪 90 年代以后

20 世纪 90 年代以来,特别是近几年,很多经济学家对不完全市场、标的资产价格存在异常跳跃或标的资产收益率方差不为常数等情况下的期权定价问题进行了广泛研究，取得了许多重要研究成果。马登和塞尼塔（Madan & Seneta，1990）选择 gamma 过程作为时变过程来构造时变布朗运动，即用 gamma 时变布朗运动代替 B-S 期权定价模型中的布朗运动，从而得到相应的资产收益模型。

近十几年中数学和计算机领域的快速发展推动了金融衍生品的发展，定价模型渐趋复杂。这一阶段的相关研究包括：斯坦（Stein，1991）、赫斯顿（Heston，1993）与罗马（Roma，1994）等采用波动率的随机过程建立衍生品的定价模型，使之更贴近现实；本赛德和伦泽（Bensaid & Lense，1992）考虑了交易费用对期权价格的影响，把衍生品定价问题归结为寻找最优保值策略的问题，一般要求解一个带约束的随机最优控制问题，提出了存在交易费用情况下的期权定价模型；朗斯塔夫（Longstaff，1993）从利率的随机过程及利率的期限结构角度来对金融衍生品定价做更进一步的研究，提出了利率衍生品的两因素一般均衡模型；赫尔和怀特（Hull & White，1993）分析得到了货币期权和股票指数期权的定价公式；鲁宾斯坦（1994）提出、萨哈拉和罗（Ait-Sahalia & Lo，1996）发展完善了马尔科夫期权定价模型；杜安（Duan，1995）提出了 GARCH（generalized autoregressive conditional heteroscedasticity）期权定价模型，以 GARCH 模型描述资产收益轨迹，反映了标的资产条件波动性的改变；琳晨（Linchen，1996）在衍生品定价及风险控制管理方面提出了利率期限结构的三因素一般均衡模型。卡露伊和奎内茨（Karoui & Quenez，1997）、朱尼（Jouini，1997）利用鞅理论非线性定价理论后移随机微分方程和等价鞅测度与不完全市场；刘海龙和吴冲锋（2001）在离散时间模型基础上，给出不完全金融市场的期权定价 ε-套利方法。针对股价服从几何布朗运动的假设，即意味着股价是时间的连续函数，研究发现，几何布朗运动并不是刻画股价过程的理想工具。实践表明，股价可能会出现间断的"跳跃"，股票的预期收益率往往是波动变化的，可能是依赖时间和股价的函数。

此外，很多文献对股价波动规律进行了研究：贝茨（Bates，1991）、阿敏和杰诺（Amin & Jarrow，1992）、马登和常（Madan & Chang，1996）进一步发展了莫顿模型，分别得到了随机利率期权定价模型和跳跃-扩散模型；施魏策尔（Schweizer，1991）提出了一般半鞅模型；赫尔和怀特（Hull & White，1987）提出、赫斯顿（Heston，1993）发展了随机波动率定价模型；贝利和斯图茨（Baily & Stulz，1989）提出、巴克希和陈（Bakshi & Chen，1997）发展完善了随机利率-随机波动率定价模型；贝茨（Bates，1996）和斯考特（Scott，1997）提出并建立了随机波动率-跳跃扩散定价模型；巴克希（Bakshi，1997）提出了基于随机利率、随机波动率和跳跃扩散假设的混合期权定价模型；尚（Chan，1999）提出了 Levy 过程模型；卡尔森（Kallsen，2000）提出了指数 Levy 过程模型；普里哲（Prigent，2001）提出了一般标志点过程模型等。

布拉特和赖德博格（Bladt & Rydberg，1998）首次提出期权定价的保险精算方法，将期权定价问题转化为等价的公平保费确定问题。闫海峰和刘三阳（2003）推广了布拉特和赖德博格的结果，把布莱克-斯科尔斯模型推广到无风险资产（债券或银行存款）具有时间相依的利率和风险资产（股票）具有时间相依的连续复利预期收益率和波动率的情况，获得了欧式期权的精确定价公式以及买权与卖权之间的平价关系。

20 世纪 90 年代以来，现代宏观金融学的基本分析框架——动态随机一般均衡模型

(简称 DSGE 模型)形成。代表性的有实际商业周期(RBC)模型、新凯恩斯动态随机一般均衡(NK-DSGE)模型和新开放宏观经济学(NOEM)模型。RBC 模型是现代宏观金融学分析框架的雏形。作为新古典学派的基准模型,其假设依然是价格弹性、信息完全和市场连续出清,认为宏观经济周期的主因是实际经济面的不确定性冲击,主要模型有基德兰德-普林斯科特(Kydland-Prescott)模型和汉森(Hansen)模型。早期 RBC 模型的关键缺陷在于分析框架中无货币,因此萨金特(Sargent,1987)和布兰查德和费雪(Blanchard & Fischer,1989)等以货币效用模型(MIU)方式将货币融入模型,但由于依然假设完美市场,在该框架下货币仍然是中性的,甚至是超中性的。

新古典完美市场条件下的 RBC 模型更多的是作为一个基准,而现实市场条件难以满足其基本假设,理论和实践中运用更多的是 NK-DSGE 模型。克里斯坦诺、艾肯鲍姆和埃文斯 2005 年的工作论文(Christiano, Eichenbaum & Evans,2005)是 NK-DSGE 模型的经典之作,涵盖了之前许多新凯恩斯主义的研究成果,包括投资的调整成本、产能利用率、工资粘性、消费惯性等。近几年,NK-DSGE 模型又在多个方面取得了显著的进展,如信息粘性、预期粘性、工资惯性、混合新菲利普斯曲线等。目前 NK-DSGE 模型最薄弱的环节在劳动力市场和金融市场方面,布兰查德和加利(Blanchard & Gali,2010)以及克里斯坦诺等(2013)等对劳动力市场进行了一定的探索,而克里斯滕森和德布(Christensen & Dib,2008)、克里斯坦诺等(2015)等推进了金融市场的研究。

NOEM 模型实际上是 DSGE 模型的开放经济版本,前述众多 RBC 或 NK-DSGE 模型也都是开放经济条件下的研究。NOEM 模型的开山之作是奥布斯坦菲尔德(Obstfeld,1995)构建的 Redux 模型,所谓的开放包括经常项目开放和资本项目开放,购买力平价和利率平价是反映此两类开放的核心假设。德弗罗(Devereux,1998)修正了 Redux 模型隐含的购买力平价假设,即认为企业不一定以生产者货币定价,可能以市场货币定价;奥布斯坦菲尔德和罗格夫(Obstfeld & Rogoff,2002)等对利率平价假设进行了修正,认为货币政策行为影响国内外利率风险溢酬。总体来看,NOEM 模型分为两类:一类是大国开放模型,又称两国模型,代表性的有克拉里达等(Clarida et al.,2001)的文献,大国模型的关键假定是两国之间的供求能够相互影响价格(即国际市场价格);而另一类是小国开放模型,代表性的是盖利(Gaily,2008)的 SOM 模型,在小国模型框架下,国内市场供求不会影响国际市场价格,国内部门在对外交往活动中只能接受国际价格。

第二节　数理金融学的结构框架

完整的现代金融学体系将以微观金融学和宏观金融学为理论基础,扩展到各种具体的应用金融学学科上,而数理金融(同时辅助以实证计量)的研究风格将逐渐贯穿整个从理论到实践的过程。

一、微观金融学与宏观金融学

金融学是研究如何在不确定性的环境下,通过资本市场对资源进行跨期最优配置的一门经济科学。可以说,金融学是专门研究不确定性和动态过程的经济学,它同正统经济学在学科研究内涵和基本方法论上存在某种相似性。由于其特殊的研究对象(货币、金融现象),金融学得以作为一门独立的经济学科存在。

从金融学思想的发展历程可以看出,早期的古典经济学家关心整体价格水平(如货币数量理论)、利息率决定和资本积累过程等问题,他们更多的是在宏观的意义上考察金融问题的。新古典后期的经济学家们,则通过利息理论把宏观金融问题与一般经济问题(如经济增长和经济危机)紧密结合在一起考虑。等到凯恩斯革命时,顺理成章地,它不但确立了现代宏观经济学,也标志着现代宏观金融学的形成,从此宏观金融学的核心内容——货币理论也同时成为宏观经济学的重要内容。

微观金融学一般被认为出现在20世纪50年代中期,如同新古典经济学(也即后来的微观经济学),它也是一种价格理论,它认为使得资源(跨期)最优配置的价格体系总是存在的,它的目标就是寻找使得资源实现最优配置的合理(金融资产)价格体系。宏观金融学则是在资源非有效配置(即自由价格机制在某种程度上失灵)的情况下,对微观金融学(也即新古典金融学)的一种现实扩展,尽管获得这种认识的历史顺序与逻辑顺序正好相反(同经济学相比较而言)。

微观金融学主要考虑金融现象的微观基础。它研究如何在不确定情况下,通过金融市场对资源进行跨期最优配置。这也意味着它必然以实现市场均衡和获得合理金融产品价格体系为其理论目标和主要内容。它的一个重要任务被认为是为资产定价。在初步引入不确定性、时间等一些基本概念后,为了呈现理性决策的基础,需要建立个人偏好公理体系和效用函数理论。然后考察个人如何做出投资/消费决策,以使得个人终身效用最大化。微观金融学的另一个方面是生产者的融资行为理论,即企业如何做出它们的投资/融资决策,通过合理的资本结构安排,使得所有者权益最大化。资金的供给者(投资者)和需求者(融资者)最终在资本市场上相遇。当市场均衡时,资产的价格和数量必须同时被决定。

宏观金融学研究在一个以货币为媒介的市场经济中,如何获得高就业、低通货膨胀、国际收支平衡和经济增长。可以认为宏观金融学是宏观经济学(包括开放条件下)的货币版本,它着重于宏观货币经济(包括开放条件下)模型的建立,并通过它们产生对于实现高就业、低通货膨胀、高经济增长和其他经济目标可能有用的货币政策结论和建议。货币经济学是整个宏观金融学的核心内容,货币只是众多的备选金融资产中的一种。在新货币主义的框架下,问题可以简化为既定收入(恒久收入)、财富约束下个人资产配置的均衡问题,或者既定价格(资产收益率)体系下收入(参数)扩张的路径问题,从而在IS-LM框架中决定了利息率和国民收入之间的关系。

在国际金融领域,大规模的资本流动使得外部平衡的传统定义有了更新,基于资产选择方法的汇率理论开始被普遍接受,以蒙代尔-弗莱明(Modell-Fleming)模型的出现为标志,整个经济的内部、外部均衡开始被紧密地联系在一起考虑。这也同时意味着开放的货币经济的整体均衡有可能通过适当的政策协调得以实现。这种协调既出现在一个经济的内部,也出现在不同经济之间。由于始终存在着看待问题的不同角度和不同的研究风格,因而在一些重要的金融问题(如通货膨胀、汇率管理、市场干预)上,总是会有不同货币政策和争论产生,这也构成了宏观金融理论的一个重要也是必然的组成部分。

二、数理金融学在金融学科体系中的地位

现代金融学体系必须对于现有各金融学分支学科提供足够的兼容性,而且最重要的是,它必须提供一个开放的学科结构,以适应飞速发展的金融理论和实践创新的需要,尤其体现在金融学这门学科的主要研究方向和内容以及主要使用的数学工具和方法的运用上。

在微观层面上,投资学研究如何把个人、机构的有限财富或者资源分配到诸如股票、国库券、不动产等各种(金融)资产上,以获得合意的现金流量和风险与收益。它的核心内容就是以效用最大化准则为指导,获得个人财富配置的最优均衡。

金融市场学分析市场的组织形式、结构,同时考察不同的金融产品和它们的特征,以及它们在实现资源跨期配置过程中起到的作用。它们的合理价格是这种研究中最重要的部分。

公司理财考察公司如何有效地利用各种融资渠道,获得最低成本的资金来源,并形成合适的资本结构。它会涉及现代公司制度中的一些诸如委托-代理结构的金融安排等深层次的问题。

金融经济学同经济学面临的任务一样,它试图通过对个人和厂商的最优化投资与融资行为以及资本市场的结构和运行方式的分析,去考察跨期资源配置的一般制度安排方法和相应的效率问题。

在宏观层面上,货币银行学的核心内容是货币供给和需求、利率的决定以及由此而产生的对于宏观金融经济现象的解释和相应的政策建议。它是主流宏观经济学的一种货币演绎。

国际金融学本质上是开放经济的货币宏观经济学,因而它往往被认为是货币银行学的一个外延和必然组成部分。在经济全球化进程中,它主要关心在一个资金广泛流动和灵活多变的汇率制度环境下,同时实现内外均衡的条件和方法。

数理金融学则显得比较独特,与其说它是一门独立的学科,倒不如说它是作为一种方法存在。它主要使用一切可能的数学方法,来研究几乎一切金融问题,特别是复杂产品定价和动态市场均衡。类似的学科还有金融市场计量经济学,本质上它属于计量经济学,它是基于实际数据,以统计计量的方法为各种金融模型和理论提供校验(验伪)手段和方法。

近年来,推动金融学与数学相结合的主要动力是金融工程学的发展,金融工程学侧重于衍生金融产品的定价和实际运用,它最关心的是如何利用创新金融工具,来更有效地分配和再分配个体所面临的形形色色的经济风险,以优化他们的风险与收益特征。

数理金融学是金融工程学的理论基础,可以说,金融工程学就是把数理金融学的基本原理工程化、产品化。前者是基础理论,后者是理论的应用。金融工程学的核心内涵包括两个方面:一是如何组合已有的金融产品,以改变原有金融产品的风险与收益特性,从而达到有效地利用与开发风险、实现金融交易收益最大化的目的。能否通过金融产品的不同组合来实现开发风险、提高收益的目的,关键在于能否精确地刻画与预测金融产品的风险与收益变化的规律。二是开发新的金融产品。开发新的金融产品,说到底就是根据市场的需要创新出具有新的收益与风险特性,或者能对已有产品形成替代,或者可

与已有金融产品结合而产生更令人满意的风险与收益特性,或者能适应某种特殊需要的新金融品种。总之,金融工程学的关键是要能定量地精确刻画出金融产品的风险。要实现这样的目的,除了应用数学工具与思维方法之外,别无他径。同时,在精确地刻画金融产品风险的基础上,如何进行金融产品组合,仍然是一个应用数学工具与思维方法的问题。因此,数理金融学与金融工程学两者是相互依赖和促进的。金融工程学的发展不断为数理金融学提出新的研究课题,促进了数理金融学的发展;另一方面,数理金融学的发展也日益拓宽金融工程学的创新空间,不断为金融工程学提供新的理论和方法。

综上所述,金融学的这些分支学科所考察的金融现象发生在不同的层次之上,并存在着某种分工。各种分支学科之间的固有联系正日益变得有机、清晰,并紧密统一在一个完整的框架结构中。图1-1 提供了一份比较完整的现代金融学学科构成图。当然,由于实践的快速发展和学科的开放性质,它将不断得到进一步的充实和扩展。

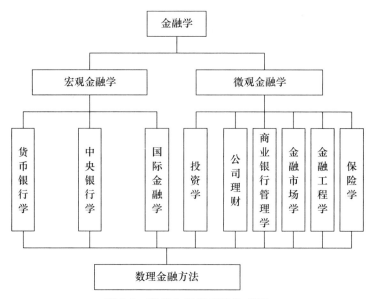

图1-1　现代金融学学科构成图

三、数理金融学的结构框架

构建一门学科是为了更全面和更系统地研究它。目前数理金融学科体系缺乏一种提纲挈领和统一的基础理论框架。它也最大限度地使用现代数学提供的有力工具,这主要是指随机过程理论,因而它是一门建立在金融学和数学基础上的专门解决不确定性和动态问题的经济学分支学科。它为金融学提供方法论基础。同时,它和几乎所有金融实践工作紧密地联系在一起,它的大量成果被直接应用到金融市场第一线。本书的框架结构和基本内容主要从以下几个方面展开。

第一部分是数理金融方法基础篇,包括第2章和第3章,阐述了数理金融的基本数学方法和计量经济学在数理金融中的应用,重点讲述了微积分、线性代数、概率论、计量经济学等在数理金融中的应用。例如,运用指数、对数函数计算连续复利和实际利率、银行按揭贷款、分期付款、银行贴现以及时间最优问题;运用微分方法测度边际效用函数、经济函数最优化、中间产品划拨价格；运用积分方法测度净投资的时间积分、消费者剩余和生产者剩余；运用微分方程和差分方程，决定动态平衡点和投资函数，制定滞后收入决定模型；运用矩阵方法，进行 IS-LM 分析，决定市场均衡模型，测度证券组合收益率和风险；运用雅可比行列式判断函数的相关性；运用海赛行列式最优化测定最优化解；运用随机过程研究无穷多个随机变量的方法；运用计量经济学的一元回归方程和多元回归模型、协整的基本理论、基本方法对金融相关问题进行分析。

第二部分是数理金融方法核心篇，包括第 4 章到第 6 章，阐述了资本资产定价模型和期权定价模型。资产组合理论是 20 世纪 50 年代由马科维茨首先提出，后来由夏普、罗斯等人进一步完善和发展为资本资产定价模型。它揭示了如何运用组合理论来确定一条可供投资者选择的有效边界，使得边界上的每一个点都符合在给定风险水平下具有较大收益的特点。

马科维茨在前人的研究成果基础上，创立了"均值-方差"分析框架以及投资者行为规范模式。马科维茨认为，投资者的一个最优资产组合——在既定方差水平上有最大的收益率或在既定的收益水平上有最小的方差——将是一个均方差有效率的资产组合，并将投资者的资产选择问题转为一个给定目标函数和约束条件的线性规划问题。

在研究投资者行为时，马科维茨借用了消费者行为理论（效用论）中的无差异曲线的概念，只不过将坐标系中的两种商品换成了预期收益率和标准差（风险）。同样，类似于消费者行为理论中的消费者预算线（消费可能线），马科维茨提出了"可行域"和"有效边界"的概念。类似于消费者行为理论中的消费者均衡，马科维茨通过有效边界和投资者的无差异曲线构建了投资者均衡，无差异曲线与有效边界的切点就是投资者最满意的投资组合，这是马科维茨均值-方差模型的理论思想。但是，并不像消费者行为理论那样，接下来推导消费者需求曲线，均值-方差模型并没有因此推导个别投资者或整个市场投资者的需求曲线，因为"可行域"已经描述了投资者所有的选择范围，"有效边界"描述了投资者依据预期收益和风险关系可能选择的有效组合，接下来不同的投资者再依据各自的预期收益和风险偏好在有效边界上选择自己最满意的投资组合。马科维茨均值-方差模型对单个投资者的行为进行了规范性的描述。马科维茨均值-方差模型是投资者最优资产选择行为的纯理论模型，它研究了单个投资者在追求效用最大化情况下的行为模式，为现代股票定价理论奠定了基础。

20 世纪 60 年代以后发展起来的资本市场理论研究的不是单个投资者的行为，而是全部投资者的行为。准确地说，是研究遵循马科维茨均值-方差分析框架所描述的单个投资者行为模式的所有投资者共同行动将导致怎样的市场状态。资本市场理论主要说明了如果投资者已经按照资产组合理论构建了证券组合，证券的收益和风险之间应该存在什么关系。在给定风险后，从风险收益关系可以求出证券资产的预期收益率；知道了预期的现金流和预期收益率，再把预期收益率作为贴现率就能够定出证券资产的理论价值。所以，一般把描述风险收益关系的模型称为资产定价模型。其实，资产定价模型不是直接给资产定价，而是给资产确定一个与风险匹配的贴现率。确切地说，资产定价模型给出了估计权益资本成本的方法。资本市场理论与马科维茨创立的资产组合理论共同构成现代股票定价理论，理论界也把资产组合理论和资本市场理论合称为风险与收益理论,因为这两个理论都是研究预期收益与风险的理论。资本市场理论中的一些定价模型在金融投资界产生了重大影响,如资本资产定价模型、多要素资本资产定价模型和套利定价模型等,这些模型预测了投资者获取一项资产时所要求得到的预期收益,回答了投资者要求获得多少风险溢价的问题。

从投资者行为的角度看,资本市场理论假定人们的决策是建立在理性预期、风险回避、效用最大化以及相机抉择等假设的基础之上。资本市场理论试图通过描述投资者最优决策行为模式下收益与风险的权衡关系,来解释投资者最优决策行为对证券资产价格的决定,这是证券资产价格决定理论要解决的首要问题。如果整个证券市场投资者的实际决策行为与最优决策行为是一致的,则资本市场理论中的均衡定价模型就可以很好地估算证券资产与风险相匹配的收益率,再通过预测这些证券资产的预期现金流,就可以通过折现的方法给证券资产定价。

20世纪60年代末,金融经济学的数学模型在莫迪利亚尼、米勒、马科维茨、夏普、罗斯等人的研究下形成了良好的基础。这些数理经济学家后来都因此获得了诺贝尔经济学奖。

数理经济学出现的重大突破,就是布莱克和斯科尔斯为期权定价提出了极为著名的布莱克-斯科尔斯公式。期权就是在某个时刻以某种确定的价格购买某种证券的权利。如果把期权买卖可能的收益与无风险的短期银行利息作比较,就能将期权定价问题归结为一个随机微分方程的解,从而可导出一个与实际相吻合的计算公式。这项重大的突破推动了无数有关证券定价的新研究,尤其是在数学理论上大大激发了人们对随机控制问题的研究兴趣。相当多的研究立即被投入应用,它使人们能通过数学分析来发现投资时机与不确定性之间错综复杂的关系。这就使金融市场发生了直接而深刻的变化,从而宣告了数理金融学(亦称金融数学)的诞生。

在证券市场上,有效市场假说于1970年基本被学术界接受,随后几年也得到了投资界的接受。从1936年凯恩斯的"动物精神"到20世纪70年代有效市场假说的"理性投资者",学术界在投资者行为分析的理论研究范围上发生了重大转变。有效市场假说所反映的是价格充分反映所有可以得到信息的理想状态,实际上体现了竞争均衡的思想,是亚当·斯密(Adam Smith)"看不见的手"在金融市场中的延伸,这样投资者就不能利用某些分析模式或信息,始终如一地在证券市场上获得超额利润。最早使用统计方法分析收益率的是路易·巴舍利耶(Louis Bachelier)。1920年他把本用于赌博的方法用于股票、债权、期货和期权。从20世纪40年代末起,统计分析用于股票市场开始受到重视,1964年,库特纳(Cootner)在他编撰的经典文集《股票市场价格的随机性》里收集了一批成为有效市场假说基础的文章,该书为1965年由法玛形式化的有效市场假说思想提供了理论基础,书中包含了奥斯本(Osberne)1964年论文中形式化的关于股票价格遵循随机游走的主张。奥斯本提出了一系列关于投资者对于价值看法的假定:投资者根据他们的期望价值或预期收益率来估计股票,而期望价值是可能的收益率的概率加权平均值,在此,投资者是以理性和无偏的方式设定其主观概率的。法玛于1965年提出并形成了有效市场假说,主张信息不能被用来在市场中获利,而且有效市场的概念被用来质疑基本分析和技术分析。法玛勾勒了人完全理性时精妙有序的"有效市场",提供了金融市场分析的基准,并于2013年获得诺贝尔经济学奖。

第三部分是数理金融方法应用篇,包括第 7 章和第 8 章,阐述了数理金融方法在金融风险管理和宏观金融研究方面的应用。

该部分首先阐述了数理金融方法在金融风险测度与分析中的应用。金融风险是指由于金融市场因素发生变化而对企业的现金流产生负面影响,导致企业的金融资产或收益发生损失并最终引起企业价值下降的可能性。例如,利率、汇率或者商品价格的波动,以及由于债务人财务状况恶化而导致违约的可能性等,都会给企业的资产价值和收益带来风险。其中重点讲述了 VaR(在险价值)分析方法。VaR 是指在正常的市场条件和给定的置信度(通常是 95% 或 99%)下,在给定的持有期间内,某一投资组合预期可能发生的最大损失;或者说,在正常的市场条件下和给定的时间段内,该投资组合发生的 VaR 值损失的概率仅为给定的概率水平。其次对价格的波动性进行测算。其中重点介绍了 GARCH 模型(广义自回归条件异方差模型)、历史模拟法和蒙特卡洛模拟法。GARCH 是一般化条件自回归的异方差,回报的波动呈现出集聚性和爆发性,可称该回报时间序存在条件异方差。GARCH 模型对条件异方差的建模采取的是自回归方法。历史模拟法采用的是全值估计方法,它要求收集某一特定历史时期的数据,根据市场因子的未来价格水平对头寸进行重新估值,计算出头寸的价值变化,然后将组合的损益从小到大排序,得到损益分布,通过给定置信度下的分位数求出 VaR。蒙特卡洛模拟法亦称随机模拟法,其基本思想是:为求解经济金融等方面的问题,首先建立一个概率模型随机过程,使其参数等于问题的解;然后通过对模型或过程的观察,计算所求参数的统计特征;最后给出所求问题的近似值,解的精度可用估计值的标准误差表示。

金融风险管理理论的最新进展即整体风险管理(TRM)系统,就是在现有风险管理系统的单一变量(即概率)的基础上引进另外两个要素(即价格和偏好),谋求在三要素系统中达到风险管理上客观量的计量与主体偏好的均衡最优。这样不但可以对基础金融工具风险进行管理,而且也可以管理衍生工具可能带来的风险,从而实现对风险的全面控制。三个要素在 TRM 系统中都是关键性的:价格是经济主体为规避风险而必须支付的金额,概率用来衡量各种风险(包括衍生交易本身的风险)的可能性,而偏好决定经济主体愿意承担和应该规避的风险的份额。

数理金融方法在宏观政策分析方面的应用也有较大发展。动态随机一般均衡模型(DSGE 模型)作为有力工具,为政策分析及决策提供了一个统一的方法。它可以帮助央行识别经济波动的原因,回答有关经济结构的问题,预测政策变化的效果,以及进行一些测试。同时,DSGE 模型也为经济的结构性特征和简化的经济参数之间构建了桥梁。但是,DSGE 模型作为政策工具的实用性和合理性尚需证明。

图 1-2(见第 14 页)勾画出了数理金融学的结构框架。

第三节　数理金融学面临的挑战

2013 年的诺贝尔经济学奖颁发给了法玛(Fama)、汉森(Hansen)和希勒教授(Shiller),以表彰"他们对资产价格的实证分析的贡献"。法玛教授可以称得上是金融经济学领域的思想家。其博士论文为"股票市场价格走势"。汉森是芝加哥大学的一位经济学

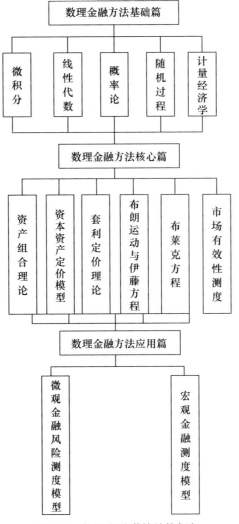

图 1-2　数理金融学的结构框架

家。其最主要的贡献在于发现了在经济和金融研究中极为重要的广义矩估计方法。目前,汉森正利用稳定控制理论和递归经济学理论研究风险在定价和决策中的作用。

希勒是耶鲁大学经济系著名教授,是行为金融学领域的奠基人之一。有别于传统金融学研究中"理性人"假设,行为金融学研究侧重于从人们的心理、行为出发,来研究和解释现实金融市场中的现象。目前,行为金融学已经成为金融学研究中最为活跃的领域,行为金融学的研究方法和部分结论已经得到越来越多的专业人士的认可。行为金融学是在评论数理金融学的基础上建立的,它对数理金融学提出了挑战。它把投资者的心理区分为理性逐利与价值感受,把心理学纳入投资行为分析,解释金融市场中的异常现象,提出了研究投资者行为的模型,成为引人注目的新兴学派。

本节将重点介绍行为金融学与数理金融学的区别、行为金融学的核心理论及其给数理金融学带来的挑战。

一、行为金融学概述

行为金融学作为一个新兴的研究领域,至今还没有一个为学术界所公认的严格定义。塞勒(Thaler)提出,行为金融学应该是研究人类认知、了解信息并付诸决策行动的学科。通过大量的实验模型,他发现投资者行为并不总是理性、可预测和公正的,实际上,投资者经常会犯错。2013年诺贝尔经济学奖得主、行为金融学奠基人之一希勒(Shiller)认为行为金融学是从对人们决策时的实际心理特征研究入手讨论投资者决策行为的,其投资决策模型是建立在对人们投资决策的心理因素的假设基础上的。中国学者李心丹(2005)则认为行为金融学是行为经济学的一个分支,它主要是研究人们在投资决策过程中的认知、感情、态度等心理特征及其引起的市场非有效性的一系列问题。可以说行为金融学是心理学和金融学的结合,而最早探讨心理学和金融学相结合的研究,可以追溯到19世纪勒庞(Lebon)的《乌合之众》(*The Crowd*)和麦基(Mackey)的《非凡的公众错觉和集体疯狂》(*Extraordinary Popular Delusion and Madness of Crowds*)。

1936年凯恩斯基于心理预期在投资决策中的重要作用,提出股市"选美竞赛"理论和"空中楼阁"理论。他认为决定投资者行为的主要因素是心理因素,投资者是非理性的,其投资行为是建立在"空中楼阁"之上的,证券价格的高低取决于市场中投资者的心理预期所形成的合力,投资者的交易行为充满了"动物精神"(animal spirit)。1979年斯坦福大学心理学教授特维茨基(Tversky)和普林斯顿大学研究心理学的卡尼曼(Kahneman)共同提出了前景理论(prospect theory),成为行为金融理论研究史上的一个里程碑。行为金融理论作为一种新兴金融理论真正兴起于20世纪80年代后期,1985年德邦特(Debondt)和塞勒发表了题为"股票市场过度反应了吗?"一文,揭开了行为金融学迅速发展的序幕。谢弗利姆和斯塔特曼(Shefrim & Statman,1994)的行为资产定价模型和行为组合理论标志着行为金融学进入快速发展时期。

二、行为金融学与数理金融学的区别

通过对数理金融学到行为金融学的发展演变过程的分析,我们可以发现,数理金融学和行为金融学的根本区别有三个方面:一是假设基础不同,二是研究逻辑不同,三是方法和本质不同。

(一) 假设基础不同

斯蒂格利茨(2010)指出:"经济学理论是一个逻辑推理过程,由一组假设以及由这些假设推演得出的结论共同构成,只有前提假设正确,结论才可能是正确的。"莫欣(Mossin,1973)也曾指出:"通过检查前提假设,将能够更加准确地发现被忽略的部分,进而估计理想与现实差异的本质和影响。"

通过对比分析我们可以发现,数理金融学和行为金融学关于前提假设的分歧主要存在于两个方面:一是数理金融学认为市场中的人是理性的,即经济行为人对其所处环境的各种状态都具有完美信息,并且在既定条件下每个人都具有使自己获得最大效用的意愿和能力。具体包括三个方面的含义:(1)自利性假设;(2)一致性假设;(3)极大化假设。但随着经济学研究的深入发展,上述完全理性的三个基本含义都受到不同程度的质疑。以西蒙(Simon)为代表的有限理性论得到了行为金融学派的认同,有限理性论认为人类的理性只在一定的限度内起作用,即理性的适用范围是有限的,并提出了"实质理性"和"过程理性"的区别。行为金融学对数理金融学完全理性的假设前提进行了修正。二是数理金融学认为市场是有效的,而行为金融学认为市场并非完全有效。市场是否有效,是行为金融学和数理金融学争论的核心命题,也是理论界和实务界争论的焦点。市场有效学说的代表人物法玛认为,尽管大量文献证明了股价长期回报异常的存在,但市场仍是有效的,因为股价对市场信息的过度反应和反应不足同时存在,异常只是一种"偶然结果"。但希勒反对法玛的观点,他认为不能简单地把过度反应和反应不足当成是偶然结果,而忽略其背后的心理学依据。塞勒也认为传统数理金融学只提供了一系列没有实证支持的资产定价模型以及一系列没有理论支持的实证观察结果,行为金融学的观点及方法将逐渐深入金融学研究的各个层面,以致最后"行为金融学"这一名词将消失。伴随着时间的流逝,纯理性的模型将被纳入一个更为广泛的心理学模型中去,其中完全理性将作为一个重要的特例。

(二) 研究逻辑不同

传统数理金融学研究的是经济个体的最优决策行为,是基于严格假设条件下的一种理想情况,可以说是先创造理想,然后逐步走向现实,其关注的重点是理想状况下应该发生什么,而不是现实世界实际上发生了什么,它的研究逻辑可以说是从理想到现实;而行为金融学研究的是现实生活中的真实决策行为,其关注的重点是现实世界实际发生了什么及其深层次的原因是什么,可以说是先基于现实,然后逐步走向理想,它的研究逻辑是从现实到理想。行为金融学相对于数理金融学来说是一种现实的逻辑、逆向的逻辑。

(三) 方法与本质不同

数理金融学主要是把数学作为工具,利用数学的原理和方法来研究金融市场的规律,数学本身不会对金融市场产生影响。而行为金融学除了利用数学的原理和方法外,更加注重利用心理学的知识和方法来研究金融市场规律。人的心理本身会对金融市场产生重大影响,金融市场的很多现象和规律都与人的心理有关,心理现象会对投资者的投资产生重大影响。著名投资大师巴菲特的经典名言就是:"别人恐慌的时候贪婪,别人贪婪的时候恐慌。"行为金融学探究人们决策时的实际心理特征,研究人的认知、感情、态度等心理特征对投资者及金融市场的影响,是抓住了金融的本质。

三、行为金融学的核心理论

行为金融学是从人们决策时的实际心理活动入手讨论投资者的投资决策行为的,其投资决策模型是建立在对人们投资决策时心理因素的假设基础上的(当然这些关于投资者心理因素的假设是建立在心理学实证研究结果基础上的)。行为金融学发现投资者在进行投资决策时常常表现出以下一些心理特点。

(一) 过分自信

行为金融学的研究者指出,心理学研究发现人们较多地表现出过分自信(overconfidence),他们过分地相信自己的能力。比如,在瑞典进行的一项调查显示,在被调查的司机中,有90%的司机认为自己的驾驶水平要"高于平均水平"。特别是有研究发现,在实际预测能力未改变的情况下,人们更为相信自己对较熟悉的领域所做的预测。

(二) 非贝叶斯预测

现代金融理论中的最优决策模型要求投资者按照贝叶斯规律修正自己的判断并对未来进行预测。但是行为金融学的研究发现,人们在决策过程中并不是按照贝叶斯规律不断修正自己的预测概率,而是对最近发生的事件和最新的经验给予更多的权重,从而导致人们在决策和做出判断时过分看重近期事件的影响。

(三) 回避损失和"心理"账户

对于收益和损失,投资者更注重损失带来的不利影响。有的实证研究显示,人们对损失赋予的权重是收益的两倍,而这将造成投资者在投资决策时按照心理上的"盈利"和"损失",而不是实际收益和损失采取行动。比如,如果某投资者拥有 A、B 两种股票各 1 000 股,其当前市场价格均为 20 元,但其中一只股票的买入价为 10 元,另一只股票的买入价为 25 元。如果投资者分别出售两只股票,由于不愿意遭受损失,他将保留股票 B。但如果投资者将两只股票同时出售,由于会有净收益产生,将大大削弱分别出售时遭受损失的感觉,甚至不认为投资遭受损失。投资者的这种心理活动将对其投资决策产生影响。

(四) 后悔规避

当投资决策失误后,投资者的后悔心情是难以避免的。因此,即使是同样的决策结果,如果某种决策方式可以减少投资者的后悔心理,则对投资者来说,这种决策方式将优于其他决策方式。减少决策失误后的后悔心态的决策方式有多种,比如,委托他人代为进行投资决策;"随大流",仿效多数投资者的投资行为进行投资等。如果委托他人投资可以减少因自身决策失误造成的后悔心理,则这种委托代理关系将会产生负的代理成本,提高委托人的效用。

(五) 框架效应

卡内曼和特韦尔斯基(Kahneman & Tversky)研究人们在不确定条件下决策时会注意到环境与选择的关系。当我们面临决策时,不仅要受到预期效应的约束,同时也会受到问题表述的框架方式的影响。即问题是以什么方式呈现在人们面前的,这会在一定程度上影响人们对风险认知的态度。例如,面对同样的预期效用的确定性收益和风险性收益,如果结果是存在收益,那么人们会选择确定性收益,即表现为风险规避型;面对同样的预期效用的确定性损失和风险性损失,若结果是发生损失,那么人们会选择风险性损失,即表现为风险偏好型。

(六) 从众心理

作为心理学的古老命题,从众心理也被带入金融学范畴。在投资市场这种群体活动中,行为人必然会受到其他参与者以及整个市场环境的影响,产生模仿、追随等行为倾向。在突发事件中,从众心理会达到相当高的程度。从众心理预期会导致强烈的定价偏差,人们的这种非理性情绪无法相互抵冲,反而会相互增强,使有效市场假说更难实现。

(七) 赌博与投机行为

在试图解释市场投机行为时,必须考虑赌博现象的存在。赌博作为一种主动的冒险行为,广泛存在于不同文化背景的人群中,以至于被视为人类的本性之一。赌博现象的存在使传统的效用理论中关于风险厌恶的假设面临挑战。人们往往既表现为风险厌恶型,又表现为风险偏好型。传统的效用理论已不能解释这一矛盾,直到前景理论出现,才从理论上对这一问题提出了合理的解释。

(八) 参考点

参考点的概念是特韦尔斯基在前景理论中提出的,指的是人们评价事物时,总要与一定的参照物相比较,称之为参考点。在参考点附近,人们的态度最有可能发生变化。换言之,所得到的第一个1000美元是最有吸引力的,而所失去的第一个1000美元则是最让人厌恶的。参考点可以是特定时间(如年末)的组合市值、单个证券的购买价格,或者是托付给基金管理人的金钱数。参考点可以理解为进行比较的个人视点、据以构建不同情形的"现状"。参考点与锚定是两个不同的概念,参考点是一种个人主观评价标准,而锚定则是一种心理现象。

(九) 锚定效应

锚定是指人们倾向于把对将来的估计和已采用过的估计联系起来,同时易受他人建议的影响。诺思克拉夫特和尼尔(Northcraft & Neale,1987)曾在研究中证实,在房地产交易过程中,起始价较高的交易最后达成的成交价比起始价较低的交易最终达成的成交价显著要高。此外,当人们被要求做定量评估时,往往会受到暗示的影响,如以问卷形式进行调查时,问卷所提供的一系列选项可令人们对号入座,从而使人们的回答受到选项的影响。锚定会使投资者(包括一些专业证券分析师)对新信息反应不足。宏观经济学家还认为,锚定现象与粘滞价格有关。

行为金融学的支持者认为,正是由于投资者在进行投资决策时存在上述种种心理背景,从而使他们的实际决策过程并非现代金融理论所描述的最优决策过程,进而导致证券市场上证券价格的变化偏离建立在最优决策模型等现代金融理论假设基础上的有效市场假说。

四、行为金融学对异常现象的解释

(一) 红利困惑

行为金融学运用"心理账户""不完善的自我控制"和"后悔厌恶"进行分析。对现实投资者而言,1美元红利与1美元资本利得是有区别的,因为他们在心理上将资金存入了不同的账户之中,股票价格的下跌是心理上资本账户的损失,而公司取消红利则是红利账户的损失,并且现实投资者不同于理性人,他们不具备良好的自控能力,对于在花销上缺乏良好自制力的投资者来说,只花红利、不动本金是改善自控的最好工具。除此之外,对于后悔的厌恶,也使投资者不愿出售股票来获取收益,因为今后股票价格上升了,投资者会感到后悔不已。后悔是与决策的责任相联系的,因为决策失误会导致后悔,而如果投资者接受红利就不需要决策,从而后悔的可能性就会减少。

(二) 弗里德曼-萨维奇困惑

经研究发现,投资者通常同时购买保险和彩票,而它们是风险与期望收益完全不同的两种资产。这被称为"弗里德曼-萨维奇困惑"。行为金融学认为弗里德曼-萨维奇困惑是由于投资者对待不同的心理账户有不同的风险态度。投资者们对各种资产进行投资时通常将这些资产划分成不同的层次。在低层次的心理账户上的投资通常收益比较低,如投资于货币市场基金、信用级别高的债券等,但相对而言更安全、稳定,投资者在这一层次的投资表现出极强的风险厌恶;而在高层心理账户上的投资通常收益很高,具有很大的增值潜力,如投资于彩票、高成长基金、股票等,但相对而言具有很大的风险,投资者在这一层次的投资则表现出较强的风险寻求。而且与马科维茨模型不同,现实投资者通常忽略不同心理账户之间的相关性。

(三) 赢者-输者效应

赢者-输者效应是指由于投资者对过去的输者组合过分悲观,对赢者组合过分乐观而导致股价偏离其内在价值。赢者-输者效应的产生在于代表性启发式,即投资者依赖于过去的经验法则进行判断,并将这种判断外推至将来。一般而言,输者组合是一些在连续几年内均有坏消息的典型公司,而赢者组合是一些在连续几年内均有好消息的典型公司。由于代表性启发式的存在,投资者对过去的输者组合表现出过度的悲观,而对过去的赢者组合表现出过度的乐观,即投资者对好消息和坏消息都存在过度反应。这将导致输者组合的价格被低估,而赢者组合的价格被高估,价格都将偏离各自的基本价值。但是错误定价不会永久持续下去,在形成期之后这段时间,错误定价将会得到纠正,从而,输者组合的业绩将会超出市场的平均业绩,而赢者组合的业绩将会低于市场的平均业绩。

(四) 惯性效应

惯性效应是指股票的收益率有延续原来的运动方向的趋势。行为金融学认为惯性效应产生的根源在于保守、锚定、过度自信和显著性所导致的一种启发式偏差:反应不足。利用收益宣布后公司股价走势变化这一例子,行为金融学对惯性效应进行了说明。当公司公布收益上涨的消息后,股票价格首先在短期内表现出持续的走势,随后在长期内又出现反转走势。之所以在前期出现持续走势,关键在于投资者对新信息反应不足,过于保守。此时,由于历史信息比新信息更具显著性,因而对新信息估价过低,投资者仍锚定于过去的历史价格,因而价格趋势并未因新信息的出现而有所改变。随着时间的推移,新信息变得比历史信息更为显著,此时投资者对新信息估价过高,出现过度反应,同赢者-输者效应相同,过度反应所导致的价格偏离不会长久持续下去,偏离的价格最终会得到纠正,而出现反转的走势。

(五) 投资者情绪效应

投资者情绪效应是指投资者对未来预期的系统性偏差。行为金融学从心理的角度说明了赢者-输者效应和惯性效应存在的原因,但是其解释遭到来自标准金融支持者的反对,在他们看来这些异象的产生或是由于数据挖掘或是来自风险弥补,而法玛(1998)则认为在实证检验中过度反应与反应不足各占一半,刚好说明了市场的有效性。如果说过度反应和反应不足还不足以作为投资者非理性导致市场非有效的证据,那么投资者情绪与投资收益率之间相关性的典型存在则较充分地证实了这一点。它说明投资者的心理预期并不完全跟随有关股票基本价值的信息变动而变动,而是受到过去收益率的重要影响,除此之外,它还说明了投资者的情绪是影响资产定价的重要因素,市场并不是有效的。

五、行为金融学对数理金融学争论的新发展

随着行为金融理论的发展,有些学者逐渐认识到把行为金融理论与现代金融理论完全对立起来似乎是不恰当的,而将二者结合起来,对现代金融理论和模型进行改进和完善,正成为行为金融理论的另一个重要发展方向。在这方面,卡内曼和特韦尔斯基(Kahneman & Tversky)提出的前景理论、斯塔特曼(Statman)和舍夫林(Shefrin)提出的行为组合理论和行为资产定价模型引起金融界的广泛关注。表 1-1 显示了数理金融学和行为金融学的发展演变。

表 1-1 数理金融学和行为金融学的发展演变

数理金融学	行为金融学
马科维茨(1952),现代资产组合理论	锚定效应、事后启示(1974)
莫迪利亚尼和米勒(1958),MM 定理	模糊规避、损失规避、过度反应(1979)
夏普(1964),资本资产定价模型	卡内曼和特韦尔斯基(1979),前景理论
法玛(1970),有效市场假说	心理账户(1991)
布莱克和斯科尔斯(1973),Black-Scholes 期权定价模型	谢弗利姆和斯特曼(1994),行为资产定价模型
	谢弗利姆和斯塔特曼(1999),行为组合理论
	从众效应(1999)
	过度自信(2001)
	可得性偏误(2003)

(一) 前景理论

传统期望效用理论和行为金融学中的前景理论(prospect theory)是目前研究人们行为决策模式的两种重要理论。前者以最终财富状态作为人们决策的参考依据,但是效用函数形式不明确;后者以财富的变化量作为人们决策的参考依据,但是将客观概率转换成了随机性较大的主观概率。作为对两者的综合和延伸,一个新的消费者行为决策机制——比例效用理论被提出。作为比例效用理论的扩展应用,后人简单证明了比例效用理论是边际效用递减规律存在的理论基础,同时还通过计量分析给予了比例效用理论实证层面上的支持。

(二) 行为组合理论

行为组合理论(BPT)是在马科维茨的现代资产组合理论(MPT)的基础上发展起来的。现代资产组合理论认为,投资者应把注意力集中在整个组合而非单个资产的风险和预期收益的分析上,而最优的组合配置处在均值-方差有效前沿上,这就需要考虑不同资产之间的相关性。然而,在现实中大部分投资者无法做到这一点,他们实际构建的资产组合是基于对不同资产的风险程度的认识以及投资目的所形成的一种金字塔形的行为资产组合,位于金字塔各层的资产都与特定的目标和特定的风险态度相联系,它们之间

的相关性被忽略了。

(三) 行为资产定价模型

行为资产定价模型(BAPM)是对现代资本资产定价模型(CAPM)的扩展。与 CAPM 不同,在 BAPM 中,投资者并非都具有相同的理性信念,而是被分为两类:信息交易者和噪声交易者。信息交易者是严格按 CAPM 行事的理性投资者,他们不会受到认知偏差的影响,只关注组合的均值和方差;噪声交易者则不按 CAPM 行事,他们会犯各种认知偏差错误,并没有严格的对均值和方差的偏好。两类交易者互相影响,共同决定资产价格。当前者是代表性交易者时,市场表现为有效率,而当后者成为代表性交易者时,市场表现为无效率。在 BAPM 中,证券的预期收益是由其"行为 β"决定的,β 是"均值-方差有效组合"的切线的斜率。这里,均值-方差有效组合并不等于 CAPM 中的市场组合,因为现在的证券价格受到噪声交易者的影响。另外,BAPM 还对在噪声交易者存在的条件下,市场组合回报的分布、风险溢价、期限结构、期权定价等问题进行了全面研究。无论是 CAPM 还是 BAPM,在估计 β 值时都会出现问题。在 CAPM 中,我们只知道市场组合的构建原则,在实际中并无可行的方法,只好用综合指数来代替市场组合,这造成了 CAPM 实证检验的困难;而在 BAPM 中,市场组合的代表问题更加严重,因为均值-方差有效组合会随时间而改变。

本章小结

1. 数理金融学是数学与金融学相结合而产生的一门新的学科,是金融学由定性分析向定性分析与定量分析相结合较变、由规范研究向实证研究为主转变、由理论阐述向理论研究与实用研究并重较变、由金融模糊决策向精确化决策发展的结果。

2. 数理金融学主要使用一切可能的数学方法,来研究金融问题,特别是复杂产品定价和动态市场均衡。数理金融学研究的内容可分为套利、优化和均衡。

3. 数理金融学研究大致可分为三个时期。随着数理金融学研究的深入,它的理论体系将不断完善。同时,随着与之有关的数值方法的提出与改进,数理金融学的成果将会为经济建设提供科学的指导作用。

本章重要概念

微观金融学　宏观金融学　数理金融　行为金融学　数理金融学

思考练习题

1. 简述数理金融学的定义、研究内容及其相关机理。
2. 简述数理金融学的发展过程。
3. 简述数理金融学在金融学科体系中的地位及其结构框架。
4. 简述数理金融学与行为金融学的区别。
5. 叙述行为金融学对数理金融学的挑战。

第二章

数理金融中的基本数学方法

【本章学习要点与要求】

数理金融是数学与金融学的结合,它把大量数学方法应用于金融领域,提出一些研究方法。本章重点阐述数学方法的基本应用原理和应用技巧,使学生掌握数理金融中的基本数学方法的研究原理和思路,为以后各章学习打下较扎实的数学基础。

第一节 函数和微积分在数理金融中的应用

函数和微积分是数理金融中最基础的数学工具,本节主要学习函数和微积分在利率分析、边际分析、银行按揭贷款等方面的应用。

一、指数函数和对数函数在数理金融中的应用

(一) 连续复利和实际利率

给定本金 P,每年以 i 为利率计算复利一次,t 年后的终值 F 由指数函数确定。

$$F = P(1+i)^t \tag{2-1}$$

如果每年计算复利 m 次,t 年后的终值为

$$F = P\left(1 + \frac{i}{m}\right)^{mt} \tag{2-2}$$

如果利率 i 为 100%,一年内连续计算复利,终值

$$F = P\lim_{m \to \infty}\left(1 + \frac{i}{m}\right)^{mt} = Pe^t \tag{2-3}$$

对于非 100% 的利率 r,及非一年的时期 t,终值为

$$F = Pe^{rt} \tag{2-4}$$

对于负增长率,如折旧或贬值,公式中的 i 或 r 为负数。

反之,如果要根据式(2-4)推导实际利率,可知实际利率 r 的计算公式为

$$r = \frac{\ln F - \ln P}{t} \tag{2-5}$$

例 2-1 100 元本金,以 10% 计算复利,求其两年后的终值。

解 每年计算一次复利,

$$F = P(1+i)^t = 100 \times (1+0.10)^2 = 121$$

每半年计算一次复利,$m=2,t=2$,

$$F = P\left(1 + \frac{i}{m}\right)^{mt} = 100 \times \left(1 + \frac{0.10}{2}\right)^{2 \times 2} = 100 \times (1+0.05)^4 = 121.55$$

连续计算复利,

$$F = Pe^{rt} = 100 \times e^{0.10 \times 2} = 122.14$$

可见复利次数越多,终值越大。

(二) 实际利率与名义利率

相同的本金及相同的名义利率,由于复利种类不同,会产生不同的实际利率。如例 2-1 所示,每年计算一次复利时,两年后终值为 121 元;每半年计算一次复利时,两年后终值为 121.55 元;而连续计算复利时,两年后终值为 122.14 元。

为了求出多次计算复利的实际年利率 i_e,由 $P(1+i_e)^t = P\left(1+\frac{i}{m}\right)^{mt}$,两边同除以

P,并开 t 次方根,得

$$1 + i_e = \left(1 + \frac{i}{m}\right)^m$$

$$i_e = \left(1 + \frac{i}{m}\right)^m - 1 \tag{2-6}$$

为了求出连续计算复利的实际年利率,由 $1 + i_e = e^r$,得

$$i_e = e^r - 1 \tag{2-7}$$

例 2-2 名义利率为 10%,期限为 2 年,求:
(1) 每半年计算一次复利的实际年利率;
(2) 连续计算复利的实际年利率。

解 (1) $i_e = \left(1 + \frac{i}{m}\right)^m - 1 = 1.05^2 - 1 = 10.25\%$

(2) $i_e = e^r - 1 = e^{0.1} - 1 = 1.10517 - 1 = 10.52\%$

(三) 银行按揭贷款

银行按揭贷款是以客户的信誉作担保,或以一定资产作抵押,先在银行贷款,然后再分期等额偿还。银行为了方便客户查询,一般制成一张按揭表,客户可以查表计算,选择按揭期限与方式,银行按揭可归结为数学问题:贷款 P 元,年利率为 r,分 n 期等额偿还,每期应偿还多少?

一般以 1 个月为一期,月末偿还,年利率为 r,月利率为 $i = \frac{r}{12}$,设每期偿还 A 元,则 n 期还款折现为现值的总和应等于贷款总和,由现值公式 $P = \sum_{t=0}^{n} \frac{A}{(1+i)^t}$ 可知:

第 1 期还款 A 的折现值为: $\frac{A}{1+i}$;

第 2 期还款 A 的折现值为: $\frac{A}{(1+i)^2}$;

$\vdots$

第 n 期还款 A 的折现值为: $\frac{A}{(1+i)^n}$;

所以 $P = \frac{A}{1+i} + \frac{A}{(1+i)^2} + \cdots + \frac{A}{(1+i)^n} = \frac{A}{i}\left[1 - \left(\frac{1}{1+i}\right)^n\right]$,

$$A = \frac{Pi}{1 - (1+i)^{-n}} \tag{2-8}$$

式(2-8)即为银行按揭的数学模型,又称资金还原公式。

$\frac{i}{1-(1+i)^{-n}}$ 称为资金还原系数,常用 $(A/P, i, n)$ 表示,可通过查年金现值系数表计算求得。

例 2-3 某人贷款金额为 20 万元,年利率为 6%,计划办理 5 年银行按揭,每个月月末应向银行还款多少钱?

解 已知 $P = 200\,000$ 元, $i = 6\% \div 12 = 0.5\%$, $n = 5 \times 12 = 60$(月)。

由银行按揭数学模型(2-8)可知,每月偿还数额

$$A = \frac{Pi}{1-(1+i)^{-n}} = P(A/P, i, n)$$
$$= 200\,000 \times (A/P, 0.5\%, 60)$$
$$= 200\,000 \times 0.019\,34$$
$$= 3\,868(元)$$

按 5 年银行按揭方式,每月月末应还款 3 868 元。

从以上例子中可以看出:(1) 客户 5 年实际还款总数为 $3\,868 \times 60 = 232\,080$(元),贷款金额为 200 000 元,$232\,080 - 200\,000 = 32\,080$(元),即 5 年累计支付利息 32 080 元。(2) 按揭时间越长,每个月偿还数量越少,可减轻客户的偿还压力,但按揭时间越长,付出的利息越高。(3) 上例中没有考虑年息的变化,即假定年利率是不变的。实际运作中,由于银行的利率随着经济情况经常变化,每月偿还资金数量会随着利率作一些调整。

(四) 分期付款

在市场经济中,有些商品价格较高,消费者一次付款有困难,企业为了推销商品,采取分期付款的形式,有些商品在第一次付款时就可以取得,有些商品在货款付清后才能取得。有些银行也开办分期付款业务,由消费者分期还款给银行。

分期付款的形式有多种:(1) 成交时取货,企业需计算现值;(2) 货款付清后取货,消费者计算终值;(3) 向银行借款购买商品,以后分期偿还银行借款;(4) 分期付款在中途变更付款条件。

例 2-4 某汽车每台售价 100 000 元,成交时付款 34 000 元,其余 66 000 元分 11 个月付款,即每月 6 000 元,假设月息为 4.2‰,求企业获得的现值。

解 $P = 34\,000 + \dfrac{A}{i}[1-(1+i)^{-n}]$

$= 34\,000 + \dfrac{6\,000}{0.004\,2} \times [1-(1+0.004\,2)^{-11}]$

$= 98\,366.63(元)$

即每台汽车分期付款总额的现值为 98 366.63 元。

二、微分方法在数理金融中的应用

在金融分析中,经常需要计算时间最优问题、中间产品转移价格的测定问题等,这就需要运用微分方法进行分析。

(一) 利用微分方法计算时间最优问题

例 2-5 假设为投资买入的土地以下面的公式增值,其中 V 代表土地价值,t 代表持有时间。

$$V = 1\,000\mathrm{e}^{\sqrt[3]{t}}$$

在连续复利的前提下贴现率为 0.09,为使土地的现值最大,应该持有该土地多久?

解 土地的现值 P 等于土地价值乘以贴现因子 $\mathrm{e}^{-0.09t}$,即

$$P = 1\,000e^{\sqrt[3]{t}} \div e^{0.09t} = 1\,000e^{\sqrt[3]{t} - 0.09t}$$

$$\ln P = \ln 1\,000 + t^{\frac{1}{3}} - 0.09t$$

$$\frac{d(\ln P)}{dt} = \frac{1}{P}\frac{dP}{dt} = \frac{1}{3}t^{-\frac{2}{3}} - 0.09$$

$$\frac{dP}{dt} = P\left(\frac{1}{3}t^{-\frac{2}{3}} - 0.09\right) = 0$$

$$\frac{1}{3}t^{-\frac{2}{3}} = 0.09$$

$$t = 0.27^{-\frac{3}{2}} \approx 7.13 (\text{年})$$

二阶条件

$$\frac{d^2P}{dt^2} = P\left(-\frac{2}{9}t^{-\frac{5}{3}}\right) + \left(\frac{1}{3}t^{-\frac{2}{3}} - 0.09\right)\frac{dP}{dt} = -\frac{2P}{9\sqrt[3]{t^5}} < 0$$

所以当 $t = 7.13$ 时,P 有极大值,即持有土地 7.13 年现值最大。

(二) 划拨价格的决定机制

在国际投资中,划拨价格是从事跨国公司经营的企业系统内部(母公司与子公司之间、子公司与子公司之间)买卖中间产品时所执行的价格。它应以中间产品成本为基础,且同时满足母公司与子公司的利润最大化。

假定某跨国公司由三个部门组成:两个上游部门,一个下游部门。两个上游部门的产量分别为 Q_1 和 Q_2,成本相应为 $C_1(Q_1)$ 和 $C_2(Q_2)$,下游部门的产量为 Q,其生产函数为 $Q = f(K, L, Q_1, Q_2)$,其中 K, L 是下游部门所投入的资本和劳动力。公司的总成本除了上游部门成本 $C_1(Q_1)$ 和 $C_2(Q_2)$ 外,还包括下游部门的成本 $C_d(Q)$;两个上游部门生产的中间产品的划拨价格分别为 P_1 和 P_2,下游部门的销售收入为 $R(Q)$;当三个部门各自达到利润最大化时,公司的总利润最大。在此仅举出不存在中间产品外部市场时价格的确定。

设该企业的总利润为 $\pi(Q)$,则

$$\pi(Q) = R(Q) - C_d(Q) - C_1(Q_1) - C_2(Q_2) \tag{2-9}$$

为使总公司利润达到最大,可对上式求偏导,令总利润对上游部门 1 产量的偏导等于零,即最后一单位上游部门 1 生产的中间产品的边际成本等于这一单位中间产品给跨国公司带来的额外收益。

$$\begin{aligned}\frac{\partial \pi}{\partial Q_1} &= \frac{\partial R}{\partial Q}\frac{\partial Q}{\partial Q_1} - \frac{\partial C_d}{\partial Q}\frac{\partial Q}{\partial Q_1} - \frac{\partial C_1}{\partial Q_1} - 0 \\ &= \left(\frac{\partial R}{\partial Q} - \frac{\partial C_d}{\partial Q}\right)\frac{\partial Q}{\partial Q_1} - \frac{\partial C_1}{\partial Q_1}\end{aligned} \tag{2-10}$$

令式(2-10)等于零,即

$$\frac{\partial \pi}{\partial Q_1} = 0 = \left(\frac{\partial R}{\partial Q} - \frac{\partial C_d}{\partial Q}\right)\frac{\partial Q}{\partial Q_1} - \frac{\partial C_1}{\partial Q_1}$$

$$0 = (MR - MC_d)\frac{\partial Q}{\partial Q_1} - MC_1 \qquad (2\text{-}11)$$

其中，$\frac{\partial Q}{\partial Q_1}$ 是增加一单位上游部门 1 的中间产品生产能够带来的最终产品的增量，定义为上游部门的边际产出，记作 MP_1。MR 为最终产品生产的边际收益，MC_d 为下游部门的边际成本，$(MR - MC_d)$ 为两者之差。定义 $(MR - MC_d)MP_1$ 为上游部门 1 的年边际收益，记作 NMR_1。所以式(2-11)可改为 $MC_1 = NMR_1 = (MR - MC_d)MP_1$。

同理，为了使母公司的利润达到最大化，可以解出上游部门 2 的相关数据：

$$MC_2 = NMR_2 = (MR - MC_d)MP_2$$

其中，MP_2 是上游部门 2 的边际产出，NMR_2 是上游部门 2 的年边际收益。

令两个上游部门的利润分别为 π_1 和 π_2，则

$$\pi_1 = P_1 Q_1 - C_1(Q_1)$$
$$\pi_2 = P_2 Q_2 - C_2(Q_2) \qquad (2\text{-}12)$$

为了使上游部门 1 的利润最大化，可对(2-12)式求偏导，并令利润 π_1 对中间产量 Q_1 的偏导数为零，即 $\frac{\partial \pi_1}{\partial Q_1} = P_1 - \frac{\partial C_1}{\partial Q_1} = 0$，得 $MC_1 = P_1$。

同理，为了使上游部门 2 的利润最大化，可以推出 $MC_2 = P_2$。

划拨价格制定的条件为

$$P_1 = MC_1 = NMR_1 = (MR - MC_d)MP_1$$
$$P_2 = MC_2 = NMR_2 = (MR - MC_d)MP_2$$

可见，当生产中间产品的边际成本等于其年边际收益时确定的价格是划拨价格。

例 2-6 某生产赛车的跨国公司由两个部门组成，上游部门生产引擎，下游部门组装赛车。该赛车需求曲线为 $P = 20\,000 - Q$，则可推知收益为

$$R(Q) = QP = Q(20\,000 - Q) = 20\,000Q - Q^2$$

所以边际收益为 $MR = 20\,000 - 2Q$。

已知上游部门的成本是 $C_E(Q_E) = 2Q_E^2$，则上游部门的边际成本为 $MC_E = 4Q_E$，下游部门的成本为 $C_A = 8\,000Q$，边际成本 $MC_A = 8\,000$，求引擎的划拨价格 P_E、赛车的产量 Q、引擎的产量 Q_E 和赛车的价格 P_A。

解 引擎生产的年边际收益 $NMR_E = (MR - MC_A)MP = MR - MC_A$，

$$NMR_E = (20\,000 - 2Q_E) - 8\,000 = 12\,000 - 2Q_E$$

令 $NMR_E = MC_E$，得 $12\,000 - 2Q_E = 4Q_E$，解出

$$Q_E = Q = 2\,000(台)$$
$$P_E = MC_E = 4 \times 2\,000 = 8\,000(元)$$
$$P_A = 20\,000 - 2\,000 = 18\,000(元)$$

三、积分方法在数理金融中的应用

微分是用来测量函数的变化率。求微分的逆过程及已知微分求原函数的过程叫做积分或反微分，原函数 $F(x)$ 就称为 $F'(x)$ 的积分或原函数。

净投资 I 定义为时间 t 内的资本产量构成 K 的变化率,假如这个过程是连续的,$I(t) = \dfrac{dK(t)}{dt} = K'(t)$,根据投资率可以估计资本存量的水平,资本存量就是净投资关于时间的积分:$K_t = \int I(t) dt = K(t) + c = K(t) + K_0$,这里 $c =$ 初始的资本存量 K_0。同理,利用积分可以根据边际成本(MC)来估算总成本(TC),因为边际成本就是产出增量而引起的总成本的变化,$MC = \dfrac{dTC}{dQ}$,且只有可变成本随产出水平的变化而变化。

$$TC = \int MC dQ = VC + C = VC + FC \tag{2-13}$$

因为 $C =$ 固定或初始成本 FC,数理经济分析致力于寻找变量的时间路径或者力求决定变量是否随着时间的推移收敛于平衡点。

例 2-7 给定净投资率 $I(t) = 140 t^{\frac{3}{4}}$,且当 $t = 0$ 时初始资本存量是 150,求资本函数 K,即时间路径 $K(t)$。

解 $K = \int 140 t^{\frac{3}{4}} dt = 140 \int t^{\frac{3}{4}} dt = 140 \left(\dfrac{4}{7} t^{\frac{7}{4}} \right) + c = 80 t^{\frac{7}{4}} + c$

四、微分方程和差分方程在数理金融中的应用

(一) 运用微分方程决定动态平衡点

微分方程可用于决定市场均衡模型的动态平衡点,它描述出宏观经济的不同条件下价格增长的时间路径,也可以估计资本函数,并根据边际成本和边际收入函数估计总收益函数。

例 2-8 给定需求函数 $Q_d = c + bP$ 和供给函数 $Q_s = g + hP$,均衡价格是 $\overline{P} = \dfrac{c - g}{h - b}$。假定市场中价格的变化率 $\dfrac{dP}{dt}$ 是正的,它是关于超额需求 $Q_d - Q_s$ 的线性函数。

$$\dfrac{dP}{dt} = m(Q_d - Q_s), \quad m = 常数 > 0 \tag{2-14}$$

分析在什么条件下,当 $t \to \infty$ 时,$P(t)$ 将趋近于 $\overline{P}$,这个条件就是市场上的动态价格稳定条件。

解 将给定 Q_d 和 Q_s 代入(2-14)式,有

$$\dfrac{dP}{dt} = m[(c + bP) - (g + hP)] = m(c + bP - g - hP)$$

$$\dfrac{dP}{dt} + m(h - b)P = m(c - g)$$

令 $v = m(h - b)$,$z = m(c - g)$,利用一阶线性微分方程通解的一般公式

$$y(t) = e^{-\int v dt} \left(A + \int z e^{\int v dt} dt \right)$$

$$= e^{-vt} \left(A + \int z e^{vt} dt \right)$$

$$= \mathrm{e}^{-vt}\left(A + \frac{z\mathrm{e}^{vt}}{v}\right)$$

$$= A\mathrm{e}^{-vt} + \frac{z}{v}$$

当 $t=0$ 时,$P(0) = A + \frac{z}{v}$,

$$A = P(0) - \frac{z}{v}$$

$$P(t) = \left(P(0) - \frac{z}{v}\right)\mathrm{e}^{-vt} + \frac{z}{v}$$

最后代入 $v = m(h-b)$ 和 $z = m(c-g)$,

$$P(t) = \left(P(0) - \frac{c-g}{h-b}\right)\mathrm{e}^{-m(h-b)t} + \frac{c-g}{h-b}$$

价格的时间曲线为

$$P(t) = (P(0) - \overline{P})\mathrm{e}^{-m(h-b)t} + \overline{P} \tag{2-15}$$

因为 $P(0),\overline{P},m \geq 0$,当 $t \to \infty$ 时,式(2-15)等号右边的第一项将趋于 0,$P(t)$ 将趋于 $\overline{P}$,当且仅当 $h-b \geq 0$。对于正常的情况,需求函数是负的斜率($b<0$),而供给函数是正的斜率($h>0$),则可以确定其动态稳定条件。只要 $h \geq b$,拥有正斜率需求函数或负斜率供给函数的市场也将是动态稳定的。

(二) 运用可分离变量微分方程求投资函数

投资的变化率将影响经济的总需求和生产能力,可以运用微分方程寻找经济增长的时间路径,并沿该路径增长。

例 2-9 若边际储蓄倾向(s)和边际资本-产出比率(k)都是常数,计算可达到预期增长所需的投资函数。

解 总体需求(Y)的变化等于投资(I)的变化乘以边际储蓄倾向的倒数,即 $\frac{\mathrm{d}Y}{\mathrm{d}t} = \frac{1}{s} \times \frac{\mathrm{d}I}{\mathrm{d}t}$。

生产能力(Q)的变化等于资本存量(K)的变化乘以边际资本-产出比率(k)的倒数,即

$$\frac{\mathrm{d}Q}{\mathrm{d}t} = \frac{1}{k}\frac{\mathrm{d}K}{\mathrm{d}t} = \frac{1}{k}I \quad \left(\frac{\mathrm{d}K}{\mathrm{d}t} = I\right)$$

当生产能力充分利用时,

$$\frac{1}{s} \times \frac{\mathrm{d}I}{\mathrm{d}t} = \frac{1}{k}I, \quad \frac{1}{s}\mathrm{d}I = \frac{1}{k}I\mathrm{d}t \tag{2-16}$$

分离变量 $\frac{\mathrm{d}I}{I} - \frac{s}{k}\mathrm{d}t = 0$

$$\ln I - \frac{s}{k}t = c$$

积分可得 $Ie^{-(\frac{s}{k})t} = C$,即
$$I = Ce^{(\frac{s}{k})t}$$
在 $t=0$ 时, $I(0) = C$,有 $I = I(0)e^{(\frac{s}{k})t}$。

投资量必须以由 $\frac{s}{k}$(即边际储蓄倾向与边际资本-产出比率之比)决定的常数比率增长。

(三) 运用差分方程制定滞后收入决定模型

差分方程表示的是因变量和滞后的自变量之间的关系,这些变量在离散的时间区间内变化。假定消费量(C_t)是前一期收入(Y_{t-1})的函数,c 为边际消费倾向,那么
$$C_t = C_0 + cY_{t-1}, \quad Y_t = C_t + I_t$$
如果 $I_t = I_0$,那么 $Y_t = C_0 + cY_{t-1} + I_0$。

设 $b = c, a = C_0 + I_0$,把这些值代入一阶线性差分方程 $y_t = by_{t-1} + a$,求解一般公式

$$\begin{cases} y_t = \left(y_0 - \frac{a}{1-b}\right)b^t + \frac{a}{1-b}, & \text{当 } b \neq 1 \text{ 时} \\ y_t = y_0 + at, & \text{当 } b = 1 \text{ 时} \end{cases} \tag{2-17}$$

$$Y_t = \left(Y_0 - \frac{C_0 + I_0}{1-c}\right)c^t + \frac{C_0 + I_0}{1-c} \tag{2-18}$$

因为边际消费倾向 c 不等于1,并且当 $t=0$ 时,假定 $Y_t = Y_0$,那么这条时间路径的稳定性取决于 c,因为 $0 < MP < 1$, $|c| < 1$,时间路径将收敛。因为 $c > 0$,所以非振荡,均衡是稳定的,并且当 $t \to \infty$ 时, $Y_t \to \frac{C_0 + I_0}{1-c}$,这是收入的暂时均衡水平。

例 2-10 给出 $Y_t = C_t + I_t, C_t = 200 + 0.9Y_{t-1}, I_0 = 100, Y_0 = 4500$,求解 Y_t。

解 $Y_t = 200 + 0.9Y_{t-1} + 100 = 0.9Y_{t-1} + 300$

利用公式 $y_t = \left(y_0 - \frac{a}{1-b}\right)b^t + \frac{a}{1-b}$,得

$$Y_t = \left(4500 - \frac{300}{1-0.9}\right)0.9^t + \frac{300}{1-0.9}$$
$$= 1500 \times 0.9^t + 3000$$

由于 $|0.9| < 1$,时间路径收敛;由于 $0.9 > 0$,则无振荡,因此 Y_t 是动态稳定的。当 $t \to \infty$ 时,上式右边第一项趋于0,并且 Y_t 接近于收入的均衡水平 3000。

检验:分别令 $t=0, t=1$,因此
$$Y_0 = 1500 \times 0.9^0 + 3000 = 4500$$
$$Y_1 = 1500 \times 0.9^1 + 3000 = 4350$$
用 $Y_1 = 4350$ 代替 Y_t,用 $Y_0 = 4500$ 代替 Y_{t-1}:
$$4350 - 0.9 \times 4500 = 4350 - 4050 = 300$$

第二节　线性代数在数理金融中的应用

线性代数可以用简明方式表示复杂的方程系统,提供简便方法验证方程组解的存在与否,它丰富了方程系统的求解方法。但线性代数只用于线性系统,由于许多经济关系可以由线性方程来近似,也可以转换为线性关系来分析,因而数理金融中大量应用线性代数的方法。

一、矩阵在数理金融中的运用

矩阵是数、参数或变量的矩阵排列,通过矩阵的加减乘除运算,以及矩阵转置、逆矩阵的相互关系,可以求解线性方程组,解决相关计算问题。

在证券组合分析中,由于证券种类繁多,需要运用矩阵方法测度多种证券组合的收益率和风险。

例 2-11　某证券组合由一个风险证券组合和一个无风险证券构成。风险证券组合中包括两个证券 A 和 B,它们的预期收益率 $E(R_1)$ 和 $E(R_2)$ 分别为 10% 和 8%。证券 A 的方差为 $\sigma_A^2 = 200$,证券 B 的方差为 $\sigma_B^2 = 80$,协方差 $\sigma_{AB} = 50$,两种证券权重(ω_1 和 ω_2)均为 0.5。无风险证券的预期收益率为 5%,在证券组合中的权重(ω_f)为 0.25。要求计算该证券组合的总预期收益率和总风险。

解　已知 $E(R_i) = \begin{bmatrix} 10\% \\ 8\% \end{bmatrix}$,$\begin{bmatrix} \sigma_{11} & \sigma_{12} \\ \sigma_{21} & \sigma_{22} \end{bmatrix} = \begin{bmatrix} 200 & 50 \\ 50 & 80 \end{bmatrix}$,$R_f = 5\%$,$W_{p_0} = \begin{bmatrix} 0.5 \\ 0.5 \end{bmatrix}$,$W_{p_t} = \begin{bmatrix} 0.25 \\ 0.75 \end{bmatrix}$

原组合预期收益率 $E(R_{p_0}) = (\omega_1 \quad \omega_2) \begin{bmatrix} E(R_1) \\ E(R_2) \end{bmatrix} = (0.5 \quad 0.5) \begin{bmatrix} 10\% \\ 8\% \end{bmatrix} = 9\%$

总组合预期收益率 $E(R_p) = (0.25 \quad 0.75) \begin{bmatrix} 5\% \\ 9\% \end{bmatrix} = 8\%$

原组合风险:

$$\sigma_{p_0}^2 = (\omega_1 \quad \omega_2) \begin{bmatrix} \sigma_{11} & \sigma_{12} \\ \sigma_{21} & \sigma_{22} \end{bmatrix} \begin{bmatrix} \omega_1 \\ \omega_2 \end{bmatrix} = (0.5 \quad 0.5) \begin{bmatrix} 200 & 50 \\ 50 & 80 \end{bmatrix} \begin{bmatrix} 0.5 \\ 0.5 \end{bmatrix} = 95$$

$$\sigma_{p_0} = \sqrt{95} = 9.75$$

总组合风险为 $\sigma_p = (1 - \omega_f)\sigma_{p_0} = (1 - 0.25) \times 9.75 = 7.31\%$

二、特殊行列式在数理金融中的应用

在数理金融中要应用一些特殊行列式和矩阵,如雅可比行列式、海赛行列式等。

(一) 雅可比行列式

雅可比行列式既可以用来检验线性函数的相关性,也可以用来检验非线性函数的相关性。雅可比行列式 $|J|$ 是由方程组的所有一阶偏导数按一定顺序排列组成的,已知 $y_1 = f_1(x_1, x_2, x_3)$,$y_2 = f_2(x_1, x_2, x_3)$,$y_3 = f_3(x_1, x_2, x_3)$,则构造雅可比行列式为

$$|J| = \left|\frac{\partial y_1, \partial y_2, \partial y_3}{\partial x_1, \partial x_2, \partial x_3}\right| = \begin{vmatrix} \frac{\partial y_1}{\partial x_1} & \frac{\partial y_1}{\partial x_2} & \frac{\partial y_1}{\partial x_3} \\ \frac{\partial y_2}{\partial x_1} & \frac{\partial y_2}{\partial x_2} & \frac{\partial y_2}{\partial x_3} \\ \frac{\partial y_3}{\partial x_1} & \frac{\partial y_3}{\partial x_2} & \frac{\partial y_3}{\partial x_3} \end{vmatrix} \qquad (2-19)$$

雅可比行列式的第 i 行是由函数 y_i 关于每个独立变量 x_1, x_2, x_3 的偏导数组成的,第 j 列是由函数 y_1, y_2, y_3 关于第 j 个自变量 x_j 的偏导数组成的。如果 $|J|=0$,则方程为函数相关的;如果 $|J| \neq 0$,则方程为函数无关的。

例 2-12 已知 $\begin{cases} y_1 = 5x_1 + 3x_2 \\ y_2 = 25x_1^2 + 30x_1x_2 + 9x_2^2 \end{cases}$,利用雅可比行列式判断其函数相关性。

解 首先,求一阶偏导数:

$$\frac{\partial y_1}{\partial x_1} = 5, \frac{\partial y_1}{\partial x_2} = 3, \frac{\partial y_2}{\partial x_1} = 50x_1 + 30x_2, \frac{\partial y_2}{\partial x_2} = 30x_1 + 18x_2$$

然后,构造雅可比行列式 $|J| = \begin{vmatrix} 5 & 3 \\ 50x_1 + 30x_2 & 30x_1 + 18x_2 \end{vmatrix}$,求值:$|J| = 5(30x_1 + 18x_2) - 3(50x_1 + 30x_2) = 0$,则方程之间是函数相关的。实际上:$25x_1^2 + 30x_1x_2 + 9x_2^2 = (5x_1 + 3x_2)^2$。

(二) 海赛行列式

海赛行列式 $|H|$ 是由所有的二阶偏导数构成的,其中二阶直接偏导数位于主对角线上,交叉偏导数位于非对角线的位置,利用海赛行列式,可以方便地检验二阶条件。

已知 $Z = f(x, y)$,二阶海赛行列式为 $|H| = \begin{vmatrix} Z_{xx} & Z_{xy} \\ Z_{yx} & Z_{yy} \end{vmatrix}$,其中 $Z_{xy} = Z_{yx}$,如果位于对角线上的第一个元素即第一主子式 $|H_1| = Z_{xx} > 0$ 且第二主子式 $|H_2| = \begin{vmatrix} Z_{xx} & Z_{xy} \\ Z_{yx} & Z_{yy} \end{vmatrix} = Z_{xx}Z_{yy} - (Z_{xy})^2 > 0$,则极小值的二阶条件成立。当 $|H_1| > 0, |H_2| > 0$ 时,海赛行列式 $|H|$ 被称为正定的,一个正定的海赛行列式完全能胜任极小值的二阶条件的角色。如果第一主子式 $|H_1| = Z_{xx} < 0$ 且第二主子式 $|H_2| = \begin{vmatrix} Z_{xx} & Z_{xy} \\ Z_{yx} & Z_{yy} \end{vmatrix} > 0$,则极大值的二阶条件成立。当 $|H_1| < 0, |H_2| > 0$ 时,海赛行列式 $|H|$ 被称为负定的,一个负定的海赛行列式完全能胜任极大值的二阶条件的角色。

例 2-13 有一经济函数 $Z = 3x^2 - xy + 2y^2 - 4x - 7y + 12$,证明在 $x_0 = 1, y_0 = 2$ 处达到最优,二阶偏导数 $Z_{xx} = 6, Z_{yy} = 4, Z_{xy} = -1$,利用海赛行列式验证二阶条件满足最优。

证明 $|H| = \begin{vmatrix} Z_{xx} & Z_{xy} \\ Z_{yx} & Z_{yy} \end{vmatrix} = \begin{vmatrix} 6 & -1 \\ -1 & 4 \end{vmatrix}$,$|H_1| = Z_{xx} = 6 > 0$,$|H_2| = \begin{vmatrix} 6 & -1 \\ -1 & 4 \end{vmatrix} = 23 > 0$,则海赛行列式 $|H|$ 为正定的,从而经济函数 Z 在临界值处取得最小值。

（三）最优化问题中的海赛行列式

已知 $y = f(x_1, x_2, x_3)$，二阶海赛行列式为 $|H| = \begin{vmatrix} y_{11} & y_{12} & y_{13} \\ y_{21} & y_{22} & y_{23} \\ y_{31} & y_{32} & y_{33} \end{vmatrix}$，其元素为 y 的各个二阶偏导数：$y_{11} = \frac{\partial^2 y}{\partial x_1^2}, y_{12} = \frac{\partial^2 y}{\partial x_2 \partial x_1}, y_{23} = \frac{\partial^2 y}{\partial x_2 \partial x_3}$，等等，极小值或极大值的条件则取决于第一、第二和第三主子式的符号。如果 $|H_1| = y_{11} > 0, |H_2| = \begin{vmatrix} y_{11} & y_{12} \\ y_{21} & y_{22} \end{vmatrix} > 0, |H_3| = |H| > 0$，则 $|H|$ 为正定，满足极小值的二阶条件。如果 $|H_1| = y_{11} < 0, |H_2| = \begin{vmatrix} y_{11} & y_{12} \\ y_{21} & y_{22} \end{vmatrix} > 0$，$|H_3| = |H| < 0$，则 $|H|$ 为负定的，满足极大值的二阶条件。更高阶的海赛行列式有类似的结论：如果 $|H|$ 的所有主子式为正，则 $|H|$ 为正定的，满足极小值的二阶条件，如果 $|H|$ 的所有主子式的符号在负与正之间交替出现，$|H|$ 为负定的，满足极大值的二阶条件。

例 2-14 最优化函数为 $y = -5x_1^2 + 10x_1 + x_1 x_3 - 2x_2^2 + 4x_2 + 2x_2 x_3 - 4x_3^2$，利用海赛行列式检验二阶条件。

解 一阶条件为
$$\begin{cases} \frac{\partial y}{\partial x_1} = y_1 = -10x_1 + 10 + x_3 = 0, \\ \frac{\partial y}{\partial x_2} = y_2 = -4x_2 + 4 + 2x_3 = 0, \\ \frac{\partial y}{\partial x_3} = y_3 = x_1 + 2x_2 - 8x_3 = 0 \end{cases}$$

用矩阵表示为 $\boldsymbol{AX} = \boldsymbol{B}$，即

$$\begin{pmatrix} -10 & 0 & 1 \\ 0 & -4 & 2 \\ 1 & 2 & -8 \end{pmatrix} \begin{pmatrix} x_1 \\ x_2 \\ x_3 \end{pmatrix} = \begin{pmatrix} -10 \\ -4 \\ 0 \end{pmatrix}$$

利用克莱姆法则求解：$|A| = -276 \neq 0$，因为 $|A|$ 为雅可比行列式且不等于零，则上述三个方程为函数无关的，$|A_1| = -288, |A_2| = -336, |A_3| = -120$，所以

$$\bar{x}_1 = \frac{|A_1|}{|A|} = \frac{-288}{-276} \approx 1.04, \quad \bar{x}_2 = \frac{|A_2|}{|A|} = \frac{-336}{-276} \approx 1.22, \quad \bar{x}_3 = \frac{|A_3|}{|A|} = \frac{-120}{-276} \approx 0.43$$

由一阶条件求二阶偏导数：
$$y_{11} = -10, y_{12} = 0, y_{13} = 1, y_{21} = 0,$$
$$y_{22} = -4, y_{23} = 2, y_{31} = 1, y_{32} = 2, y_{33} = -8$$

所以 $|H| = \begin{vmatrix} -10 & 0 & 1 \\ 0 & -4 & 2 \\ 1 & 2 & -8 \end{vmatrix}$。

由于一阶条件为线性的，所以 $|H|$ 中的元素和方程的系数相同，检验其第一、第二、第三主子式：$|H_1| = -10 < 0, |H_2| = \begin{vmatrix} -10 & 0 \\ 0 & -4 \end{vmatrix} = 40 > 0, |H_3| = |H| = |A| = -276 < 0$。

由于主子式的符号交替地为正和负,则海赛行列式为负定的,从而该函数在 $\bar{x}_1 = 1.04, \bar{x}_2 = 1.22, \bar{x}_3 = 0.43$ 处取得极大值。

第三节　随机过程在数理金融中的应用

我们在概率论中学习了随机变量、随机向量及多维随机变量的知识,主要涉及有限个随机变量,而且它们之间相互独立。随机过程则是研究无穷多个相互有关的随机变量。

一、随机过程的含义

随机过程是概率空间 (Ω, F, P) 上的一族随机变量 $\{x(t), t \in T\}$,其中 t 是参数,它属于每个指标集 T,T 称为参数集。Ω 表示样本空间,Ω 中的元素 ω 称为样本点或基本事件,Ω 的子集 A 称为事件;F 是 Ω 的某些子集组成的集合族,如果满足 $\Omega \in F$,(Ω, F) 称为可测空间,F 中的元素称为事件;P 是 (Ω, F) 上的概率,(Ω, F, P) 称为概率空间,$p(A)$ 称为事件 A 的概率。

最常见的参数集有:$T_1 = \{0, 1, 2, \cdots\}$ 和 $T_2 = [a, b]$,其中 a, b 可以是 $\pm \infty$。t 一般代表时间。当 $T_1 = \{0, 1, 2, \cdots\}$ 时,称之为随机序列或时间序列。随机序列常写成 $\{x(n), n \geq 0\}$ 或 $\{x_n; n = 0, 1, 2, \cdots\}$,随机过程可以这样理解:对于固定的样本点 $\omega_0 \in \Omega$,$x(t, \omega_0)$ 就是定义在 T 上的一个函数,称为 $x(t)$ 是一条样本路径或一个样本函数;而对于固定的时刻 $t \in T$,$x(t) = x(t, \omega)$ 是概率空间 Ω 上的一个随机变量,其取值随着实验的结果而变化,变化有一定的规律,称为概率分布。随机过程 $x(t)$ 取的值称为过程所处的状态。状态的全体称为状态空间,记为 S。根据 T 及 S 的不同过程可以分为不同的类:依照状态空间,可分为连续状态和离散状态;依照参数集,可以分为离散参数过程和连续参数过程。

例 2-15　(随机游动)证券价格的波动是随机的,像一个行走的人一样,以概率 P 前进一步,以概率 $1 - P$ 后退一步。以 $x(t)$ 记他在路上的位置,则 $x(t)$ 就是直线上的随机游动。

证券市场中,价格的走向受到多方面因素的影响,各种事件都会对市场价格产生影响,从长时间的价格趋势上可以看出,价格上下起伏的机会差不多是均等的。从某种意义上讲,价格的走向使随机的结论有了一定的基础。

二、随机过程的特性

(一) 统计特性

为了描述随机过程的统计特性,对于每个 $t \in T$ 的 $x(t)$ 的分布函数 $F(x, t) \triangleq P\{x(t) \leq x\}$,称 $F(x, t)$ 为随机过程 $\{x(t), t \in T\}$ 的一维分布。

$\mu_x(t) \triangleq E[x(t)]$ 称为过程的均值函数,$Var[x(t)]$ 称为过程的方差函数。

随机变量 $x(t_1), x(t_2)$ 的联合分布 $P\{x(t_1) \leq x_1, x(t_2) \leq x_2\}$ 即过程在两个不同时刻值的联合二维分布，记为 $F_{t_1,t_2}(x_1,x_2)$，两个不同时刻值的协方差 $\mathrm{Cov}[x(t_1), x(t_2)]$ 称为过程的协方差函数，记为 $C(t_1,t_2)$，$C(t_1,t_2) = \mathrm{E}[x(t_1) - \mu_x(t_1)][x(t_2) - \mu_x(t_2)]$，易见 $\mathrm{Var}(x(t)) = C(t_1,t_2)$。

一般地，对于任意有限个 $t_1,t_2,\cdots,t_n \in T$，定义 n 维分布 $F_{t_1,\cdots,t_n}(x_1,\cdots,x_n)$ 有

$$F_{t_1,\cdots,t_n}(x_1,\cdots,x_n) = P\{x(t_1) \leq x_1,\cdots,x(t_n) \leq x_n\} \tag{2-20}$$

随机过程的一维分布，二维分布，…，n 维分布等，其全体 $\{F_{t_1,\cdots,t_n}(x_1,\cdots,x_n), t_1,\cdots,t_n \in T, n \geq 1\}$ 称为过程 $x(t)$ 的有限分布族。了解了随机过程的有限维分布就知道了 $x(t)$ 中任意 n 个随机变量的联合分布，也就掌握了这些随机变量之间的相互依赖关系。

（二）有限维分布族的两个性质

1. 对称性

对 $(1,2,\cdots,n)$ 的任一排列 $(j_1,j_2,\cdots,j_n)$，有

$$F_{t_{j_1},\cdots,t_{j_n}}(x_{j_1},\cdots,x_{j_n}) = P\{x(t_{j_1}) \leq x_{j_1},\cdots,x(t_{j_n}) \leq x_{j_n}\}$$
$$= P\{x(t_1) \leq x_1,\cdots,x(t_n) \leq x_n\}$$
$$= F_{t_1,\cdots,t_n}(x_1,\cdots,x_n)$$

2. 相容性

对于 $m < n$，有 $F_{t_1,\cdots,t_m,t_{m+1},\cdots,t_n}(x_1,\cdots,x_m,\infty,\cdots,\infty) = F_{t_1,\cdots,t_m}(x_1,\cdots,x_m)$。

设分布函数族 $\{F_{t_1,\cdots,t_n}(x_1,\cdots,x_n), t_1,\cdots,t_n \in T, n \geq 1\}$ 满足上述的对称性和相容性，则必存在一个随机过程 $\{x(t), t \in T\}$，使 $\{F_{t_1,\cdots,t_n}(x_1,\cdots,x_n), t_1,\cdots,t_n \in T, n \geq 1\}$ 恰好是 $x(t)$ 的有限维分布族，这就是科尔莫戈罗夫定理。

三、随机过程的基本类型

（一）平稳过程

含义：这类过程处于某种平稳状态，其主要性质与变量之间的时间间隔有关，与所考察的起点无关。这样的过程称为平稳过程，可用下面的表述：

如果随机过程 $x(t)$ 对任意的 $t_1,t_2,\cdots,t_n \in T$ 和任意的 h，使得 $t_i + h \in T (i=1,2,\cdots,n)$，有 $(X(t_1+h),\cdots,X(t_n+h))$ 与 $(X(t_1),\cdots,X(t_n))$ 具有相同的联合分布，记为

$$(X(t_1+h),\cdots,X(t_n+h)) \stackrel{d}{=} (X(t_1),\cdots,X(t_n)) \tag{2-21}$$

则称 $X(t)$ 是严平稳的。当参数 t 仅取整数值 $0, \pm 1, \pm 2, \cdots$ 或 $0,1,2,\cdots$ 时，则称平稳过程为平稳序列。

如果随机过程 $X(t)$ 的所有二阶矩都存在，并且 $\mathrm{E}[X(t)] = \mu$，协方差 $C(t,s)$ 只与时间差 $t-s$ 有关，则称 $X(t)$ 为宽平稳过程或二阶平稳过程。

1. 几种常用的平稳过程

（1）平稳的噪声序列

设 $X_n, n=0,1,\cdots$ 为一列两两互不相关的随机变量序列，满足 $\mathrm{E}[X_n] = 0, n=0,1,2\cdots$ 且 $\mathrm{E}[X_m X_n] = \begin{cases} 0, & m \neq n \\ \sigma^2, & m = n \end{cases}$，则 $X = \{X_n, n=0,1,\cdots\}$ 为平稳序列。这是因为协方差函数

$\mathrm{E}[X_m X_n]$ 只与 $m-n$ 有关。

(2) 滑动平均序列

设 $\{\varepsilon_n, n=0, \pm 1, \pm 2, \cdots\}$ 为一列互不相关的有相同均值 m 和方差 σ^2 的随机变量序列。设 $a_1, a_2, \cdots, a_k$ 为任意 k 个实数。考虑如下定义的序列：

$$X_n = a_1 \varepsilon_n + a_2 \varepsilon_{n-1} + \cdots + a_k \varepsilon_{n-k+1}, \quad n = 0, \pm 1, \pm 2, \cdots$$

$$\mathrm{E}[X_n] = m(a_1 + \cdots + a_k)$$

令 $\xi_j = \varepsilon_j - m$，则由 ε_j 的两两互不相关性，知协方差为

$$\begin{aligned}
C(n+\tau, n) &= \mathrm{E}[(X_n - m(a_1 + \cdots + a_k))(X_{n+\tau} - m(a_1 + \cdots + a_k))] \\
&= \mathrm{E}[(a_1 \xi_n + \cdots + a_k \xi_{n-k+1})(a_1 \xi_{n+\tau} + \cdots + a_k \xi_{n+\tau-k+1})] \\
&= \begin{cases} \sigma^2 (a_k a_{k-\tau} + \cdots + a_{\tau+1} a_1), & \text{若 } 0 \leq \tau \leq k-1 \\ 0, & \text{若 } \tau \geq k \end{cases}
\end{aligned}$$

即协方差函数仅与时间间隔 τ 有关，故 $\{X_n, n=0, \pm 1, \pm 2, \cdots\}$ 为平稳序列。

(3) 两个特殊平稳过程

$X = \{X_n, n=0, 1, \cdots\}$，其中 $\{X_n\}$ 为独立同分布随机变量序列，$\mathrm{E}[X_n^2] < \infty$；$\mathrm{E}[X_n] = m$，$n = 0, 1, 2, \cdots$。

$Y = \{Y_n = \tilde{Y}, n = 0, 1, 2, \cdots\}$，其中 $\tilde{Y}$ 是随机变量，$\mathrm{E}[\tilde{Y}^2] < \infty$。

可以用这两个过程来阐述不同平稳过程之间的差异。对过程 X 而言，由大数定律知 $\frac{1}{n}(X_0 + X_1 + \cdots + X_{n-1})$ 以概率 1 收敛于常数 m。

但对过程 Y 而言，$\frac{1}{n}(Y_0 + Y_1 + \cdots + Y_{n-1}) = \tilde{Y}$，即经对时间的平均后，随机性没发生任何改变。那么在何种条件下，平稳过程对时间的平均值可以等于过程的均值？这就是平稳过程的遍历性问题。

对于平稳过程 X，重要的是确定它的均值 m 和协方差函数 $C(\tau)$，由于 $\mathrm{E}[X_t] = m$，为估计 m，就必须对随机过程 X 作大量观察，以 $X_j(t)$ 记为第 j 次观察中时刻 t 的值，$j = 1, 2, \cdots, n$。由大数定律知，可以用 $\hat{m}_n = \frac{1}{n}(X_1(t) + \cdots + X_n(t))$ 来估计 m。同样，也可以用 $\hat{C}(\tau) = \frac{1}{n} \sum_{k=1}^{n} (X_k(t+\tau) - \hat{m})(X_k(t) - \hat{m}_n)$ 来估计协方差函数 $C(\tau)$，对于一次观察可获得一条样本路径，并由此观察估计 m 和 $C(\tau)$，但对于一般随机过程做多次观察则很难做到。

2. 遍历性定理

对于平稳过程，只要加上一些条件，就可以从一次观察中得到 m 和 $C(\tau)$ 的较好的估计，这就是遍历性定理。

设 $X = \{X(t), -\infty < t < \infty\}$ 为一平稳过程（或平稳序列），若

$$\bar{X} = \lim_{T \to \infty} \frac{1}{2T} \int_{-T}^{T} X(t) \mathrm{d}t = m \tag{2-22}$$

或

$$\bar{X} = \lim_{N\to\infty} \frac{1}{2N+1} \sum_{k=-N}^{N} X(k) = m \qquad (2\text{-}23)$$

则称 X 的均值有遍历性。这里的极限是指在均方意义下的极限,即

$$\lim_{T\to\infty} E\left[\left|\frac{1}{2T}\int_{-T}^{T} x(t)\,\mathrm{d}t - m\right|^2\right] = 0$$

如果

$$\bar{C}(\tau) = \lim_{T\to\infty} \frac{1}{2T}\int_{-T}^{T}(x(t)-m)(x(t+\tau)-m)\,\mathrm{d}t = C(\tau) \qquad (2\text{-}24)$$

或

$$\bar{C}(\tau) = \lim_{N\to\infty} \frac{1}{2N+1}\sum_{k=-N}^{N}(x(k)-m)(x(k+\tau)-m) = C(\tau) \qquad (2\text{-}25)$$

则称 X 的协方差有遍历性。若随机过程或随机序列的均值和协方差函数都具有遍历性,则称此随机过程有遍历性。

上述定义中,如果 t 只取非负实数(非负整数)时,相应的积分和求和就限制在 $[0,\infty)$ 上。$\bar{X} = \lim_{T\to\infty} \frac{1}{T}\int_0^T X(t)\,\mathrm{d}t = m$ 或 $\bar{X} = \lim_{N\to\infty} \frac{1}{N+1}\sum_0^N X(k) = m$。

(二) 独立增量过程

$X(t)$ 之间常常不是相互独立的,但人们发现许多过程的增量是相互独立的。我们称之为独立增量过程。

如果对于任何 $t_1, t_2, \cdots, t_n \in T, t_1 < t_2 < \cdots < t_n$,随机变量 $X(t_2) - X(t_1), \cdots, X(t_n) - X(t_{n-1})$ 是相互独立的,则称 $X(t)$ 为独立增量过程。

如果对任何 t_1, t_2,有 $X(t_1+h) - X(t_1) \stackrel{d}{=} X(t_2+h) - X(t_2)$,则称 $X(t)$ 为平稳增量过程。兼有独立增量和平稳增量的过程称为平稳独立增量过程。

(三) 更新过程

设 $\{X_n, n=1,2,\cdots\}$ 是一串独立同分布的非负随机变量,分布函数为 $F(x)$,设 $F(0) = P\{X_n = 0\} \neq 1$,记 $\mu = E[X_n] = \int_0^\infty x\,\mathrm{d}F(x)$,则 $0 < \mu \leq \infty$。令 $T_n = \sum_{i=1}^n X_i, n \geq 1, T_0 = 0$。我们把由 $N(t) = \sup\{n : T_n \leq t\}$ 定义的计数过程称为更新过程。在更新过程中我们将事件发生一次叫做一次更新,从定义中可知 X_n 就是第 $n-1$ 次和第 n 次更新相距的时间,T_n 是第 n 次更新发生的时刻,而 $N(t)$ 就是 t 时刻之前发生的总的更新次数。

例 2-16 设保险公司在时刻 t 的盈余可表达为 $U(t) = \mu + ct - \sum_{k=1}^{N(t)} X_k, t \geq 0$,其中 μ 是初始资本,c 是保险公司单位时间征收的保险费,X_k 表示第 k 次索赔额,$k \geq 1$。$N(t)$ 表示时刻 t 时发生索赔次数。该模型就是 L-C 模型,它表明了更新理论与金融保险中的应用。

(四) 马尔可夫过程

自然界和社会中有一类事物的变化过程与事物的近期状态有关,与事物的过去状态无关,称为无后效性,亦即事物的第 n 次试验结果仅取决于第 $(n-1)$ 次试验的结果。换

言之，过程过去的历史只能通过当前状态影响未来的发展，当前的状态是以往历史的总结，这个过程称为马尔可夫过程。当时间和状态是离散的，称其为马尔可夫链。

随机过程 $\{X_n, n=0,1,2,\cdots\}$ 称为马尔可夫链，若它只取有限或可列多个值 $E_1, E_2, \cdots$（我们以 $\{1,2,\cdots\}$ 来标记 $E_1, E_2, \cdots$，并称它们是过程的状态，$\{1,2,\cdots\}$ 记为 E，称为过程的状态空间），并且对任意的 $n \geq 0$，对一切的状态 $i,j,i_0,i_1,\cdots,i_{n-1}$，有

$$P\{X_{n+1}=j \mid X_0=i_0, X_1=i_1, X_2=i_2, \cdots, X_{n-1}=i_{n-1}, X_n=i\} = P\{X_{n+1}=j \mid X_n=i\}$$

称上式为马尔可夫性。

条件概率 $P\{X_{n+1}=j \mid X_n=i\}$ 为马尔可夫链 $\{X_n, n=0,1,2,\cdots\}$ 的一步转移概率，简称转移概率，一般情况下，转移概率与状态 i,j 和时刻 n 有关。

P 为转移概率矩阵。

$$\boldsymbol{P} = (P_{ij}) = \begin{bmatrix} P_{11} & P_{12} & \cdots & \cdots \\ P_{21} & P_{22} & \cdots & \cdots \\ \vdots & \vdots & \ddots & \cdots \\ \vdots & \vdots & \cdots & \ddots \end{bmatrix} \tag{2-26}$$

$P_{ij}(i,j \in E)$ 有以下性质：(1) $P_{ij} \geq 0 (i,j \in E)$；(2) $\sum_{j \in E} P_{ij} = 1 (\forall i \in E)$。

例 2-17 （投机者带吸收壁的随机游动）系统的状态是 $0 \sim n$，反映投机者 A 在投机期间拥有的钱数。当他输光或拥有钱数为 n 时，就停止投机，否则他将持续投机。每次以概率 p 赢得 1，以概率 $q=1-p$ 输掉 1，这个系统的转移概率矩阵如下：

$$\boldsymbol{P} = \begin{bmatrix} 1 & 0 & 0 & 0 & \cdots & 0 & 0 & 0 \\ q & 0 & p & 0 & \cdots & 0 & 0 & 0 \\ 0 & q & 0 & p & \cdots & 0 & 0 & 0 \\ \vdots & \vdots & \vdots & \vdots & \ddots & \vdots & \vdots & \vdots \\ 0 & 0 & 0 & 0 & \cdots & q & 0 & p \\ 0 & 0 & 0 & 0 & \cdots & 0 & 0 & 1 \end{bmatrix}_{(n+1) \times (n+1)}$$

若当 A 输光时将获得赞助 1 使他继续下去，就如同一个在直线上作随机游动的球，在到达左侧 0 点处就立即反弹回 1 一样，这就是一个一侧带有反射壁的随机游动。此时

$$\boldsymbol{P} = \begin{bmatrix} 0 & 1 & 0 & 0 & \cdots & 0 & 0 & 0 \\ q & 0 & p & 0 & \cdots & 0 & 0 & 0 \\ 0 & q & 0 & p & \cdots & 0 & 0 & 0 \\ \vdots & \vdots & \vdots & \vdots & \ddots & \vdots & \vdots & \vdots \\ 0 & 0 & 0 & 0 & \cdots & q & 0 & p \\ 0 & 0 & 0 & 0 & \cdots & 0 & 0 & 1 \end{bmatrix}_{(n+1) \times (n+1)}$$

例 2-18 若 $n=3, p=q=\dfrac{1}{2}$，投机者 A 从 2 元开始，求解他经过 4 次之后输光的概率。

解 这个概率为 $\boldsymbol{P}_{20}^{(4)} = P\{X_4=0 \mid X_0=2\}$。

$$P = \begin{bmatrix} 1 & 0 & 0 & 0 \\ \frac{1}{2} & 0 & \frac{1}{2} & 0 \\ 0 & \frac{1}{2} & 0 & \frac{1}{2} \\ 0 & 0 & 0 & 1 \end{bmatrix}, \quad P^{(4)} = P^4 = \begin{bmatrix} 1 & 0 & 0 & 0 \\ \frac{5}{8} & \frac{1}{16} & \frac{1}{2} & \frac{5}{16} \\ \frac{5}{16} & 0 & \frac{1}{16} & \frac{5}{8} \\ 0 & 0 & 0 & 1 \end{bmatrix}$$

故 $P_{20}^{(4)} = \frac{5}{16}$ ($P^{(4)}$ 中第三行第一列)。

例 2-19 以 S_n 表示保险公司在时刻 n 的盈余,这里的时间以适当的单位来计算(如天、月),初始盈余 $S_0 = x$ 显然为已知,但未来的盈余 $S_1, S_2, \cdots$ 却必须视为随机变量,增量 $S_n - S_{n-1} = X_n$ 解释为时刻 $n-1$ 和 n 之间获得盈利(可以为负),并假定 $X_1, X_2, \cdots$ 是不包含利息的盈利且独立同分布为 $F(x)$ ($F(x)$ 为离散分布),则 $S_n = S_{n-1}(1+i) + X_n$,其中 i 为固定的利率,$\{S_n\}$ 是一马尔可夫链,转移概率为 $P_{xy} = F(y - (1+i)x)$。

(五) 鞅过程

近年来,鞅理论在金融、保险等领域得到了广泛的应用,每个投资者都对他在一系列投资后获得期望收益最大化的策略感兴趣。如果每次投机输赢的机会均等,并且投机策略是依赖于前面的投机结果,则投机是"公平"的。因此任何投机者都不可能将公平的投机通过改变投机策略变成有利于自己的"有利"投机。

鞅过程描述的是"公平"的投机,下鞅和上鞅分别描述了"有利"投机和"不利"投机。

1. 鞅的数学描述

随机过程 $\{X_n, n \geq 0\}$ 称为关于 $\{Y_n, n \geq 0\}$ 的下鞅,如果对 $n \geq 0$,X_n 是 $(Y_0, \cdots, Y_n)$ 的函数,$E[X_n^+] \leq \infty$ 并且 $E[X_{n+1} | Y_0, \cdots, Y_n] \geq X_n$,这里 $X_n^+ = \max\{0, X_n\}$。

我们称 $\{X_n\}$ 为关于 $\{Y_n\}$ 的上鞅。如果对 $n \geq 0$,X_n 是 $(Y_0, \cdots, Y_n)$ 的函数,$E[X_n^-] < \infty$ 并且 $E[X_{n+1} | Y_0, \cdots, Y_n] \leq X_n$,这里 $X_n^- = \max\{0, -X_n\}$。

若 $\{X_n\}$ 兼为关于 $\{Y_n\}$ 的上鞅和下鞅,则称之为关于 $\{Y_n\}$ 的鞅。此时

$$E[X_{n+1} | Y_0, \cdots, Y_n] = X_n \tag{2-27}$$

2. 鞅的应用

离散鞅的应用在微观金融分析中非常普遍,考虑一个关于股票价格的二叉树模型,假定第 0 期的股票价格为 S_0,而在第 1 期,股票价格将发生如下变化:

$$S_0 \begin{cases} uS_0, \text{概率为 } p = \dfrac{1-d}{u-d}, \\ dS_0, \text{概率为 } 1-p = \dfrac{u-1}{u-d} \end{cases}$$

其中 $0 < d < 1 < u$,这是一个模拟股票价格涨跌过程的模型。则第 1 期的股票价格的数学期望为

$$E(S_1 | S_0) = uS_0 \frac{1-d}{u-d} + dS_0 \frac{u-1}{u-d} = S_0 \left(\frac{u - ud + ud - d}{u-d} \right) = S_0$$

由此可知,遵循以上过程的股票价格是一个鞅过程。

（六）跳跃过程

1. 简单跳跃过程

鞅过程主要描述了经济变量在一般性事件影响下所发生的连续性变化特征，而跳跃过程着重描述经济变量在突发性事件作用下可能发生的非连续性变化特征。在金融衍生证券定价中，泊松跳跃过程作为一种简单的随机跳跃过程广泛应用于基础标的金融资产的非连续性随机变化过程描述中。

假设以 $q(t)$ 表示泊松过程，$dq(t)$ 表示该过程的离散变化，则有

$$P(dq(t) = 1) = \lambda dt \qquad (2\text{-}28)$$

$$P(dq(t) = 0) = (1 - \lambda)dt \qquad (2\text{-}29)$$

其中，λ 为泊松事件发生的强度参数，即在单位时间内泊松事件发生的概率。一般地，该参数也是一个随机过程。但为了应用上的方便，许多金融衍生证券的基础资产或变量通常情况下设为常数。

2. 跳跃过程的现实意义

经典金融模型分析把经济变量理想化为连续的随机过程，而很多金融变量实际上并不是连续变量连续时间的函数。当有外部不可预测的某种信息到来时，会引起金融变量的跳跃变化。这些信息作用的时刻和等待发生的时刻是随机的，因此可以引入一维泊松过程有效地模拟这种随机跳跃过程。

随机跳跃过程模型考虑了突发事件对经济变量的影响，将金融变量的动态过程分为连续部分和跳跃部分，用布朗运动来描述连续部分，而用泊松跳跃过程来描述不可预测的随机事件对这种连续性的破坏。在跳跃模型方面，考克斯、罗斯和莫顿分别研究了纯粹跳跃模型和泊松过程驱动的金融模型，并指出跳跃模型下金融变量通常为半鞅。

本章小结

1. 数理金融中函数和微分的运用。运用指数、对数函数计算连续复利和实际利率，银行按揭贷款，分期付款问题。

2. 运用微分方法计算时间最优问题、中间产品划拨价格。

3. 运用积分方法测度净投资的时间积分、消费者剩余和生产者剩余。

4. 运用微分方程和差分方程，决定动态平衡点和投资函数，制定滞后收入决定模型。

5. 运用矩阵方法测度证券组合收益率和风险。

6. 运用雅可比行列式判断函数的相关性，运用海赛行列式最优化测定最优化解。

7. 运用随机过程研究无穷多个随机变量的方法。随机过程除具有统计特性外，还具有对称性和相容性。随机过程分为平稳随机过程、独立增量过程、更新过程、马尔可夫过程、鞅过程等。

8. 平稳随机过程是指处于某种平稳状态的过程。其主要性质与变量之间的时间间隔有关，与所考察的起始点无关。

9. 马尔可夫过程。自然界和社会中有一类事物的变化过程与事物的近期状态有关，与事物的过去状态无关，称为无后效性，亦即事物的第 n 次试验结果仅取决于第 $(n-1)$

次试验的结果。换言之,过程过去的历史只能通过当前状态影响未来的发展,当前的状态是以往历史的总结,这个过程称为马尔可夫过程。当时间和状态是离散的,称其为马尔可夫链。

10. 鞅过程。鞅过程是一个"公平游戏"的数学模型。鞅是一个具有下列性质的随机过程$\{X_n\}$:

(1) 对于每一个 $n, E(|X_n|) < \infty$;

(2) 若$\{X_n\}$兼为关于$\{Y_n\}$的上鞅和下鞅,则称为关于$\{Y_n\}$的鞅;

$$E[X_{n+1} | Y_0, \cdots Y_n] = X_n$$

11. 跳跃过程。直观来讲,跳跃过程是指样本轨道存在跳跃点的随机过程,其典型代表泊松过程的数学描述为:以 $q(t)$ 表示泊松过程,$\mathrm{d}q(t)$ 表示该过程的离散变化,λ 表示泊松事件发生的强度参数,则

$$P(\mathrm{d}q(t) = 1) = \lambda \mathrm{d}t, \quad P(\mathrm{d}q(t) = 0) = (1 - \lambda)\mathrm{d}t$$

本章重要概念

函数　微分　积分　微分方程　差分方程　矩阵　雅可比行列式　海赛行列式　平稳随机过程　独立增量过程　更新过程　马尔可夫过程　鞅过程　跳跃过程

思考练习题

1. 假设本金为 100 元,利率为 6%,分别计算以下两种情况下的实际利率:(1) 每半年复利一次;(2) 连续复利。

2. 连续复利时,利率为多少才能使本金在 8 年内变成原来的 3 倍?

3. 一个 5 年期投资计划预计由每年 2.6 万元增长到每年 4.2 万元,需要平均每年增加投资多少?

4. 当前已故画家的艺术收藏品的估价为 $V = 200\,000\,(1.25)^{\sqrt[3]{t^2}}$,在连续复利的情况下,如果贴现率为 0.06,则收藏者应持有多久后再出售,才会赚最多的钱?

5. 为投资而买入的钻石价值为 $V = 250\,000\,(1.75)^{\sqrt[4]{t}}$,如果在连续复利的情况下,利率为 0.07,应持有多久获利最大?

6. 已知:$Q_1 = 150 - 3P_1 + P_2 + P_3$

$\quad Q_2 = 180 + P_1 - 4P_2 + 2P_3$

$\quad Q_3 = 200 + 2P_1 + P_2 - 5P_3$

$\quad \mathrm{TC} = Q_1^2 + Q_1 Q_2 + 2Q_2^2 + Q_2 Q_3 + Q_3^2 + Q_1 Q_3$

(1) 求 $P = f(Q)$ 的反函数。

(2) 利用克莱姆法则检验一阶条件。

(3) 利用海赛行列式检验二阶条件,使利润最大化。

7. 净投资率为 $I = 40t^{\frac{3}{5}}$,当 $t = 0$ 时的资本存量是 75,求资本函数 K。

8. 已知供给函数 $P = (Q + 3)^2$,当 $P_0 = 81, Q_0 = 6$ 时,求生产者剩余。

9. 已知需求函数 $P_d = 25 - Q^2$ 和供给函数 $P_s = 2Q + 1$，求：(1) 消费者剩余；(2) 生产者剩余。

10. 设马尔可夫链只有三种状态，转移概率如下式，判断其遍历性。

$$\boldsymbol{P} = \begin{bmatrix} q & p & 0 \\ q & 0 & p \\ 0 & q & p \end{bmatrix}$$

第三章

计量经济学在数理金融中的应用

【本章学习要点与要求】

　　本章主要论述计量经济学的基本理论和基本方法及其实际应用。通过本章的学习,重点掌握一元线性回归和多元线性回归的基本方法,掌握协整方法、脉冲响应的基本理论,并会运用计量经济学的基本方法对金融相关问题进行分析。

1926 年，"计量经济学"一词首次被提出。国际计量经济学会于 1930 年在美国成立。1933 年 1 月《计量经济学》(Econometrica)杂志开始出版。20 世纪 30 年代计量经济学的研究对象基本上属于微观分析范畴。第二次世界大战后，计算机的发展与应用对计量经济学的研究起到了巨大推动作用。从 20 世纪 40 年代起，计量经济学研究从微观向局部地区扩大，以至整个社会的宏观经济体系，但所用的模型基本上属于单一方程形式。1950 年，以"动态经济模型的统计推断"和"线性联立经济关系的估计"为标志，计量经济学理论进入联立方程模型时代。计量经济学研究经历了从简单到复杂、从单一方程到联立方程的变化过程。进入 20 世纪 70 年代，西方国家致力于更大规模的宏观模型研究。宏观经济变量的非平稳性和虚假回归问题越来越引起人们的注意。1987 年提出的协整概念，把计量经济学理论的研究又推向一个新阶段，也为数理金融的发展提供了一种理论结合实际的强有力工具。

第一节　一元线性回归模型

一、一元线性回归基本模型

一元线性回归模型中只有一个解释变量，其参数估计方法是最简单的，其一般形式为

$$y_t = \beta_0 + \beta_1 x_t + u_t \tag{3-1}$$

式(3-1)表示了变量 y_t 和 x_t 之间的关系。其中 y_t 称为被解释变量(内生变量，因变量)，x_t 称为解释变量(外生变量，自变量)，u_t 称为随机误差项，β_0 称为常数项，β_1 称为回归系数(通常未知)。式(3-1)可以分为两部分：

(1) 回归函数部分，$E(y_t) = y_t = \beta_0 + \beta_1 x_t$；
(2) 随机部分，u_t。

通常线性回归函数 $E(y_t) = \beta_0 + \beta_1 x_t$ 是观察不到的，利用样本得到的只是对 $E(y_t) = \beta_0 + \beta_1 x_t$ 的估计，即得到 β_0 和 β_1 的估计值。

在对回归函数进行估计之前应该对随机误差项 u_t 做出如下假定：

(1) $u_t, t = 1, 2, \cdots, T$ 是一个随机变量，u_t 的取值服从概率分布；
(2) $E(u_t) = 0$；
(3) $\mathrm{Var}(u_t) = E[u_t - E(u_t)]^2 = E(u_t)^2 = \sigma^2$，称 u_t 具有同方差性(齐次方差性)；
(4) u_t 为正态分布(根据中心极限定理)；

以上四个假定可作如下表达：$u_t \sim N(0, \sigma^2)$。

(5) $\mathrm{Cov}(u_i, u_j) = E[(u_i - E(u_i))(u_j - E(u_j))] = E(u_i, u_j) = 0 (i \neq j)$，含义是不同观测值所对应的随机项相互独立，称为 u_t 的非自相关性(无序列相关性)；
(6) x_t 是非随机的；
(7) $\mathrm{Cov}(u_i, x_i) = E[(u_i - E(u_i))(x_i - E(x_i))] = E[u_i(x_i - E(x_i))] = E[u_i x_i - u_i E(x_i)] = E(u_i x_i) = 0$，$u_i$ 与 x_i 相互独立，以保证 x_t 的非随机性，否则分不清 y_t 的变动

究竟受到哪个变量的影响；

（8）对于多元线性回归模型，解释变量之间不能完全相关或高度相关（非多重共线性）。

二、最小二乘估计法

对于所研究的金融问题，被解释变量和解释变量之间的真实关系通常是观测不到的，收集样本的目的就是要对其做出估计。

综合起来看，待估直线处于样本数据的中心位置最为合理，这用数学语言描述为：设待估计线性关系为 $\hat{y}_t = \hat{\beta}_0 + \hat{\beta}_1 x_t$，其中 $\hat{y}_t$ 称为 y_t 的拟合值，$\hat{\beta}_0$ 和 $\hat{\beta}_1$ 分别是 β_0 和 β_1 的估计量。观测值到这条直线的纵向距离用 e_t 表示，称为残差。则

$$y_t = \hat{y}_t + e_t = \hat{\beta}_0 + \hat{\beta}_1 x_t + e_t \tag{3-2}$$

称为估计的模型。

用最小二乘估计法（OLS）获得估计参数的原因在于：(1) 用"残差和最小"确定直线位置是一个途径。但很快发现计算"残差和"存在相互抵消的问题。(2) 用"残差绝对值和最小"确定直线位置也是一个途径。但绝对值的计算比较麻烦。(3) 最小二乘法的原则是以"残差平方和最小"确定直线位置。用最小二乘法除了计算比较方便外，得到的估计量还具有优良的统计特性（这种方法对异常值非常敏感）。

其原理为：设残差平方和用 Q 表示，

$$Q = \sum_{i=1}^{T} e_t^2 = \sum_{i=1}^{T} (y_t - \hat{y}_t)^2 = \sum_{i=1}^{T} (y_t - \hat{\beta}_0 - \hat{\beta}_1 x_t)^2 \tag{3-3}$$

则通过求解 Q 值最小来确定这条直线，即确定 $\hat{\beta}_0$ 和 $\hat{\beta}_1$ 的估计值。以 $\hat{\beta}_0$ 和 $\hat{\beta}_1$ 为变量，把 Q 看作 $\hat{\beta}_0$ 和 $\hat{\beta}_1$ 的函数，这是一个求极值的问题。求 Q 对 $\hat{\beta}_0$ 和 $\hat{\beta}_1$ 的偏导数，得正规方程：

$$\begin{cases} \dfrac{\partial Q}{\partial \hat{\beta}_0} = 2\sum_{i=1}^{T}(y_t - \hat{\beta}_0 - \hat{\beta}_1 x_t)(-1) = 0 \\ \dfrac{\partial Q}{\partial \hat{\beta}_1} = 2\sum_{i=1}^{T}(y_t - \hat{\beta}_0 - \hat{\beta}_1 x_t)(-x_t) = 0 \end{cases}$$

$$\begin{cases} \hat{\beta}_0 T + \hat{\beta}_1 \left(\sum_{i=1}^{T} x_t\right) = \sum_{i=1}^{T} y_t \\ \hat{\beta}_0 \sum_{i=1}^{T} x_t + \hat{\beta}_1 \left(\sum_{i=1}^{T} x_t^2\right) = \sum_{i=1}^{T} x_t y_t \end{cases}$$

$$\begin{bmatrix} T & \sum x_t \\ \sum x_t & \sum x_t^2 \end{bmatrix} \begin{bmatrix} \hat{\beta}_0 \\ \hat{\beta}_1 \end{bmatrix} = \begin{bmatrix} \sum y_t \\ \sum x_t y_t \end{bmatrix}$$

$$\begin{bmatrix} \hat{\beta}_0 \\ \hat{\beta}_1 \end{bmatrix} = \begin{bmatrix} T & \sum x_t \\ \sum x_t & \sum x_t^2 \end{bmatrix}^{-1} \begin{bmatrix} \sum y_t \\ \sum x_t y_t \end{bmatrix} = \dfrac{1}{T\sum x_t^2 - \left(\sum x_t\right)^2} \begin{bmatrix} \sum x_t^2 & -\sum x_t \\ -\sum x_t & T \end{bmatrix}$$

$$\begin{bmatrix} \sum y_t \\ \sum x_t y_t \end{bmatrix} = \begin{bmatrix} \dfrac{\sum x_t^2 \sum y_t - \sum x_t \sum x_t y_t}{T \sum x_t^2 - (\sum x_t)^2} \\ \dfrac{T \sum x_t y_t - \sum x_t \sum y_t}{T \sum x_t^2 - (\sum x_t)^2} \end{bmatrix}$$

写成离差形式:

$$\hat{\beta}_1 = \frac{\sum (x_t - \bar{x})(y_t - \bar{y})}{\sum (x_t - \bar{x})^2}$$

$$\hat{\beta}_0 = \bar{y} - \hat{\beta}_1 \bar{x}$$

三、一元线性回归模型的一级检验

(一) 拟合优度检验

在一元回归模型中,可决系数 R^2 体现了参数的估计值对观测值的拟合程度。显然,若观测值离回归直线近,则拟合程度好,反之则拟合程度差。定义

$$\sum (y_t - \bar{y})^2 = \sum (\hat{y}_t - \bar{y})^2 + \sum (y_t - \hat{y}_t)^2 = \sum (\hat{y}_t - \bar{y})^2 + \sum (e_t)^2 \tag{3-4}$$

即"总体平方和" = "回归平方和" + "残差平方和"。

$$R^2 = \frac{\sum (\hat{y}_t - \bar{y})^2}{\sum (y_t - \bar{y})^2} = \frac{\text{回归平方和}}{\text{总体平方和}} \tag{3-5}$$

由定义可知,R^2 的取值范围是 $[0,1]$,在计量经济模型中 R^2 越接近于 1,就说明模型拟合得越好。

(二) 变量的显著性检验

变量的显著性检验又称为 t 检验,主要是检验唯一的解释变量 x_t 对被解释变量 y_t 是否有显著影响。

$$H_0: \beta_1 = 0; \quad H_1: \beta_1 \neq 0$$

在原假设 H_0 成立的条件下,

$$t = \frac{\hat{\beta}_1 - \beta}{s_{(\hat{\beta}_1)}} = \frac{\hat{\beta}_1}{s_{(\hat{\beta}_1)}} = \frac{\hat{\beta}_1}{\hat{\sigma}/\sqrt{\sum (x_t - \bar{x})^2}} \sim t_{\alpha(T-2)} \tag{3-6}$$

若 $|t| > t_{\alpha(T-2)}$,则拒绝原假设,$\beta_1 \neq 0$;
若 $|t| < t_{\alpha(T-2)}$,则接受原假设,$\beta_1 = 0$。

四、实例:用一元线性回归模型分析我国实际 GDP 平均增长率

我们建立半对数线性方程,估计我国 1978—2014 年实际 GDP 的长期平均增长率,模型形式为

$$\ln(\text{gdp}_t) = \beta_0 + \beta_1 \times t_t + u_t$$

其中，$gdp_t = GDP_t/P_t$ 表示剔除价格因素的实际 GDP_t。设 $y_t = \ln(gdp_t)$，利用我国 1978—2014 年的 GDP 数据和最小二乘法估计该模型，得到

$$\hat{y} = 8.065 + 0.0951 \times t_t$$
$$t = (678.38)(174.28)$$
$$R^2 = 0.998$$

模型中时间趋势变量的系数估计值是 0.095，说明我国 1978—2014 年实际 GDP 的年平均增长率为 9.5%。拟合优度 R^2 为 0.998，趋近于 1，表明模型拟合效果很好。

第二节 多元线性回归模型

一、多元线性回归基本模型

多元线性回归模型的一般形式为

$$y_t = \beta_0 + \beta_1 x_{t1} + \beta_2 x_{t2} + \cdots + \beta_{k-1} x_{t\,k-1} + u_t, \tag{3-7}$$

其中，y_t 是被解释变量（因变量），x_{tj} 是解释变量（自变量），u_t 是随机误差项，$\beta_i, i = 0, 1, \cdots, k-1$ 是回归参数（通常未知）。

当给定一个样本 $(y_t, x_{t1}, x_{t2}, \cdots, x_{t\,k-1}), t = 1, 2, \cdots, T$ 时，上述模型表示为

数据化模型：

$$\begin{cases} y_1 = \beta_0 + \beta_1 x_{11} + \beta_2 x_{12} + \cdots + \beta_{k-1} x_{1k-1} + u_1 \\ y_2 = \beta_0 + \beta_1 x_{21} + \beta_2 x_{22} + \cdots + \beta_{k-1} x_{2k-1} + u_2 \\ \quad\quad\quad\quad\quad\quad\quad\quad \vdots \\ y_T = \beta_0 + \beta_1 x_{T1} + \beta_2 x_{T2} + \cdots + \beta_{k-1} x_{Tk-1} + u_T \end{cases} \tag{3-8}$$

矩阵化模型：

$$\begin{bmatrix} y_1 \\ y_2 \\ \vdots \\ y_T \end{bmatrix}_{(T \times 1)} = \begin{bmatrix} 1 & x_{11} & \cdots & x_{1j} & \cdots & x_{1k-1} \\ 1 & x_{21} & \cdots & x_{2j} & \cdots & x_{2k-1} \\ \cdots & & & & & \\ 1 & x_{T1} & \cdots & x_{Tj} & \cdots & x_{Tk-1} \end{bmatrix}_{(T \times k)} \begin{bmatrix} \beta_0 \\ \beta_1 \\ \vdots \\ \beta_{k-1} \end{bmatrix}_{(k \times 1)} + \begin{bmatrix} u_1 \\ u_2 \\ \vdots \\ u_T \end{bmatrix}_{(T \times 1)} \tag{3-9}$$

$$\boldsymbol{Y} = \boldsymbol{X}\boldsymbol{\beta} + \boldsymbol{u} \tag{3-10}$$

为保证得到最优估计量，回归模型应满足如下假定条件。

假定（1） 随机误差项 u_t 是非自相关的，每一误差项都满足均值为零，方差 σ^2 相同且为有限值，即

$$E(u) = 0, \quad Var(u) = \sigma^2 I$$

假定（2） 解释变量与误差项相互独立，即

$$E(X'u) = 0$$

假定（3） 解释变量之间线性无关。

假定（4） 解释变量是非随机的。

二、多元线性回归模型的一级检验

(一) 拟合优度检验

1. 可决系数 R^2

$$Y = X\hat{\beta} + \hat{u} = \hat{Y} + \hat{u} \tag{3-11}$$

总体平方和

$$\text{SST} = \sum_{t=1}^{T}(y_t - \bar{y})^2 = \sum_{t=1}^{T} y_t^2 - 2\bar{y}\sum_{t=1}^{T} y_t + T\bar{y}^2 = Y'Y - T\bar{y}^2 \tag{3-12}$$

其中 $\bar{y}$ 是 y_t 的样本平均数,定义为 $\bar{y} = (\sum_{t=1}^{T} y_t)/T$。回归平方和为

$$\text{SSR} = \sum_{t=1}^{T}(\hat{y}_t - \bar{y})^2 = \hat{Y}'\hat{Y} - T\bar{y}^2 \tag{3-13}$$

其中 $\bar{y}$ 的定义同上。残差平方和为

$$\text{SSE} = \sum_{t=1}^{T}(y_t - \hat{y}_t)^2 = \sum_{t=1}^{T} \hat{u}_t^2 = \hat{u}'\hat{u} \tag{3-14}$$

则有如下关系存在:

$$\text{SST} = \text{SSR} + \text{SSE} \tag{3-15}$$

$$R^2 = \frac{\text{SSR}}{\text{SST}} = \frac{\hat{Y}'\hat{Y} - T\bar{y}^2}{Y'Y - T\bar{y}^2} \tag{3-16}$$

显然有 $0 \leq R^2 \leq 1$。R^2 越趋近于 1,拟合优度越好。

2. 调整的可决系数 $\bar{R}^2$

当解释变量的个数增加时,通常 R^2 不下降,而是上升。为调整因自由度减小带来的损失,定义调整的多重可决系数 $\bar{R}^2$ 如下:

$$\bar{R}^2 = 1 - \frac{\text{SSE}/(T-k)}{\text{SST}/(T-1)} \tag{3-17}$$

(二) 方程的显著性检验

与 SST = SSR + SSE 相对应,自由度 $T - 1$ 也被分解为两部分:

$$(T - 1) = (k - 1) + (T - k) \tag{3-18}$$

定义 $\text{MSR} = \dfrac{\text{SSR}}{k-1}$ 为回归均方,$\text{MSE} = \dfrac{\text{SSE}}{T-k}$ 为残差均方,如表 3-1 所示。

表 3-1 方差分析表

方差来源	平方和	自由度	均方
回归	SSR = $\hat{Y}'\hat{Y} - T\bar{y}^2$	$k - 1$	MSR = SSR/$(k-1)$
残差	SSE = $\hat{u}'\hat{u}$	$T - k$	MSE = SSE/$(T-k)$
总体	SST = $Y'Y - T\bar{y}^2$	$T - 1$	

设定假设为

$H_0: \beta_1 = \beta_2 = \cdots = \beta_{k-1} = 0; H_1: \beta_j$ 不全为零,

$$F = \frac{\text{MSR}}{\text{MSE}} = \frac{\text{SSR}/(k-1)}{\text{SSE}/(T-k)} \sim F_{(k-1, T-k)} \quad (3\text{-}19)$$

此时解释变量对被解释变量的解释力越强,则 F 值越大,说明模型整体显著。当检验水平为 α 时,则检验规则是:

若 $F \leq F_{\alpha(k-1, T-k)}$,接受 H_0;

若 $F > F_{\alpha(k-1, T-k)}$,拒绝 H_0。

(三) 变量的显著性检验

多元线性回归中仍用 T 检验来检验变量的显著性,设定假设为

$H_0: \beta_j = 0 (j = 1, 2, \cdots, k-1)$, $H_1: \beta_j \neq 0$,

$$t = \frac{\hat{\beta}_j}{s(\hat{\beta}_j)} = \hat{\beta}_j / \sqrt{\text{Var}(\hat{\beta})_{j+1}} = \hat{\beta}_j / \sqrt{s^2 (\boldsymbol{X'X})^{-1}_{j+1}} \sim t_{(T-k)} \quad (3\text{-}20)$$

判别规则为:

若 $|t| \leq t_{\alpha(T-k)}$,接受 H_0;

若 $|t| > t_{\alpha(T-k)}$,拒绝 H_0。

需要注意的是,即使 F 统计量显著,各个 t 统计量也有可能不是显著的。

(四) 几点注意

在运用多元性线回归模型时,要注意以下几点:

(1) 研究经济变量之间的关系要剔除物价变动因素。

(2) 依照经济理论以及对具体经济问题的深入分析初步确定解释变量。

(3) 当引用现成数据时,要注意数据的定义是否与所选定的变量定义相符。

(4) 通过散点图、相关系数,确定解释变量与被解释变量的具体函数关系(线性、非线性、无关系)。

(5) 谨慎对待异常值,不能把建立模型简单化为一个纯数学过程,目的是寻找经济规律。

(6) 选定模型后可利用样本数据(序列的、截面的、混合的)对模型进行估计。

(7) 首先进行 F 检验。F 检验是对模型整体回归显著性的检验(检验一次,$H_0: \beta_1 = \beta_2 = \cdots = \beta_{k-1} = 0$;$H_1: \beta_j$ 不全为零)。

(8) 进一步作 t 检验(检验 k 次,$H_0: \beta_j = 0 (j = 1, 2, \cdots, k-1)$,$H_1: \beta_j \neq 0$)。$t$ 检验是对单个解释变量的回归显著性的检验。若回归系数估计值未通过 t 检验,则相应解释变量应从模型中剔除。剔除该解释变量后应重新回归。

三、实例:用多元线性回归模型分析股票市场与经济增长的社会效应

(一) 数据来源

投资的代表变量——固定资产投资总额(I)、消费的代表变量——社会消费品零售总额(M)和国内生产总值(GDP)的数据来源于某市统计信息咨询服务中心编写的《经济

信息》,其中,固定资产投资不包括农村集体和私人投资。以上市公司注册地为选股标准,目前在上海、深圳交易所上市的某市 A 股上市公司共有 22 家,其中上海 15 家,深圳 7 家,涉及 20 多个行业,其中有一些上市公司被纳入上证 180 指数内。计算股票的数据来源于证券行情分析系统,股票指数(IIP)的计算是以季度为单位,以 2011 年第四季度为基期——指数为 1 000 点,把采样的股票每季的收盘价乘以其总股本与上一季的收盘价乘以总股本相比再乘以上一季的指数,得到该季度的指数。若采样股的股本结构有所变动,则以变动后的总股本为主计算;若新增发股票,则在下一季度计入股指计算。以上数据期间为 2011 年第四季度至 2016 年第三季度。

(二) 模型分析

本研究采用 Eviews 3.1 进行 OLS 估计,来验证股市是否具有财富效应和投资效应及其相关系数。

固定资产投资总额(I)、社会消费品零售总额(M)、国内生产总值(GDP)和股票指数(IIP)的数据之间的关系如图 3-1 所示。

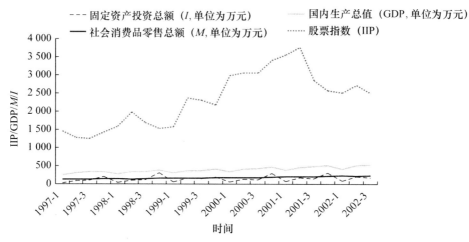

图 3-1 经济数据相关图

1. 财富效应的分析

(1) 将社会消费品零售总额(M)、国内生产总值(GDP)和股票指数(IIP)用 Eviews 3.1 进行 OLS 估计,得到样本回归方程为

$$M = 36.303\,61 + 0.014\,986\text{IIP} + 0.268\,510\text{GDP}$$
$$(1.867\,605)\quad(2.340\,303)\quad(4.229\,614)$$

其中,$R^2 = 0.750\,982$,$F = 30.157\,81$,括号中的数据为 t 检验值。

从以上的回归方程,可以得出 $R^2 = 0.751$,说明总离差平方和的 75.1% 被样本回归直线解释,因此,样本回归直线对样本点的拟合优度比较好。给出显著水平 $\alpha = 0.05$,查自由度 $v = 20$ 的 t 分布表,得临界值 $t_{0.025}(20) = 2.09$,因此 IIP 的系数显著不为零,即股票市场具有财富效应,但 IIP 的系数仅为 0.014 986,说明财富效应不大。查 F 分布表,得 $F_{0.05}(2,20) = 3.49$,而方程 $F = 30.157\,81 > 3.49$,因此,b_0,b_1,b_2 不全为零,回归方程显著成立。

（2）将社会消费品零售总额（M）和股票指数（IIP）用 Eviews 3.1 进行 OLS 估计,得到样本回归方程为

$$M = 100.6320 + 0.032200\text{IIP}$$
$$(6.1887221) \quad (4.849148)$$

其中 $R^2 = 0.528241$,$F = 23.51423$,括号中的数据为 t 检验值。

从以上的回归方程,可以得出 $R^2 = 0.528$,说明总离差平方和的 52.8% 被样本回归直线解释,有 47.2% 未被解释,因此,样本回归直线对样本点的拟合优度不太好。给出显著水平 $\alpha = 0.05$,查自由度 $v = 21$ 的 t 分布表,得临界值 $t_{0.025}(21) = 2.08$,因此 IIP 的系数显著不为零,即股票市场具有财富效应,但 IIP 的系数仅为 0.0322,说明财富效应不大。查 F 分布表,得 $F_{0.05}(1,21) = 4.32$,而方程 $F = 23.51423 > 4.32$,因此,b_0,b_1 不全为零,回归方程显著成立。

2. q 效应的分析

（1）将固定资产投资总额（I）、国内生产总值（GDP）和股票指数（IIP）用 Eviews 3.1 进行 OLS 估计,得到样本回归方程为

$$I = -138.1239 - 0.041292\text{IIP} + 0.978232\text{GDP}$$
$$(-2.166036) \quad (-1.965720) \quad (4.697254)$$

其中,$R^2 = 0.543474$,$F = 11.90457$,括号中的数据为 t 检验值。

从以上的回归方程,可以得出 $R^2 = 0.543$,说明总离差平方和的 54.3% 被样本回归直线解释,有 45.7% 未被解释,因此,样本回归直线对样本点的拟合优度不太好。给出显著水平 $\alpha = 0.05$,查自由度 $v = 20$ 的 t 分布表,得临界值 $t_{0.025}(20) = 2.09$,因此 IIP 的系数显著为零,且根据 q 效应理论也不具有经济意义,即股票市场不具有 q 效应。

（2）将固定资产投资总额（I）和股票指数（IIP）用 Eviews 3.1 进行 OLS 估计,得到样本回归方程为

$$I = 96.23635 + 0.021422\text{IIP}$$
$$(1.712261) \quad (0.933346)$$

其中,$R^2 = 0.039830$,$F = 0.871134$,括号中的数据为 t 检验值。

经分析可以得出：该回归方程根本就不成立。

（三）结论

从以上的分析可以知道,在某市,股市有一定程度的财富效应,但效应甚微,而股市的 q 效应则不存在。也就是说,在中国的股票市场还不完善的情况下,理论上的股市投资效应并不能完全发挥出来。要想使股票市场发挥出应有的作用,当前就需要规范和发展中国资本市场建设,使其逐步发展成为真正的投资市场而不是投机市场,并与国际接轨。

第三节 市场间联动性分析

股票市场联动（stock market co-movement）,是指不同的股票市场之间相似资产的收益率呈现出较强的相关性,或者不同股票市场的资产价格拥有共同的长期均衡关系或者

长期同步运动趋势。

利用传统的根据经济理论建立回归方程的方式,只能分析变量之间是否有相关关系,而研究市场间联动性涉及信息的变动对另一市场的影响,需要对非平稳数据建立动态模型,平稳性检验、Granger因果检验、协整关系检验、向量自回归模型和向量误差修正模型、脉冲响应函数和方差分解等计量方法的出现对这一问题提供了很好的解决途径。

一、平稳性检验

金融市场中许多变量(如股票价格等)的时间序列数据服从单位根过程,而单位根过程是非平稳过程,传统的数理统计和经济计量方法已不再适用。近十几年来,建立在维纳过程、泛函中心极限定理等基础上的有关单位根过程的理论以及协整过程的理论应运而生并蓬勃发展,为我们研究金融问题提供了有力的工具。

常用的单位根检验,又称为迪基-富勒(Dickey-Fuller)检验和增项迪基-富勒(augmented Dickey-Fuller)检验,简称为DF检验和ADF检验。

1. DF检验

考虑任一时间序列Y_t,有一阶自回归:

$$Y_t = \rho Y_{(t-1)} + \varepsilon_t \tag{3-21}$$

其中,ρ为待估参数,ε_t为白噪声。

如果$\rho = 1$,则Y_t为随机游走过程;如果$|\rho| < 1$,则(3-21)式产生的Y_t过程为0阶平稳过程。

基于此,1979年迪基和富勒提出检验式(3-21)中的ρ是否为1的单位根检验,称为DF检验,其回归方程为

$$DY_t = \delta Y_{(t-1)} + \varepsilon_t \tag{3-22}$$

或

$$Y_t = (1 + \delta) Y_{(t-1)} + \varepsilon_t \tag{3-23}$$

其中,$DY_t = Y_t - Y_{(t-1)}$,δ为待估参数。

具体做法就是用最小二乘法求出(3-23)式中的δ,并检验其负性:

$$H_0: \delta = 0$$
$$H_1: \delta < 0$$

如果接受H_0,意味着$Y_t \sim I(d)$,$d \not< 1$,如果拒绝H_0,接受H_1,则$Y_t \sim I(0)$。

如果在(3-21)式中存在常数项t和趋势项δ_0,那么有

$$Y_t = \delta Y_{(t-1)} + \delta_0 + \theta_t + \varepsilon_t \tag{3-24}$$

相应的检验回归方程变成

$$DY_t = \delta Y_{(t-1)} + \delta_0 + \theta_0 + \varepsilon_t \tag{3-25}$$

2. ADF检验

如果DY_t存在自回归,则DF检验方程(3-21)式中增加滞后项,有ADF检验方程:

$$DY_t = \delta Y_{(t-1)} + \sum_{i=1}^{k} \delta_i \times DY_{(t-i)} + \varepsilon_t \tag{3-26}$$

如果考虑到截距项δ_0,有ADF检验方程:

$$\mathrm{DY}_t = \delta Y_{(t-1)} + \delta_0 + \sum_{i=1}^{k} \delta_i \times \mathrm{DY}_{(t-i)} + \varepsilon_t \tag{3-27}$$

如果再考虑到趋势项 Q_t，有 ADF 检验方程：

$$\mathrm{DY}_t = \delta Y_{(t-1)} + \delta_0 + \theta_t + \sum_{i=1}^{k} \delta_i \times \mathrm{DY}_{(t-i)} + \varepsilon_t \tag{3-28}$$

检验回归方程(3-25)、(3-26)、(3-27)中的 k 为 DY 滞后的最大阶数，为了节约自由度，k 应尽可能地小，一般在 3 左右。

3. 检验统计量

DF 检验和 ADF 检验的统计量都是

$$t_\delta = \hat{\delta}/\sigma(\hat{\delta}) \tag{3-29}$$

其中 $\hat{\delta}$ 是普通最小二乘法求出的 δ 的估计值，$\sigma(\hat{\delta})$ 为其标准差。如果 $t_\delta < t_\delta(\sigma)$，$\mathrm{DY}_t \sim I(0)$，则 t_δ 不存在有限正态分布。t_δ 统计量的分布并不清楚，但科学家给出了其临界值仿真值。

二、Granger 因果检验

以往的学者关注的是如何判断经济变量之间的相关关系，以及相关程度的度量，但是，对于变量之间的领先滞后关系的判断还没有方法。Granger(1969)提出一个判断因果关系的检验，这就是 Granger 因果检验(Granger causality test)。Sim(1972)将之推广。

我们可以将 Granger 非因果检验理解为：如果由 y_t 和 x_t 滞后值所决定的 y_t 的条件分布与仅由 y_t 滞后值所决定的统计分布相同，则称 x_{t-1} 对 y_t 不存在 Granger 因果性关系。换句话说，其他条件不变，加上 x_t 的滞后变量对 y_t 的预测精度没有显著性改善，则称 x_{t-1} 对 y_t 不存在 Granger 因果性关系。

以两变量为例建立回归方程：$y_t = \sum_{i=1}^{k} \alpha_i y_{t-i} + \sum_{i=1}^{k} \beta_i y_{t-i} + u_{1t}$。原假设为 x_{t-1} 对 y_t 不存在 Granger 因果性关系，即 $H_0: \beta_1 = \beta_2 = \cdots = \beta_k = 0$，在原假设成立的条件下：$F = \dfrac{(\mathrm{SSE}_r - \mathrm{SSE}_u)/k}{\mathrm{SSE}_u/(T-2k)} \approx F(k, t-2k)$ 成立。其中，SSE_r 为施加约束的残差平方和，SSE_u 为不施加约束的残差平方和，k 表示最大滞后期，T 表示样本容量。用样本计算的 F 值如果落在临界值以内，则接受原假设，即 x_{t-1} 对 y_t 不存在 Granger 因果性关系。

三、协整关系检验

如果某一非平稳序列 X_t 能够经过 d 次差分后变成平稳序列，就称该序列为 d 阶整性，记为 $X_t \sim I(d)$。

假设两个非平稳时间序列 Y_t，X_t，且有 $Y_t \sim I(d)$ 和 $X_t \sim I(d)$。如果存在某一参数向量 $(1-\beta)$，使得

$$[Y_t - \beta X_t] \sim I(d-b)$$

其中，b 为正整数，$(1-\beta)$ 为协整向量，β 为协整系数，那么，认为序列 Y_t，X_t 之间存在协整关系，记为：

$$Y_t, X_t \sim \text{CI}(d,b)$$

如果 $d - b = 0$，那么

$$Y_t, X_t \sim \text{CI}(d,d)$$

有

$$\mu_t(Y_t - \beta X_t) \sim I(0)$$

意味着回归方程

$$Y_t = \beta X_t + \mu_t \tag{3-30}$$

有意义，因为这时 β 唯一存在；同时，时间序列 Y_t 和 X_t 在时间上的实际变动与其长期均衡轨道的偏差 μ_t 是收敛的。也就是说，即使在某一时点上，Y_t 和 X_t 的运动方向相互背离，它们之间存在的长期规律或内在力量也将迫使它们趋向一致。即 μ_t 服从均值为 0、方差为 1 的正态分布。因而判定 Y_t 和 X_t 之间存在长期均衡关系。

协整检验是由 Engle 和 Granger 于 1987 年提出来的，称为 EG－协整检验。它与整性检验的唯一不同是，用回归方程(3-30)中的 μ_t 代替原来检验回归方程中的 Y_t。

对于被检验的协整变量的个数多于 2 个的情况，检验要求原回归方程(或者说寻求的长期关系式)左边的被解释变量 Y_t 的整性阶数不大于右边的解释变量 X_t 的整性阶数。

四、向量自回归模型和向量误差修正模型

考虑到要对变量之间的动态联系提供一个严密说明，且内生变量可以出现在方程的两边，传统的经济计量方法即以经济理论为基础描述变量关系的模型，将不再适用，这时出现了向量自回归模型(vector autoregression model，简称 VAR 模型)和向量误差修正模型(vector error correction model，简称 VEC 模型)。

VAR 模型是基于数据的统计性质建立的模型，Sims(1980)将 VAR 模型引入经济学中，推动了经济系统动态性分析的广泛应用。

VAR 模型的数学表达式是

$$y_t = \Phi_1 y_{t-1} + \cdots + \Phi_p y_{t-p} + H x_t + \varepsilon_t, \quad t = 1, 2, \cdots, T \tag{3-31}$$

其中，y_t 是 k 维内生变量列向量，x_t 是 d 维外生变量列向量，p 是滞后阶数，T 是样本个数。$k \times k$ 维矩阵 $\Phi_1, \cdots, \Phi_p$ 和 $k \times d$ 维矩阵 H 是待估计的系数矩阵。ε_t 是 k 维扰动列向量。

当一系列变量之间存在协整关系时，VAR 模型就不是最合适的模型形式，需要引入能够有效支持协整结构的特定参数化方法，VEC 模型有效解决了这一问题。

VEC 模型的数学表达式为

$$\Delta y_t = \beta_0 \Delta x_t + \beta_1 \text{ecm}_{t-1} + u_t \tag{3-32}$$

其中，$\text{ecm}_t = y_t - k_0 - k_1 x_t$，是非均衡误差。$y_t = k_0 + k_1 x_t$ 表示 y_t 和 x_t 的长期关系，$\beta_1 \text{ecm}_{t-1}$ 为误差修正项，β_1 是修正系数，表示误差修正项对 Δy_t 的修正速度，应该为负值。k_0, k_1 是长期参数，β_0, β_1 是短期参数。

五、脉冲响应函数

脉冲响应函数(impulse response function)方法是指 VAR 模型的一个误差项发生变化或受到某种冲击时对系统的动态影响。

现考虑两个变量的情形：

$$\begin{pmatrix} y_{1t} \\ y_{2t} \end{pmatrix} = \begin{pmatrix} a_{0,11} & a_{0,12} \\ a_{0,21} & a_{0,22} \end{pmatrix} \begin{pmatrix} \varepsilon_{1t} \\ \varepsilon_{2t} \end{pmatrix} + \begin{pmatrix} a_{1,11} & a_{1,12} \\ a_{1,21} & a_{1,22} \end{pmatrix} \begin{pmatrix} \varepsilon_{1t-1} \\ \varepsilon_{2t-1} \end{pmatrix} + \begin{pmatrix} a_{2,11} & a_{2,12} \\ a_{2,21} & a_{2,22} \end{pmatrix} \begin{pmatrix} \varepsilon_{1t-2} \\ \varepsilon_{2t-2} \end{pmatrix} + \cdots$$

现在假设在初期给 y_1 一个单位的脉冲，即 $\varepsilon_{1t} = \begin{cases} 1, t=0, \\ 0, 其他, \end{cases}$ $\varepsilon_{2t} = 0, t = 0, 1, 2, \cdots$，则由 y_1 的脉冲引起的 y_2 的响应函数为 $t = i$ 时，$y_{2i} = a_{i,21} (i = 0, 1, 2, \cdots)$。

因此，由 y_j 的脉冲引起的 y_i 的响应函数可以求出 $a_{0,ij}, a_{1,ij}, a_{2,ij}, \cdots, i, j = 1, 2$。

六、方差分解

脉冲响应函数描述 VAR 模型中一个内生变量的冲击对其他内生变量造成的影响，而方差分解（variance decomposition）是通过分析每一结构的冲击对内生变量变化的贡献度。其思路如下：

由式

$$y_{it} = \sum_{j=1}^{k} (a_{0,ij}\varepsilon_{jt} + a_{1,ij}\varepsilon_{jt-1} + a_{2,ij}\varepsilon_{jt-2} + \cdots)$$
$$i = 1, 2, \cdots, k; \ t = 1, 2, \cdots, T$$

可知各括号中的扰动项 ε_j 是整个时间段内对 y_i 的影响总和，求其方差，则

$$E[(a_{0,ij}\varepsilon_{jt} + a_{1,ij}\varepsilon_{jt-1} + a_{2,ij}\varepsilon_{jt-2} + \cdots)^2] = \sum_{q=0}^{\infty} (a_{q,ij})^2 \sigma_{jj},$$
$$i, j = 1, 2, \cdots, k$$

假定扰动项向量的协方差矩阵是对角矩阵，则 y_i 的方差是上述方差的和：

$$\mathrm{Var}(y_i) = \sum_{j=1}^{k} \{\sum_{q=0}^{\infty} (a_{q,ij})^2 \sigma_{jj}\}, \ i = 1, 2, \cdots, k$$

为了测量各扰动项对 y_i 的方差有多大贡献，定义相对方差贡献度（relative variance contribution, RVC）为

$$\mathrm{RVC}_{j \to i}(\infty) = \frac{\sum_{q=0}^{\infty} (a_{q,ij})^2 \sigma_{jj}}{\sum_{j=1}^{k} \{\sum_{q=0}^{\infty} (a_{q,ij})^2 \sigma_{jj}\}}, \ i, j = 1, 2, \cdots, k \tag{3-33}$$

根据第 j 个变量基于冲击的方差对 y_i 的方差的贡献度来观测第 j 个变量对第 i 个变量的影响。

七、实例：A 股指数和 H 股指数之间联动效应的实证分析

本研究选取 2005 年 9 月 15 日至 2010 年 6 月 30 日的上证 A 股指数和香港恒生中国企业指数（H 股）收盘价为研究对象，剔除不是同一交易日的数据，为方便分析，对样本数据进行了对数处理。因为 2007 年 10 月 A 股和 H 股价格都达到了历史最高价，所以选取 2007 年 10 月 30 日为分界点，之前（第一阶段）的 A 股和 H 股对数股价记为 LA1 和 LH1，之后（第二阶段）的 A 股和 H 股对数股价记为 LA2 和 LH2，对总体、第一阶段和第二阶段

的数据分别进行分析。数据来自上海大智慧软件系统,分析工具为 Excel 和 Eviews 6.0。

对数据进行统计性描述,如表 3-2 所示。

表 3-2 统计性描述

	LH	LA	LH1	LA1	LH2	LA2
均值	9.184 156	7.897 093	9.011 18	7.725 437	9.319 967	8.031 868
中位数	9.274 241	7.976 322	8.904 72	7.528 692	9.382 729	8.034 450
最大值	9.923 294	8.763 391	9.923 29	8.763 391	9.911 665	8.733 821
最小值	8.457 974	7.033 991	8.457 974	7.033 991	8.515 207	7.491 679
标准差	0.331 925	0.432 006	0.346 912	0.525 983	0.245 685	0.273 685
偏度	−0.283 81	−0.189 35	0.528 570	0.414 786	−0.664 987	0.413 506
峰度	2.216 673	2.331 238	2.623 957	1.816 649	2.996 578	2.924 344
J-B 统计量	44.060 35	27.809 82	26.070 83	43.249 58	46.653 24	18.190 14
概率	0.000 000	0.000 001	0.000 002	0.000 000	0.000 000	0.000 112
总数	10 378.1	8 923.715	4 478.557	3 839.542	5 899.539	5 084.173
总数标准差	124.386 6	210.704 2	59.692 52	137.222 6	38.148 33	47.339 15
观察数量	1 130	1 130	497	497	633	633

由表 3-2 可知,第一阶段的波动性大于第二阶段,尤其是第一阶段的 A 股指数波动最大(0.523);从偏度(skewness)的数据可知,数据都是有偏度的,除第二阶段的 H 股指数右偏外,其他都是左偏的;从峰度(kurtosis)的数据可知,第一阶段的峰值明显小于 3,第二阶段的接近于 3,证明第一阶段风险较大;从 J-B 统计量可知,数据不符合正态分布。

(一)平稳性检验

利用 ADF 单位根检验方法,分析数据的平稳性,结果如表 3-3 所示。

表 3-3 单位根检验结果

水平值检验结果						
	LA	LH	LA1	LH1	LA2	LH2
ADF 值	−1.716 32	−2.013 588	1.338 987	1.636 788	−2.493	−2.524
概率	0.422 7	0.281 1	0.998 8	0.999 6	0.117 6	0.110 1
一阶差分值检验结果						
	DLA	DLH	DLA1	DLH1	DLA2	DLH2
ADF 值	−33.391 82	−32.886 38	−22.515	−20.491	−25.201	−25.068
概率	0.000 0	0.000 0	0.000 0	0.000 0	0.000 0	0.000 0

注:在 1%、5%、10% 的置信水平下,临界值 t 统计量分别为 −3.44、−2.87、−2.57。

由水平值及一阶差分以后数据的 ADF 值与相应的临界值比较可知,差分前不平稳,差分后平稳;由相应的概率值也可知,差分前接受"存在单位根"的原假设,一阶差分后拒绝原假设,表明数据一阶差分是平稳的,即是一阶单整的。可以利用处理非平稳变量的协整关系检验进行分析。

(二) Granger 因果检验

对总体、第一阶段和第二阶段的数据进行 Granger 因果检验,结果如表 3-4 所示。

表 3-4　Granger 因果检验结果

原假设	F 统计量	概率
LA 不是 LH 变化的 Granger 原因	6.459 34	0.001 6
LH 不是 LA 变化的 Granger 原因	3.509 00	0.030 3
LA1 不是 LH1 变化的 Granger 原因	0.345 46	0.708 1
LH1 不是 LA1 变化的 Granger 原因	2.479 53	0.084 8
LA2 不是 LH2 变化的 Granger 原因	2.898 12	0.055 9
LH2 不是 LA2 变化的 Granger 原因	1.451 84	0.234 9

从表 3-4 可知,总体上,在 5% 的显著性水平下,A 股和 H 股互为引导关系,且 A 股对 H 股的引导关系更强。在第一阶段,A 股不是 H 股的 Granger 原因,但在 10% 的显著性水平下,H 股是 A 股的 Granger 原因;在第二阶段,两者的关系发生了变化,在 10% 的显著性水平下,H 股是 A 股的 Granger 原因,而 A 股不是 H 股的 Granger 原因。在上涨阶段,H 股价格引导 A 股价格,在下降阶段,A 股价格引导 H 股价格,主要原因是:H 股与美国股市及国际其他股市的联系紧密,信息流通迅速,引导 A 股的走势;而在次贷危机发生后,国际股市遭受的危机影响较大,内地虽然也受危机影响,但总体经济平稳发展,进而 A 股引导 H 股的走势。

(三) 协整关系检验

采用 EG 两步法协整检验对 A 股和 H 股之间的协整关系进行分析,即首先利用最小二乘法对 A 股和 H 股指数价格的相关关系进行拟合,然后检验残差的平稳性,分析两者之间是否有长期平稳的相关关系。

1. 对总体数据进行最小二乘法拟合

结果如下:

$$LA = -3.296\ 894 + 1.218\ 837 LH + \varepsilon_t$$
$$(-26.394)\quad (89.674)$$
$$R^2 = 0.877,\ DW = 0.034,\ AIC = -0.934,\ SC = -0.925$$

对残差 ε_t 序列进行单位根检验,结果如表 3-5 所示。

表 3-5　总体拟合结果残差的平稳性检验

ADF 统计量	显著性水平			概率
	1%	5%	10%	
-2.867 805	-3.435 926	-2.863 890	-2.568 072	0.049 5

残差在 5% 显著性水平下是平稳的,证明 A 股和 H 股存在长期的协整关系,可以对数据进行误差修正模型分析。

2. 对第一阶段的数据进行最小二乘法拟合

结果如下：

$$LA1 = -5.510122 + 1.469LH1 + \varepsilon_{1t}$$
$$(-36.143) \quad (86.88)$$

$$R^2 = 0.938, \ DW = 0.037, \ AIC = -1.23, \ SC = -1.21$$

对残差 ε_{1t} 进行单位根检验，结果如表3-6所示。

表3-6　第一阶段拟合结果残差的平稳性检验

ADF 统计量	显著性水平			概率
	1%	5%	10%	
-1.661943	-3.443307	-2.867147	-2.569818	0.4501

由相应的 ADF 的 t 统计量的值，及概率值为45%，可知残差序列不平稳，即 LA1 与 LH1 之间不存在协整关系。

3. 对第二阶段进行协整关系检验

结果如下：

$$LA2 = -1.15 + 0.985LH2 + \varepsilon_{2t}$$
$$(-5.967) \quad (47.623)$$

$$R^2 = 0.78, \ DW = 0.042, \ AIC = -1.27, \ SC = -1.26$$

对残差 ε_{2t} 进行单位根检验，结果如表3-7所示。

表3-7　第二阶段拟合结果残差的平稳性检验

ADF 统计量	显著性水平			概率
	1%	5%	10%	
-2.360777	-3.440468	-2.865895	-2.569147	0.1535

由相应的概率值可知，以15.35%的概率接受存在单位根的原假设，表明残差序列是不平稳的，LA2 和 LH2 不存在协整关系。

（四）VAR 模型估计

1. 对总体利用 VEC 模型分析

利用 SC 准则得滞后阶数为1，估计结果如下：

$$DLH_t = -0.025(LH_{t-1} - 0.65LA_{t-1} - 4.07) + 0.064DLH_{t-1} - 0.09DLA_{t-1}$$
$$t = -3.88 \quad -8.86 \quad -7.0 \quad 1.83 \quad -2.07$$

$$DLA_t = -0.01(LH_{t-1} - 0.65LA_{t-1} - 4.07) + 0.066DLH_{t-1} - 0.04DLA_{t-1}$$
$$t = -2.05 \quad -8.86 \quad -7.0 \quad 2.37 \quad -1.16$$

DLH_t、DLA_t 分别表示 H 股和 A 股价格对数的一阶差分，即 H 股和 A 股的收益率序列。LH 和 LA 的长期关系为 $LH_t = 0.65LA_t + 4.07$，即 A 股价格上涨1%，H 股价格平均上涨0.65%，模型还说明 H 股滞后期的收益率与本期的 A 股和 H 股的收益率有正相关关系，A 股滞后期收益率与本期 A 股和 H 股的收益率有负相关关系。

2. 对第一、二阶段利用 VAR 模型分析

因为 LA1、LH1、LA2、LH2 都是一阶单整的,即一阶差分平稳,分别表示为 DLA1、DLH1、DLA2、DLH2。平稳的序列适合应用 VAR 模型,首先需要估计 VAR 模型的滞后阶数,然后利用 LR 方法确定滞后阶数(如表3-8 所示)。

表 3-8　LR 方法的滞后阶数确定

滞后阶数	第一阶段 LR	第二阶段 LR
0	NA	NA
1	3.886 162	5.855 879
2	3.261 281	0.397 053
3	6.385 066	5.626 143
4	5.719 758	12.903 82
5	7.430 865	8.800 128
6	10.979 93*	9.495 841*

注:* 表示最适合的滞后阶数。

选取的滞后阶数均为 6。由于滞后期数过多,在此不给出具体的回归方程。方程结果显示:在第一阶段,A 股收益率对自身滞后 6 期的收益率的相关系数为负值且显著,其他均不显著,对 H 股滞后期收益率均不显著;H 股对 A 股滞后 5 期的收益率的相关系数为负且显著,对自身滞后期收益率的相关系数为正。

在第二阶段,A 股和 H 股的收益率对 A 股滞后期收益率的相关关系为负,且多不显著。只有 A 股收益率对自身滞后 6 期的收益率的相关关系显著,H 股对 A 股滞后 5 期的收益率的相关关系显著,A 股收益率对 H 股滞后期的收益率相关系数为正,而 H 股对自身的滞后期收益率相关系数为负。

(五) 脉冲响应检验

1. 总体股票指数方差分解

整个时间段的股票指数方差分解结果如表3-9 所示。

表 3-9　整个时间段的方差分解表(2005.9.14—2010.6.30)

时期	序列 LH 的方差分解			序列 LA 的方差分解		
	标准差	LH	LA	标准差	LH	LA
1	0.026 211	100.000 0	0.000 000	0.020 996	26.151 55	73.848 45
2	0.037 250	99.871 33	0.128 675	0.029 746	28.842 65	71.157 35
3	0.045 375	99.859 30	0.140 697	0.036 414	29.403 21	70.596 79
4	0.052 017	99.872 92	0.127 080	0.042 039	29.398 91	70.601 09
5	0.057 702	99.891 23	0.108 774	0.046 998	29.178 20	70.821 80
6	0.062 698	99.907 47	0.092 531	0.051 486	28.854 53	71.145 47
7	0.067 166	99.918 72	0.081 281	0.055 619	28.476 40	71.523 60
8	0.071 213	99.923 46	0.076 542	0.059 470	28.068 00	71.932 00
9	0.074 912	99.920 80	0.079 199	0.063 092	27.642 75	72.357 25
10	0.078 318	99.910 18	0.089 820	0.066 524	27.208 64	72.791 36

A 股收益率的预测误差方差的 72.8% 由其自身的冲击解释,27.2% 由 H 股收益率的新生冲击解释;H 股收益率的预测误差方差的 0.09% 由 A 股的新生冲击解释,99.91% 由自身的新生冲击解释。这表明 H 股不易受 A 股市场影响,受各自滞后期的影响较明显。

2. 第一阶段股票指数方差分解

第一阶段的股票指数方差分解结果如表 3-10 所示。

表 3-10　第一时间段的方差分解表(2005.9.14—2007.10.30)

时期	序列 DLA1 的方差分解			序列 DLH1 的方差分解		
	标准差	DLA1	DLH1	标准差	DLA1	DLH1
1	0.017 574	100.000 0	0.000 000	0.017 022	11.275 70	88.724 30
2	0.017 601	99.748 26	0.251 736	0.017 085	11.214 41	88.785 59
3	0.017 634	99.734 60	0.265 402	0.017 089	11.227 03	88.772 97
4	0.017 696	99.724 24	0.275 762	0.017 143	11.171 72	88.828 28
5	0.017 741	99.697 13	0.302 865	0.017 210	11.862 37	88.137 63
6	0.017 748	99.643 81	0.356 186	0.017 311	12.875 03	87.124 97
7	0.017 884	99.501 43	0.498 571	0.017 432	13.665 03	86.334 97
8	0.017 887	99.496 82	0.503 175	0.017 436	13.681 72	86.318 28
9	0.017 890	99.495 41	0.504 592	0.017 436	13.683 97	86.316 03
10	0.017 895	99.492 69	0.507 306	0.017 440	13.702 12	86.297 88

A 股收益率的预测误差方差的 99.49% 由其自身的冲击解释,0.51% 由 H 股收益率的新生冲击解释;H 股收益率的预测误差方差的 13.71% 由 A 股的新生冲击解释,86.29% 由自身的新生冲击解释。

3. 第二阶段股票指数方差分解

第二阶段的股票指数方差分解结果如表 3-11 所示。

表 3-11　第二时间段的方差分解表(2007.10.31—2010.6.30)

时期	序列 DLA2 的方差分解			序列 DLH2 的方差分解		
	标准差	DLA2	DLH2	标准差	DLA2	DLH2
1	0.023 121	100.000 0	0.000 000	0.031 587	33.655 80	66.344 20
2	0.023 167	99.616 22	0.383 784	0.031 645	33.845 59	66.154 41
3	0.023 167	99.616 24	0.383 762	0.031 649	33.847 74	66.152 26
4	0.023 172	99.586 84	0.413 160	0.031 748	33.697 29	66.302 71
5	0.023 230	99.587 37	0.412 633	0.031 798	33.864 73	66.135 27
6	0.023 282	99.242 49	0.757 508	0.031 950	34.427 08	65.572 92
7	0.023 379	98.694 10	1.305 901	0.032 003	34.634 50	65.365 50
8	0.023 380	98.684 08	1.315 917	0.032 006	34.641 46	65.358 54
9	0.023 381	98.678 47	1.321 529	0.032 007	34.643 06	65.356 94
10	0.023 384	98.674 18	1.325 825	0.032 007	34.643 55	65.356 45

A 股收益率的预测误差方差的 98.67% 由其自身的冲击解释,1.32% 由 H 股收益率的新生冲击解释;H 股收益率的预测误差方差的 34.64% 由 A 股的新生冲击解释,65.36% 由自身的新生冲击解释。在股市下降阶段,A 股价格波动主要受自身信息冲击

影响,表明 A 股是政策市,政府消息推出直接影响价格波动。H 股不但受自身信息冲击,很大比例也受 A 股的冲击,同时 H 股也会受内地政策的影响,这与实际是相符的。

4. 脉冲响应函数

考虑给系统内一个变量的冲击时其他变量的变化,就要用脉冲响应函数,分别给 A 股指数和 H 股指数 1 个单位标准差的冲击,观察另一市场的响应状况,分析两市场间的联动性,进而分析市场抗外界干扰能力的强弱。

(1) 总体时间段

总体时间段内的脉冲响应函数结果分析如图 3-2 所示。

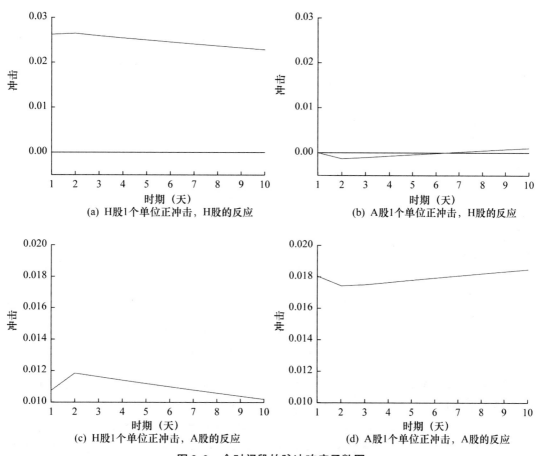

图 3-2 全时间段的脉冲响应函数图

在本期给 H 股 1 个单位的正冲击后,H 股开始的响应是 0.026 左右,而后在第 10 期减少到 0.024 左右,这一冲击有促进作用;A 股价格开始有 0.01 左右的响应,在第 2 期达到最大 0.012 左右,而后开始减少,在第 10 期又降到 0.01 左右。

给本期 A 股市场 1 个单位的正冲击后,H 股有负的响应,第 7 期以后开始有正响应,但很小;A 股价格开始有 0.18 左右的响应,第 2 期略有减少,而后稳步上升。

以上结果表明,一个标准差冲击对自身的价格都是有影响的,对其他市场的影响不同。给 A 股一个冲击对 H 股几乎没有影响,给 H 股一个冲击对 A 股有正的影响,说明 H

股市场的抗干扰能力较 A 股市场强。

（2）第一阶段

第一阶段脉冲响应函数结果分析如图 3-3 所示。

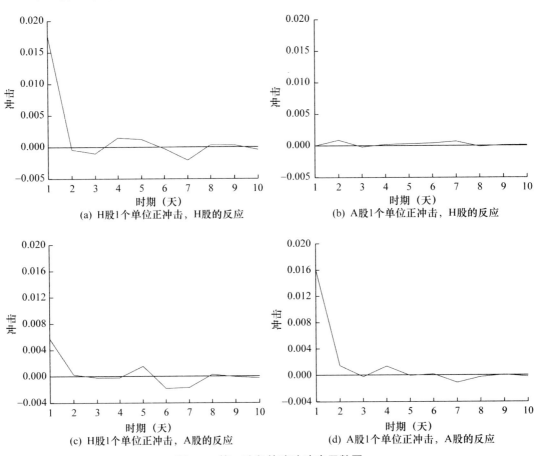

图 3-3　第一阶段的脉冲响应函数图

在第一阶段，A 股收益率对自身 1 个单位的正冲击立刻有较强的反应，收益率比初始的均衡水平增加了 0.016 个单位，之后迅速减少，到第 2 天至第 3 天为负反应，之后又上升为正，在 0 附近波动，到第 8 天后变为零；A 股对 H 股收益率 1 个单位的冲击的反应为：收益率增加 0.05 单位，第 2 天减少为 0，第 4 天到第 8 天小幅正负交错影响后，便不再有影响。

H 股收益率对 A 股收益率 1 个单位的正冲击产生很小的反应，对自身的 1 个单位的冲击产生 0.016 单位的增加，之后迅速减少，第 3 天为 0，之后有小幅影响，第 9 天后变为没有影响。证明来自其他的冲击都是短期的，这与协整检验相一致。

（3）第二阶段

第二阶段脉冲响应函数结果分析如图 3-4 所示。

第二阶段与第一阶段对来自自身和外部变量的冲击产生的反应基本一致，A 股和 H 股收益率对来自自身的 1 个单位的正冲击立刻有较强的反应：收益率比初始均衡水平增

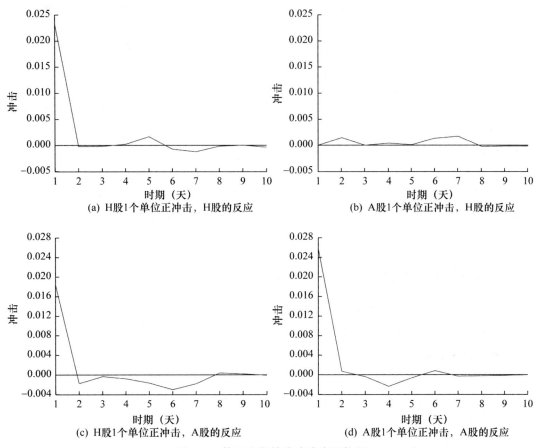

图 3-4 第二阶段的脉冲响应函数图

加了 0.024 个单位,第 2 天以后反应迅速减少,第 8 天后几乎无反应;A 股收益率对来自 H 股收益率的 1 个单位正冲击,有 0.018 单位左右的增加,第 2 天后至第 8 天为负 0.03 左右,之后为 0。H 股收益率对 A 股收益率的标准误差冲击几乎无反应。

(六) 结论

对 A 股和 H 股指数进行实证研究发现,经 Granger 因果检验知,在股价上升阶段,H 股指数价格领先于 A 股指数价格,但 A 股对 H 股没有 Granger 因果关系;在股价下降及平稳阶段,A 股指数价格微弱领先于 H 股指数价格的波动,H 股对 A 股没有 Granger 因果关系。A 股和 H 股指数不存在协整关系,且不存在长期的相关关系,短期内收益率受自身的冲击较大,A 股同时受 H 股的冲击较大,但 H 股受 A 股的冲击不大,且 H 股抗外界信息冲击的能力强于 A 股市场,A 股市场走势受来自 H 股的信息的影响。

本章小结

1. 计量经济学是用定量的方法研究经济活动规律及其应用的科学,是经济学与统计学、数学相结合的产物,是经济学的一个分支,属于社会科学的范畴。

2. 计量经济学与数理经济学相结合可以定量描述与分析金融活动,验证金融理论,包括描述宏观、微观金融问题,国际、国内金融问题等。

3. 建立经济计量模型,为制定金融政策服务。通过计量模型得到参数(边际系数、弹性系数、技术系数、比率、速率等)的可靠估计值,从而为制定金融政策、实施宏观调控提供依据。

4. 做好金融发展趋势预测。这是经济计量学利用模型所要解决的最重要内容,也是最困难的内容。经济计量学的发展史就是谋求对经济变量作出更精确预测的发展史。这要求:(1) 变量选择要准确;(2) 模型形式要合理。

5. 协整是对非平稳经济变量长期均衡关系的统计描述。一般情况下,若干个 $I(1)$ 过程的线性组合仍是 $I(1)$ 过程。但在有些时候,几个 $I(1)$ 过程的某种特定的线性组合会变为 $I(0)$ 过程,这时,我们就称这几个 $I(1)$ 过程为协整的。这种协整性正反映了它们之间的长期均衡关系。

本章重要概念

计量经济学　一元回归方程　多元回归模型　单位根检验　Granger 因果检验　协整检验　向量自回归模型　向量误差修正模型　脉冲响应　方差分解

思考练习题

在当前的金融市场中,有哪些变量之间的关系值得研究?是否可以利用本章介绍的方法进行定量研究?

第四章

投资组合理论与资产定价模型

【本章学习要点与要求】

　　投资组合理论和资产定价模型是数理金融的核心内容。投资组合理论于20世纪50年代由马科维茨首先提出,后来由夏普、罗斯等人进一步完善和发展为资本资产定价模型。它揭示了如何运用组合理论来确定一条可供投资者选择的有效边界,使得边界上的每一个点都符合在给定风险水平下具有较大收益的特点。

　　本章重点讲述了不确定条件下消费者行为选择理论,进而推导了资本资产定价模型。通过本章学习,读者应主要掌握偏好与期望效用函数、方差-协方差矩阵方法、资本资产定价模型的含义、公式、图形、因子分析、套利定价理论等。

第一节 不确定条件下的选择理论

不确定条件下消费者行为选择的产生和发展是现代微观经济学对传统经济学的重要发展,也是构成以资产组合和资产定价理论为代表的现代金融理论的基石。

在确定性条件下,金融资产所提供的现金流是不存在不确定性的,即这一金融资产是无风险的。任何相同期限的金融资产应提供相同的回报率,因而具有相同的市场价格水平。确定性环境这一极端情况假设为资产的时间价值研究提供了方便,然而对于资产的风险价值的研究,却必须放弃这一前提假设,引入风险因素后才得以进行。现代微观经济学对不确定条件进行了深入的研究,为风险资产的定价和现代金融风险管理奠定了坚实的理论基础。

一、偏好与期望效用函数

效用是微观经济学的重要概念,它用来描述消费者对商品的选择行为。为了描述个人消费者选择行为,必须对其进行量化,为此在选择集上引入偏好关系,用来比较选择对象的"好"与"坏"。对于好的商品,其效用就大,反之效用就小。在现代投资理论中,一类重要的问题是投资组合的选择问题,设股票市场上有 n 种股票,实际上是选择一个投资组合 $(\omega_1, \omega_2, \cdots, \omega_n)$,满足 $\sum_{i=1}^{n} \omega_i = 1, \omega_i \geq 0 (i = 1, 2, \cdots, n)$。一个风险厌恶型投资者在两个风险相同的证券组合中,一般会选择期望收益率高的组合;同样,在两个收益率相同的证券组合中,一般会选择风险较小的组合。下面我们引入偏好关系的概念。

定义 4-1 设集合 S 是 N 种证券的所有证券组合所构成的集合,称为投资者的选择集。设投资者对 S 中任何两个证券组合 x, x' 都可以进行比较,存在如下三种结果:

(1) $x > x'$,表示 x 优于 x';

(2) $x' > x$,表示 x' 优于 x;

(3) $x \sim x'$,表示 x 和 x' 无差异。

则比较结果就定义了投资者在集合 S 上的一个偏好关系。设偏好关系具有传递性,即如果 $x > x', x' > x''$,则 $x > x''$。

在给定的偏好关系下,所有和证券组合 x 无差异的证券组合构成的集合称为证券组合 x 的无差异集。当无差异集是一条曲线时,就称为无差异曲线。

定义 4-2 设 S 是具有偏好关系"$\geq$"的选择集, $U: S \rightarrow R_+$ 的单值函数,如果 $x, x' \in S$, $U(x) \geq U(x')$ 当且仅当 $x \geq x'$ 成立,则称 U 为效用函数。

显然,效用函数是偏好关系的一个定量描述。记 $G(a, b; \alpha)$ 为一个博弈,它表示以概率 α 获得财产 a,以概率 $1-\alpha$ 获得财产 b。例如,$G(10, 60; 0.8)$ 表示以概率 0.8 获得 10 单位财产,以概率 0.2 获得 60 单位财产的博弈。若对于任何两个博弈 $G(a_1, b_1; \alpha_1)$, $G(a_2, b_2; \alpha_2)$ 及给定的偏好关系,函数 $U(g)$ 满足如下条件:

(1) $G_1(a_1, b_1; \alpha_1)$ 比 $G_2(a_2, b_2; \alpha_2)$ 好,当且仅当

$$U[G_1(a_1,b_1;\alpha_1)] > U[G_2(a_2,b_2;\alpha_2)];$$

(2) $G_1(a_1,b_1;\alpha_1)$ 和 $G_2(a_2,b_2;\alpha_2)$ 无差异,当且仅当

$$U[G_1(a_1,b_1;\alpha_1)] = U[G_2(a_2,b_2;\alpha_2)];$$

(3) $U[G(a,b;\alpha)] = \alpha U(a) + (1-\alpha)U(b) = E[U(G)]$

则称 $U(g)$ 为代表此偏好关系的期望效用函数。

二、效用函数与风险态度测定

在投资理论中,投资者对待风险的态度一般通过投资者的效用函数来度量。期望效用准则假定投资者对每一种可能出现的结果都给出一个对应的数字(即效用水平),同时当面对各种可供选择的机会时,他将选择期望效用最大的那一个。

为准确讨论风险态度的概念,我们先讨论两个财产博弈:一个博弈是 $G(10,60;0.8)$,它的期望值为

$$E[G(10,60;0.8)] = 0.8 \times 10 + 0.2 \times 60 = 20$$

另外一个博弈是确定性地得到 20 单位财产,即 $G(20,0;1)$。现在问投资者喜欢哪个博弈,即问题是投资者喜欢确定性地得到这个博弈的期望值,还是喜欢这个博弈本身。如果投资者愿意拿走确定性的 20 单位财产,则表明确定性的 20 单位财产的效用大于博弈本身的效用,说明该投资者是一个风险厌恶者,反之其是一个风险偏好者。

定义 4-3 设 $G(a,b;\alpha)$ 是一个博弈,一个投资者的效用函数为 $U(G)$。如果

(1) $U\{E[G(a,b;\alpha)]\} > E[U(G)]$,则称他为风险厌恶者;

(2) $U\{E[G(a,b;\alpha)]\} < E[U(G)]$,则称他为风险偏好者;

(3) $U\{E[G(a,b;\alpha)]\} = E[U(G)]$,则称他为风险中性者。

上述定义表明,投资者对风险的态度与其效用函数的形态有关。考虑凹性效用函数 $U(x)$,即 $U'(x) > 0, U''(x) < 0$,它表示投资者对于风险的态度是厌恶的,这也是大多数投资者所表现出的风险态度类型。图 4-1 为风险厌恶者的效用函数曲线。

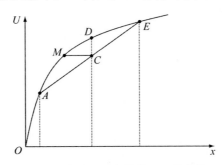

图 4-1 风险厌恶者的效用函数曲线

如图 4-1 所示,在图中 D 点的效用 $U(D)$ 大于 A 点和 E 点的不确定性组合,假定不确定性的概率为 α,即

$$U(D) > \alpha U(A) + (1-\alpha)U(E) = U(C)$$

风险厌恶者会选择 D 点带来的确定性效用,而不会选择由 A 点和 E 点带来的不确定性效用。

例 4-1 设投资者的效用函数为 $U(W) = \ln(W)$,对于博弈 $G(10,60;0.8)$,可求得

$$E[G(10,60;0.8)] = 0.8 \times 10 + 0.2 \times 60 = 20,$$
$$U\{E[G(10,60;0.8)]\} = \ln(20) = 2.9957,$$
$$E\{U[G(10,60;0.8)]\} = 0.8 \times \ln(10) + 0.2 \times \ln(60) = 2.661$$

因为 $U\{E[G(10,60;0.8)]\} > E\{U[G(10,60;0.8)]\}$,所以该投资者是风险厌恶型的。

进一步讨论,设 $\ln(x) = 2.661$,计算得出 $x = 14.31$,计算结果表明确定性收益 14.31 的效用与博弈 $G(10,60;0.8)$ 的期望效用相同,那么我们定义博弈 $G(10,60;0.8)$ 的期望收益 20 与确定性收益 14.31 之差为风险厌恶型投资者选择博弈 $G(10,60;0.8)$ 的风险报酬,也就是图 4-1 中点 C 与点 M 相对应的横坐标(表示财产 x)数值之差。

由于所有投资者都是希望财富越多越好,因此所有风险类型投资者的效用函数的斜率都为正数,即 $U'(x) > 0$,而效用函数二阶导数的方向决定投资者的风险态度,也就是效用函数曲线的凹凸性。一条效用函数的曲线如果凹度越大,则表示投资者越是规避风险。用效用函数的二阶导数除以一阶导数,得到一个衡量度,称之为阿罗-普拉特绝对风险规避度量:

$$r(x) = -\frac{U''(x)}{U'(x)}$$

对于风险厌恶者而言,其二阶导数 $U''(x) < 0$,则 $r(x) > 0$。

在投资学中常用的一个效用函数是

$$U = E(r) - 0.005A\sigma^2$$

式中,$E(r)$ 为资产组合的预期收益,σ^2 为收益方差,A 为投资者的风险厌恶指数。

第二节 投资组合理论

投资组合理论也称均值-方差证券组合模型,通常被认为是现代金融学的发端,它使金融学开始摆脱纯粹描述性的定性研究模式,数量化方法开始进入金融领域,引发了后续一系列金融学理论的重大突破。

一、投资组合的方差-协方差矩阵

投资组合理论假设投资者完全根据一段时期内投资组合的预期收益率和标准差来评价组合的优劣。当面临其他条件相同的两种选择时,投资者会选择具有较高预期收益率的组合;当面临其他条件相同的两种选择时,投资者会选择具有较低风险(即较小标准差)的组合。测度投资组合的风险时,假定所有资产服从正态分布,由于有价证券组合是正态分布变量的线性组合,因此它也服从正态分布,其方差可用矩阵表示:

$$\sigma_P^2 = \omega'\Sigma\omega \tag{4-1}$$

其中,ω 是资产收益权重,Σ 是资产收益的协方差矩阵。

投资组合就是对一定数量的风险资产持有量的组合。当将其进行分解后,投资组合的收益就是各种基础资产收益的线性组合,每种资产的权重 ω_i 由最初对该资产的投资

金额决定。从时间 t 到 $t+1$ 期间投资组合的收益为

$$R_{P,t+1} = \sum_{t=1}^{N} \omega_{i,t} R_{i,t+1} \left(\sum_{i=1}^{N} \omega_i = 1 \right) \tag{4-2}$$

式(4-2)也可写成矩阵形式

$$R_P = (\omega_1 \quad \omega_2 \quad \cdots \quad \omega_N) \begin{bmatrix} R_1 \\ R_2 \\ \vdots \\ R_N \end{bmatrix} = \boldsymbol{W'R} \tag{4-3}$$

根据概率知识,可写出投资组合的收益期望值:

$$E(R_P) = \mu_P = \sum_{i=1}^{N} \omega_i \mu_i \tag{4-4}$$

方差为

$$\text{Var}(R_P) = \sigma_P^2 = \sum_{i=1}^{N} \omega_i^2 \sigma_i^2 + \sum_{i=1}^{N} \sum_{j=1, j \neq i}^{N} \omega_i \omega_j \sigma_{ij} \tag{4-5}$$

将式(4-5)写成矩阵形式:

$$\sigma_P^2 = (\omega_1 \quad \omega_2 \quad \cdots \quad \omega_N) \begin{bmatrix} \sigma_1^2 & \sigma_{12} & \cdots & \sigma_{1N} \\ \sigma_{21} & \sigma_2^2 & \cdots & \sigma_{2N} \\ \vdots & \vdots & \ddots & \vdots \\ \sigma_{N1} & \sigma_{N2} & \cdots & \sigma_N^2 \end{bmatrix} \begin{bmatrix} \omega_1 \\ \omega_2 \\ \vdots \\ \omega_N \end{bmatrix} \tag{4-6}$$

可用 $\boldsymbol{\Sigma}$ 来代替上述协方差矩阵,投资组合的方差简写为

$$\sigma_P^2 = \boldsymbol{W'\Sigma W} \tag{4-7}$$

例 4-2 假设将 100 万美元投资于两种资产,风险经理要计算该投资组合的标准差。表 4-1 给出了该投资组合的相关数据。

表 4-1 投资组合的相关数据

	资产 1	资产 2
标准差	25%	16%
投资比例	30%	70%
相关系数	0.7	

首先求出组合的方差-协方差矩阵:

$$\boldsymbol{Q} = \begin{bmatrix} 25\% & 0 \\ 0 & 16\% \end{bmatrix}, \boldsymbol{C} = \begin{bmatrix} 1 & 0.7 \\ 0.7 & 1 \end{bmatrix}$$

$$\boldsymbol{\Sigma} = \boldsymbol{QCQ} = \begin{bmatrix} 6.25\% & 2.8\% \\ 2.8\% & 2.56\% \end{bmatrix}$$

那么投资组合的方差为

$$\sigma_p^2 = W'\Sigma W = (30\% \quad 70\%)\begin{bmatrix} 6.25\% & 2.8\% \\ 2.8\% & 2.56\% \end{bmatrix}\begin{bmatrix} 30\% \\ 70\% \end{bmatrix} = 2.99\%$$

$$\sigma_p = 17.29\%$$

二、数学模型的建立

假设有 n 种证券,它们的收益分别用 $x_1, x_2, \cdots, x_n$ 来表示,这些 x_i 都是随机变量,并且假定 x_i 的期望值和它们的协方差矩阵都是已知的,用符号来表示,记

$$X = \begin{bmatrix} x_1 \\ \vdots \\ x_n \end{bmatrix}, EX = \begin{bmatrix} Ex_1 \\ Ex_2 \\ Ex_3 \end{bmatrix} = \begin{bmatrix} \mu_1 \\ \vdots \\ \mu_n \end{bmatrix} = \mu,$$

$$\mathrm{Var}(X) = E(X - \mu)(X - \mu)' = \Sigma = (\sigma_{ij}) \tag{4-8}$$

其中,μ 和 Σ 是已知的,考虑投资的分配,实际上就是考虑在 $x_1, x_2, \cdots, x_n$ 上的分配比例,用

$$W = (\omega_1, \cdots, \omega_n)'$$

表示这种分配,自然有 $\omega_i \geq 0, i = 1, \cdots, n$,且 $\sum_{i=1}^{n} \omega_i = 1$,也即 W 有约束条件:

$$W \geq 0, \sum_{i=1}^{n} \omega_i = (1, 1, \cdots, 1)\begin{bmatrix} \omega_1 \\ \omega_2 \\ \vdots \\ \omega_n \end{bmatrix} = \Pi' W = 1, \Pi' = (1, 1, \cdots, 1) \tag{4-9}$$

根据投资组合理论的假定,建立模型的出发点,可以有以下两种不同的考虑:

(1) 指定收益率,即要求 $W'\mu = a$,求 W 使风险达到最小,即 $\mathrm{Var}(W'X) = W'\Sigma W$ 最小;

(2) 指定风险的值,即 $\mathrm{Var}(W'X) = W'\Sigma W = \sigma_0^2$,求 W 使收益最大,即 $W'\mu$ 达到最大。

这两种考虑实际上是等价的,用数学问题表示如下:

在 W 满足 $W \geq 0, \sum_{i=1}^{n} \omega_i = \Pi' W = 1, W'\mu = a$ 的条件下,求使 $W'\Sigma W$ 达到最小值的解。用拉格朗日函数求解 $f(x)$ 在 $Q_1(x) = 0, Q_2(x) = 0$ 条件下的极值。

(1) 建立拉格朗日函数

$$F(x) = f(x) + \lambda_1 Q_1(x) + \lambda_2 Q_2(x)$$

(2) 求解拉格朗日方程组

$$\begin{cases} \dfrac{\partial F}{\partial x} = 0 \\ Q_1(x) = 0 \\ Q_2(x) = 0 \end{cases}$$

由拉格朗日乘数法,令

$$F(W) = W'\Sigma W - 2\lambda_1(\Pi' W - 1) - 2\lambda_2(W'\mu - a)$$

于是

$$\frac{\partial F}{\partial W} = 2\Sigma W - 2\lambda_1 \Pi - 2\lambda_2 \mu = 0$$

$$\Sigma W = \lambda_1 \Pi + \lambda_2 \mu$$

$$\Sigma^{-1}\Sigma W = \Sigma^{-1}(\lambda_1 \Pi + \lambda_2 \mu)$$

$$W = \Sigma^{-1}(\lambda_1 \Pi + \lambda_2 \mu) = W_*$$

代入约束条件得到

$$\begin{cases} \lambda_1 = \frac{C - aB}{\Delta},\ \lambda_2 = \frac{aA - B}{\Delta} \\ A = \Pi'\Sigma^{-1}\Pi,\ B = \Pi'\Sigma^{-1}\mu,\ C = \mu'\Sigma^{-1}\mu \\ \Delta = AC - B^2 \end{cases}$$

将得到的解 W_* 代入 $W'\Sigma W$,可以求出 $W'_* X$ 相应的方差,记为 $\sigma^2(W_*)$,有

$$\begin{aligned}\sigma^2(W_*) &= W'_* \Sigma(\lambda_1 \Sigma^{-1}\Pi + \lambda_2 \Sigma^{-1}\mu) \\ &= W'_*(\lambda_1 \Pi + \lambda_2 \mu) \\ &= \lambda_1 + \lambda_2 a \\ &= \frac{1}{\Delta}(Aa^2 - 2Ba + C)\end{aligned}$$

经过化简,上式也可以写成

$$\sigma^2(W_*) = \frac{A}{\Delta}\left(a - \frac{B}{A}\right)^2 + \frac{1}{A} \tag{4-10}$$

很明显 W_* 是由 a 决定的解,今后用 W_a 表示。于是对不同的 a 就有相应的 W_a,它就是满足 $\Pi'W = 1$, $W'\mu = a$,且使风险 $W'\Sigma W$ 达到最小的解,相应的风险 $\sigma^2(W_*)$ 记为 $\sigma^2(W_a)$。用 σ 的取值表示横坐标,a 的取值表示纵坐标,由式(4-10)可知,由 (σ, a) 所有取值构成的曲线是一条双曲线,如图 4-2 所示。显然,根据投资组合理论的假定,以 t 点为拐点的下半支双曲线上所代表的组合不会被理性的投资者所选择,而只有上半支双曲线所代表的组合会被选择,我们称双曲线 $\sigma^2 = \frac{A}{\Delta}\left(a - \frac{B}{A}\right)^2 + \frac{1}{A}$ 上半支示意的点为有效点集,简称为有效集。

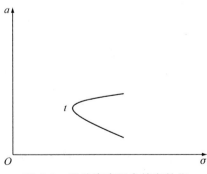

图 4-2 风险资产组合的有效集

三、W_a 的性质及推论

从问题假定的前提来看，$EX = \mu$，μ 的每一个分量 μ_i 反映的是证券 i 的平均收益，所以毫无疑问 $\mu_i > 0$，若 $\mu_i \leq 0$，则无人愿意购买。记 $\mu_* = \min_{1 \leq i \leq n} \mu_i$，$\mu^* = \max_{1 \leq i \leq n} \mu_i$，$W'\mu$ 就是 μ_1，$\cdots$，μ_n 的加权平均，因此可以指定的 a 一定在 $[\mu_*, \mu^*]$ 这个区间内，注意到 Σ 是正定矩阵，$A > 0$，$C > 0$，且由不等式可知 $AC - B^2 = \Delta > 0$，我们可得到以下推论：

(1) $\sigma^2(W_a) \geq \dfrac{1}{A}$，且 $\sigma^2(W_a) = \dfrac{1}{A}$ 的充要条件是 $a = \dfrac{B}{A}$，此时，$W_a = \dfrac{\Sigma^{-1}\Pi}{\Pi\Sigma^{-1}\Pi'}$；

(2) 给定 $[\mu_*, \mu^*]$ 中两个数 a 与 b，相应的有 W_a，W_b，则有

$$\mathrm{Cov}(W'_a X, W'_b X) = \dfrac{A}{\Delta}\left(a - \dfrac{B}{A}\right)\left(b - \dfrac{B}{A}\right) + \dfrac{1}{A} \tag{4-11}$$

因为

$$\mathrm{Cov}(W'_a X, W'_b X) = W'_a \Sigma W'_b = W'_a \dfrac{C - bB}{\Delta}\Pi + W'_a \dfrac{bA - B}{\Delta}\mu$$

$$= \dfrac{1}{\Delta}(C - bB) + \dfrac{a}{\Delta}(bA - B) = \dfrac{A}{\Delta}\left(ab - a\dfrac{B}{A} - b\dfrac{B}{A} + \dfrac{C}{A}\right)$$

$$= \dfrac{A}{\Delta}\left(a - \dfrac{B}{A}\right)\left(b - \dfrac{B}{A}\right) + \dfrac{1}{A}$$

(3) 记 $W_g = \dfrac{\Sigma^{-1}\Pi}{\Pi\Sigma^{-1}\Pi}$，它是 $\sigma^2(W_g) = \dfrac{1}{A}$ 相应的解，$g = \dfrac{B}{A}$，并且对任何 W_a，都有 $\mathrm{Cov}(W'_g X, W'_a X) = \dfrac{1}{A} = \sigma^2(W_g)$；

(4) 令 $d = \dfrac{\mu'\Sigma^{-1}\mu}{\Pi'\Sigma^{-1}\mu} = \dfrac{\mu'\Sigma^{-1}\mu}{B}(B \neq 0)$，于是 $W_d = \dfrac{\Sigma^{-1}\mu}{\Pi'\Sigma^{-1}\mu}$，则 $W = \Sigma^{-1}(\lambda_1 \Pi + \lambda_2 \mu)$ 可以改为 $W_a = \lambda_1 A W_g + \lambda_2 B W_d$，而 $\lambda_1 A + \lambda_2 B = \dfrac{1}{\Delta}(AC - aAB + AB - B^2) = 1$，也即 $W_a = pW_g + (1-p)W_d$，W_a 是 W_g 和 W_d 的凸线性组合；

(5) 任给一个 $a \neq \dfrac{B}{A}$，就存在 a_*，使 $\mathrm{Cov}(W'_a X, W'_{a_*} X) = 0$。

从以上分析可知 $\mathrm{Cov}(W'_g X, W'_d X) \neq 0$，而且 $\mathrm{Cov}(W'_g X, W'_d X) = \dfrac{1}{A} = \sigma^2(W_g)$，所以可考虑的 W_a 总是可由两个给定的，并且不同的 W_g 和 W_d 加权得到，所以它的维数不可能大于2。这就是我们考虑能否寻找一个能反映市场的投资组合 W_M，再找一个与之不相关的 W_{0M}，这样就能表示全部可以考虑采用的投资组合 W_P，因为 W_M 和 W_{0M} 的线性组合可以包含上述问题的各种可能的解。

第三节 资本资产定价模型

资本资产定价模型（capital asset pricing model，CAPM）是由马科维茨的学生威廉·夏

普对投资组合理论进行了进一步改进的结果,是现代金融学研究中具有里程碑意义的成果,具有极大的理论价值和实践意义。

一、资本资产定价模型的主要假设

资本资产定价模型有许多前提性的假设条件,主要包括市场完备性和环境无摩擦性的假定:

(1) 投资者行为是理性的,遵循马科维茨的投资组合选择模型优化自己的投资行为;

(2) 每种资产都是无限可分的,也就是说,投资者可以买卖单位资产或组合的任意部分;

(3) 投资者可按相同的无风险利率自由借入或贷出资金,税收和交易费用忽略不计;

(4) 投资者都是价格的接受者,对于各种资产的收益率、标准差、协方差等具有相同的预期。

二、无风险资产的引入

假设无风险资产的收益为 R_0,于是有一个单位的投资收益为 R_0,风险的投资收益仍然用 $x_1, x_2, \cdots, x_n$ 表示,$\mathbf{X} = (x_1, x_2, \cdots, x_n)'$,$\mathbf{EX} = \boldsymbol{\mu} = (\mu_1, \cdots, \mu_n)'$,$\mathrm{Var}(x) = \boldsymbol{\Sigma}$。

这时自然可以假定 $\mu_i \geq R_0, i = 1, 2, \cdots, n$ 是成立的,因为当 $\mu_i < R_0$ 时,没有人愿意投资第 i 种证券,投资结构改为 $(W_0, W_1, \cdots, W_n) = (W_0, \boldsymbol{W}')$,$W_0$ 是在无风险收益上的投资,很明显:$W_0 = 1 - \boldsymbol{W}'\boldsymbol{\Pi}$,$\boldsymbol{W}'\boldsymbol{\Pi} \leq 1$ 是合理的约束条件,这时的收益为

$$(W_0, \boldsymbol{W}')\begin{pmatrix} R_0 \\ \boldsymbol{\mu} \end{pmatrix} = W_0 R_0 + \boldsymbol{W}'\boldsymbol{\mu} = R_0(1 - \boldsymbol{W}'\boldsymbol{\Pi}) + \boldsymbol{W}'\boldsymbol{\mu} = R_0 + \boldsymbol{W}'(\boldsymbol{\mu} - R_0\boldsymbol{\Pi})$$

(4-12)

因此,指定收益为 a 时,上式为 $\boldsymbol{W}'(\boldsymbol{\mu} - R_0\boldsymbol{\Pi}) = a - R_0$,相应的风险用方差表示,仍为 $\boldsymbol{W}'\boldsymbol{\Sigma}\boldsymbol{W}$,用拉氏乘子法求解,得到 a 相应的解:$W_a = \dfrac{(a - R_0)\boldsymbol{\Sigma}^{-1}(\boldsymbol{\mu} - R_0\boldsymbol{\Pi})}{(C - 2R_0 B + R_0^2 A)}$,相应的风险为

$$\sigma^2(W_a) = \frac{(a - R_0)^2}{(C - 2R_0 B + R_0^2 A)} \tag{4-13}$$

三、资本市场线

现在考虑 $W_0 = 0$ 的投资,它正好是直线 $\alpha = R_0 + \sigma\sqrt{C - 2R_0 B + R_0^2 A}$ 和相应双曲线 $\sigma^2 = \dfrac{a}{\Delta}\left(\alpha - \dfrac{B}{A}\right)^2 + \dfrac{1}{A}$,$\alpha \in [\mu_*, \mu^*]$ 的切点,如图 4-3 中的 t 点所示,它的坐标用 (σ_t, a_t) 表示,由于 $W_0 = 0$,t 点相应的坐标为

$$a_t = \frac{C - R_0 B}{B - A R_0}, \quad \sigma_t^2 = \frac{C - 2R_0 B + R_0^2 A}{(B - A R_0)^2} \tag{4-14}$$

它相应的解 W_{a_t}，记为 $W(t)$，就有 $W(t) = \dfrac{\Sigma^{-1}(\mu - R_0\Pi)}{(B - AR_0)}$，很明显，$a - R_0$ 是承担风险所得的收益，它相应的风险用标准差来衡量，正好是 $\sigma_a = \sigma(W_a)$，因此，$\dfrac{(a - R_0)}{\sigma(W_a)}$ 就是单位风险所得的收益，称为夏普比率。

$\dfrac{(a - R_0)}{\sigma(W_a)}$ 反映了风险的效益，它是点 $(0, R_0)$ 与双曲线 $\sigma^2 = \dfrac{A}{\Delta}\left(a - \dfrac{B}{A}\right)^2 + \dfrac{1}{A}$ 上的点 (σ, a) 连线的斜率 $\dfrac{(a - R_0)}{\sigma}$，这个值越大越有效，最大值就在切点 t 上达到。所以理性的人选择投资时，一部分放在无风险的 R_0 上，一部分放在 t 点上，也就是点 $(0, R_0)$ 与点 (σ_t, a_t) 的连线上，所以这一条线称为资本市场线（capital market line，CML），此时资本市场线成为引入无风险资产后的有效集。

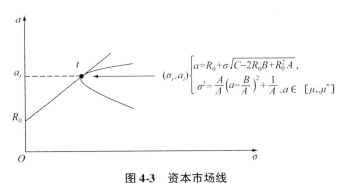

图 4-3　资本市场线

四、市场组合

在图 4-3 中，直线和双曲线的切点 t 所代表的组合具有重要意义。它包含市场上存在的所有风险资产种类，并且各种资产所占的比例与每种资产的总市值占市场所有资产总市值的比例相同，我们称 t 点所代表的组合为市场组合。与此同时，t 点相应的 W_t 也具有重要含义。$\mathrm{Cov}(x, W'(t)x) = \dfrac{\mu - R_0\Pi}{B - AR_0}$，这是由 $\mathrm{Cov}(x, W'(t)x) = \dfrac{I\Sigma\Sigma^{-1}(\mu - R_0\Pi)}{(B - AR_0)}$ 直接得到的，其中 $I = \Pi\Pi'$。由于 $\mathrm{Var}(W'(t)x) = \dfrac{W'(t)(\mu - R_0\Pi)}{(B - AR_0)} = \dfrac{a_t - R_0}{B - AR_0}$，因此将上式与 $W(t) = \dfrac{\Sigma^{-1}(\mu - R_0\Pi)}{B - AR_0}$ 相除，得到

$$\mu - R_0\Pi = \dfrac{\mathrm{Cov}(x, W'(t)x)}{\mathrm{Var}(W'(t)x)}(a_t - R_0) \qquad (4\text{-}15)$$

式（4-15）反映了各种投资 x_i 的平均超额效益与 $a_t - R_0$ 成比例，这个比例只与 x_i 和 $W'(t)x$ 的协方差有关，该比例的数值正好是回归系数。

市场组合的引入为指数化的投资策略提供了理论支持，这种策略分为两步：第一步是按照市场的组成比例来构筑有风险资产的组合，这也实现了风险分散化的要求；第二

步是将资金按照投资者的风险偏好在无风险资产和所构筑的有风险市场组合之间分配。以图 4-3 所示为例,如果投资者是风险厌恶者,他所选择的投资组合位于点 R_0 和切点 t 之间的线段上;如果投资者是风险偏好者,他所选择的投资组合位于点 R_0 和切点 t 连线的延长线上。当然,在现实的金融市场中,真正意义上的市场组合并不存在,人们往往把以金融市场指数为基础开发的指数产品作为有风险市场组合的替代品。

五、证券市场线

在式(4-15)中,令 $\beta = \dfrac{\text{Cov}(x, W'(t)x)}{\text{Var}(W'(t)x)}$,从而获得了著名的公式:

$$\mu - R_0 \Pi = \beta(a_t - R_0) \tag{4-16}$$

β 的经济意义非常明显,a_t 的值是由市场决定的,因此已知 a_t 和 R_0 之后,证券价格 μ 的公式为

$$\mu = R_0 \Pi + \beta(a_t - R_0) \tag{4-17}$$

式(4-17)被称为证券市场线(security market line,SML),由于 R_0 是固定的,μ 对市场的依赖性由 β 体现出来,β 反映了证券对市场依赖的程度,β 成为金融中常见的一个专用术语。

从以上分析中可知 a_t 的重要意义:如果市场能反映人们理性思考的后果,那么市场的投资情况应该反映这种 a_t 的投资。这样 a_t 就用 a_M 表示,通常用一种指数来代替,也就是认为这种指数反映了市场的收益情况,用 a_M 代替 a_t 后,就有公式(4-17)的另一种写法:

$$\mu = R_0 \Pi + \beta(a_M - R_0) \tag{4-18}$$

$\beta = \text{Cov}(x, W'_M x)$,其中 $W_M = W_t$,对任何一个组合投资 $P = W't$,有

$$\mu_P = R_0 + \beta_P(a_M - R_0)$$

$$\beta_P = \sum_{i=1}^{n} W_i \dfrac{\text{Cov}(x_i, W'_M x)}{\text{Var}(W'_M x)} \tag{4-19}$$

式(4-19)表明,证券组合投资的市场风险 β_P 是各证券的市场风险的加权平均,这些权重就是组合投资的权重,从而风险如何分散到各个不同的证券上也就可以明确地表现出来。

第四节 套利定价理论

套利定价理论(arbitrage pricing theory,APT)是罗斯于 1976 年提出的。该理论不是建立有效的资产组合,而是计算在运行良好的资产市场中可被任何投资者获取的零风险利润与期望回报率之间的关系。套利是指利用一个或多个市场存在的各种价格差异,在不冒风险或冒较小风险的情况下赚取较高收益率的交易活动。换句话说,套利是利用资产定价的错误、价格联系的失常,以及市场缺乏有效性的其他机会,通过买进价格被低估的资产,同时卖出价格被高估的资产来获取无风险利润的行为。套利是市场无效率的产物,而套利的结果则促使市场效率提高,因此套利对社会的正面效应远超过负面效应,应

予以充分鼓励和肯定。

一、套利的基本形式

套利有五种基本形式:空间套利、时间套利、工具套利、风险套利和税收套利。

(一) 空间套利

空间套利(或称地理套利),是指在一个市场上低价买进某种商品,而在另一市场上高价卖出同种商品,从而赚取两个市场间差价的交易行为。空间套利是最简单的套利形式之一。

(二) 时间套利

时间套利是指同时买卖在不同时点交割的同种资产,包括现在对未来的套利和未来对未来的套利。

(三) 工具套利

工具套利就是利用同一标的资产的现货及各种衍生证券的价格差异,通过低买高卖来赚取无风险利润的行为。在这种套利形式中,多种资产或金融工具组合在一起,形成一种或多种与原来有着截然不同性质的金融工具,这就是创造复合金融工具的过程。反之,一项金融工具可以分解成一系列的金融工具,且每一个都有着与原来金融工具不同的特性,金融工具的组合和分解正是金融工程的主要运用。

(四) 风险套利

风险套利是指利用风险定价上的差异,通过低买高卖赚取无风险利润的交易行为。根据高风险、高收益原则,风险越高,所要求的风险补偿就越多,保险是风险套利的典型例子。

(五) 税收套利

税收套利是指利用不同投资主体、不同证券、不同收入来源在税收待遇上存在的差异所进行的套利交易。

二、因子模型

假设证券 i 的收益率 r_i 依赖于 k 个因素 F_j,r_i 和 F_j 有下列关系:

$$r_i = E(r_i) + b_{i1}F_1 + \cdots + b_{ik}F_k + \varepsilon_i, \quad i = 1,2,\cdots,n \tag{4-20}$$

假定 F_j 的期望值为 0,b_{ij} 反映了证券 i 对因素 F_j 的依赖程度,称为因素 F_j 的载荷。现在考虑对这些证券组合进行投资,用 ω_i 表示在证券 i 上投资的比例,$\omega_i > 0$ 表示买进,$\omega_i < 0$ 表示卖出,如果 $\sum_{i=1}^{n} \omega_i = 0$,表示在原有的投资上作调整,无须增加新的投资,$\omega_i$ 反映了调整的比例,调整后的收益为

$$\sum_{i=1}^{n} \omega_i r_i = \sum_{i=1}^{n} \omega_i [E(r_i) + b_{i1}F_1 + \cdots + b_{ik}F_k + \varepsilon_i] \tag{4-21}$$

记 $\boldsymbol{b}_\alpha = (b_{1\alpha}, b_{2\alpha}, \cdots, b_{n\alpha})'$,$\alpha = 1,2,\cdots,k$,$\boldsymbol{b}_\alpha$ 反映了因素 F_α 对各证券的影响情况,

如果 $\sum_{i=1}^{n} \omega_i b_{i\alpha} = 0$，则表明新的组合 $\sum_{i=1}^{n} \omega_i r_i$ 的收益不受 F_α 的影响。于是可以看出，只要 k 较小，n 相当大，$W = (\omega_1, \cdots, \omega_n)'$ 是 n 维空间的向量，$b_1, b_2, \cdots, b_k$ 是 n 维向量，它们构成一个至多是 k 维子空间，$\sum_{i=1}^{n} \omega_i b_{i\alpha} = 0$ 表示所选的 W 若与它们都正交，就可以不受它们的影响。所以当 $n \gg k$ 时，这是可以做到的。

选 W 与 $\boldsymbol{\Pi}, b_1, b_2, \cdots, b_k$ 都正交（其中 $\boldsymbol{\Pi}$ 是坐标全为1的向量），因为 $W'\boldsymbol{\Pi} = \sum_{i=1}^{n} \omega_i = 0$，就是 W 与 $\boldsymbol{\Pi}$ 也正交。这样的 W 是存在的，选出 W 后，由于 $\sum_{i=1}^{n} \omega_i b_{i\alpha} = 0$ 对 $\alpha = 1, 2, \cdots, k$ 都成立，有 $\sum_{i=1}^{n} \omega_i r_i = \sum_{i=1}^{n} \omega_i \mathrm{E}(r_i) + \sum_{i=1}^{n} \omega_i \varepsilon_i$。其中，$\mathrm{E}(\varepsilon_i) = 0$，$\mathrm{Var}(\varepsilon_i) = \sigma^2$，且 $\varepsilon_1, \varepsilon_2, \cdots, \varepsilon_n$ 相互独立，因此 $\mathrm{Var}\left(\sum_{i=1}^{n} \omega_i \varepsilon_i\right) = \sigma^2 \sum_{i=1}^{n} \omega_i^2$。由切比雪夫不等式可知

$$p\left(\left|\sum_{i=1}^{n} \omega_i \varepsilon_i\right| \geq \delta\right) = p\left(\left|\sum_{i=1}^{n} \omega_i \varepsilon_i - \sum_{i=1}^{n} \omega_i \mathrm{E}(\varepsilon_i)\right| \geq \delta\right) \leq \frac{\sigma^2}{\delta^2} \sum_{i=1}^{n} \omega_i^2$$

只要有 $\sum_{i=1}^{n} \omega_i^2 \to 0$，当 $n \to \infty$（例如 $|\omega_i| \approx \frac{1}{n}$），则 $\sum_{i=1}^{n} \omega_i r_i = \sum_{i=1}^{n} \omega_i \mathrm{E}(r_i)$，其结果是一个常数。

如果 $\sum_{i=1}^{n} \omega_i \mathrm{E}(r_i) > 0$，表示无须投资，只要适当调整就可以套利，无风险地增加收益。而从市场运行规律来看，这是不可能实现的。合理的结果是 $\sum_{i=1}^{n} \omega_i \mathrm{E}(r_i) = 0$（无套利），这表示 $\mathrm{E}(r) = (\mathrm{E}(r_1), \mathrm{E}(r_2), \cdots, \mathrm{E}(r_n))'$ 这个向量是与 W 正交的，它表示向量 $\mathrm{E}(r)$ 与 $\boldsymbol{\Pi}, b_1, b_2, \cdots, b_k$ 有线性相关的部分，即

$$\mathrm{E}(r) = \lambda_0 \boldsymbol{\Pi} + \lambda_1 b_1 + \cdots + \lambda_k b_k + d \tag{4-22}$$

d 反映了不能被 $\boldsymbol{\Pi}, b_1, b_2, \cdots, b_k$ 线性表示的部分。当 d 很小时，有

$$\mathrm{E}(r) = \lambda_0 \boldsymbol{\Pi} + \lambda_1 b_1 + \cdots + \lambda_k b_k \tag{4-23}$$

这就是证券定价公式。其中 λ_i 反映了证券对于各因子的敏感性，λ_0 反映无风险因素，通常被认为是无风险收益率 r_0，因此式(4-23)可以写成超额收益形式：

$$\mathrm{E}(r - r_0 \boldsymbol{\Pi}) = \sum_{\alpha=1}^{k} \lambda_\alpha b_\alpha$$

三、套利定价组合的条件

假定证券有无限多，不存在无风险的收益，一个渐进套利机会是对 $n = 1, 2, \cdots$，有一个 n 种证券的投资组合形成的序列 $W_i^n = (W_1^n, W_2^n, \cdots, W_n^n)'$，它满足三个条件：

$$\sum_{i=1}^{n} W_i^n = 0$$

$$\sum_{i=1}^{n} W_i^n r_i \geq \delta > 0$$

$$\sum_{i=1}^{n}\sum_{j=1}^{n}W_i^n W_j^n \sigma_{ij}^n \to 0 (n \to \infty)$$

即

$$H_n' W^n = 0$$
$$r_{(n)}' W^n \geq \delta > 0$$
$$W^{n'} \Sigma_{(n)} W^n \to 0 (n \to \infty)$$

其中 $\Sigma_{(n)} = \mathrm{Var}(r_{(n)})$。上述条件表明，只要合理调整投资，就可以保证收益不小于 $\delta > 0$，而风险趋向于零。

例 4-3 有三个证券组合资产 X、Y、Z，如表 4-2 所示。

表 4-2 资产的基本信息

资产	收益率 R_i	b_{i1}	b_{i2}	组合平均收益率
X	11%	0.5	2.0	$R_1 = 20\%$
Y	25%	1.0	1.5	$R_2 = 8\%$
Z	23%	1.5	1.0	$\lambda_0 = 10\%$

计算三种资产组合的预期收益率：

$R_X = 10\% + 0.5 \times (20\% - 10\%) + 2.0 \times (8\% - 10\%) = 11\%$

$R_Y = 10\% + 1.0 \times (20\% - 10\%) + 1.5 \times (8\% - 10\%) = 17\%$

$R_Z = 10\% + 1.5 \times (20\% - 10\%) + 1.0 \times (8\% - 10\%) = 23\%$

与表中数据比较，X、Z 的预期收益率正好等于测算的收益率，故不存在风险套利机会。但 Y 的均衡收益率为 25%，可以通过卖出 X、Z，然后买进 Y，获得额外的正收益率。

假设原资金是在三个资产间等量分配，各占 1/3，现在将 Y 的投资比重从 1/3 增加到 1，增量 $\omega_y = \dfrac{2}{3}$，同时要求不增加新的投资，且该组合对每个要素的 b 值为 0，即对每一个 j ($j = 1, 2$)，有 $\sum_{i=1}^{3} \omega_i b_{ij} = 0$。因此得到

$$\omega_x + \omega_y + \omega_z = 0$$
$$\omega_x b_{x1} + \omega_y b_{y1} + \omega_z b_{z1} = 0$$
$$\omega_x b_{x2} + \omega_y b_{y2} + \omega_z b_{z2} = 0$$

将表中数字代入方程得

$$\begin{cases} \omega_x + \dfrac{2}{3} + \omega_z = 0 \\ \omega_x \times 0.5 + \omega_y \times 1.0 + \omega_z \times 1.5 = 0 \\ \omega_x \times 2.0 + \omega_y \times 1.5 + \omega_z \times 1.0 = 0 \end{cases}$$

解方程得：$\omega_x = -\dfrac{1}{3}$，$\omega_y = \dfrac{2}{3}$，$\omega_z = -\dfrac{1}{3}$。

原组合对各因素的风险如下：

对因素 1 的敏感系数：$\frac{1}{3} \times 0.5 + \frac{1}{3} \times 1.0 + \frac{1}{3} \times 1.5 = 1.0$；

对因素 2 的敏感系数：$\frac{1}{3} \times 2 + \frac{1}{3} \times 1.5 + \frac{1}{3} \times 1.0 = 1.5$。

新组合对各因素的风险如下：

对因素 1 的敏感系数：$0 \times 0.5 + 1 \times 1.0 + 0 \times 1.5 = 1.0$；

对因素 2 的敏感系数：$0 \times 2 + 1 \times 1.5 + 0 \times 1.0 = 1.5$。

原组合的预期收益率为

$$\frac{1}{3} \times 11\% + \frac{1}{3} \times 25\% + \frac{1}{3} \times 23\% = 19.67\%$$

新组合的预期收益率为

$$0 \times 11\% + 1 \times 25\% + 0 \times 23\% = 25\%$$

可见，在不增加新投资和不改变系统性风险的情况下，组合收益率增加了 5.33%。

四、标准的套利定价理论与推导

不失一般性，现在以两种资产 i 和 j 来讨论套利定价模型。假定在单因子模型下，资产 i 和 j 的收益率受到因素 F_1 的影响，因子载荷分别为 b_{i1} 和 b_{j1}，那么投资组合的收益为

$$\begin{aligned}\omega_i r_i + \omega_j r_j &= \omega_i [\mathrm{E}(r_i) + b_{i1} F_1] + \omega_j [\mathrm{E}(r_j) + b_{j1} F_1] \\ &= [\omega_i \mathrm{E}(r_i) + \omega_j \mathrm{E}(r_j)] + (\omega_i b_{i1} + \omega_j b_{j1}) F_1 \end{aligned} \quad (4\text{-}24)$$

在 (4-24) 式中，如果 $(\omega_i b_{i1} + \omega_j b_{j1}) F_1 = 0$，那么该投资组合就是无风险投资，其收益率应该等于无风险收益率，否则市场上就存在套利机会。因为由 $(\omega_i b_{i1} + \omega_j b_{j1}) F_1 = 0$ 可以得出 $F_1 = 0$ 或者 $\omega_i b_{i1} + \omega_j b_{j1} = 0$。如果 $F_1 = 0$，那么说明不存在随机变量；如果 $\omega_i b_{i1} + \omega_j b_{j1} = 0$，那么意味着两种资产 i 和 j 的风险相互抵消了。因此，当市场存在影响收益的风险因素 F_1 时，投资者要使构造的资产组合无风险，就必须使

$$\omega_i b_{i1} + \omega_j b_{j1} = (1 - \omega_j) b_{i1} + \omega_j b_{j1} = 0$$

从而得到

$$\omega_j = \frac{b_{i1}}{b_{i1} - b_{j1}} \quad (4\text{-}25)$$

由于当 $(\omega_i b_{i1} + \omega_j b_{j1}) F_1 = 0$ 时，投资组合是无风险组合，其收益为 $\omega_i \mathrm{E}(r_i) + \omega_j \mathrm{E}(r_j)$。若无风险收益率为 r_0，则有

$$\omega_i \mathrm{E}(r_i) + \omega_j \mathrm{E}(r_j) = (1 - \omega_j) \mathrm{E}(r_i) + \omega_j \mathrm{E}(r_j) = r_0$$

从而得到

$$\omega_j = \frac{\mathrm{E}(r_i) - r_0}{\mathrm{E}(r_i) - \mathrm{E}(r_j)} \quad (4\text{-}26)$$

联立 (4-25) 式和 (4-26) 式，得到

$$\frac{\mathrm{E}(r_i) - r_0}{b_{i1}} = \frac{\mathrm{E}(r_i) - \mathrm{E}(r_j)}{b_{i1} - b_{j1}} \quad (4\text{-}27)$$

同理，把 $\omega_j = 1 - \omega_i$ 代入上述计算过程，可以得到

$$\frac{E(r_j) - r_0}{b_{j1}} = \frac{E(r_i) - E(r_j)}{b_{i1} - b_{j1}} \tag{4-28}$$

令 $\lambda_1 = \dfrac{E(r_i) - E(r_j)}{b_{i1} - b_{j1}}$，那么由(4-27)式和(4-28)式，得到

$$\frac{E(r_i) - r_0}{b_{i1}} = \frac{E(r_j) - r_0}{b_{j1}} = \lambda_1 \tag{4-29}$$

(4-28)式和(4-29)式其实是资产的市场平均收益率分析，其本质作用相当于均值。(4-29)式的结果表明，对于任意的 i 和 j 都有

$$E(r_q) = r_0 + \lambda_1 b_{q1}, \quad q = i, j \tag{4-30}$$

(4-30)式就是单因子模型下套利定价理论的结果，也就是著名的线性定价原则。它的含义是，任何资产的预期收益率都是无风险收益率与风险报酬的线性结果，其中风险报酬由资产对风险因素的反应灵敏度和市场平均收益率共同决定。当然，(4-30)式可以扩展到多因子模型，即

$$E(r) = r_0 + \lambda_1 b_1 + \lambda_2 b_2 + \cdots + \lambda_k b_k \tag{4-31}$$

五、套利定价理论与资本资产定价模型的区别

套利定价理论关键是应用了无套利的假定，通过许多因子来确定证券的价格，其核心是要求出 b_{ij}，利用 b_{ij} 去解释市场的变化，度量每个因子的风险大小。它使我们扩大了考虑因素的范围，可以从证券市场以外的因素去选择，而不像资本资产定价模型只从证券市场本身的历史来研究。这样就可以把证券的价格与国家经济发展状况、企业效益状况、外汇市场等其他经济因素相联系，从而使模型能更好地反映现实状况。套利定价理论与资本资产定价模型的区别有如下几点：

（1）套利定价理论对分布不做要求，资本资产定价模型必须是正态分布假定；

（2）套利定价理论对个人收益没有直接假定条件，而资本资产定价模型则假定在收益一定的条件，选择风险小的组合，同时在风险一定的条件下，选择收益大的组合；

（3）套利定价理论中证券组合无特殊地位；

（4）套利定价理论允许非证券市场因素参与定价，而资本资产定价模型只与证券市场本身因素有关；

（5）套利定价理论可以对证券市场某一部分的组合定价，无须涉及全体，而资本资产定价模型必须从证券市场整体考虑；

（6）套利定价理论可以进行多阶段组合。

本章小结

1. 不确定条件下消费者行为选择的产生和发展是现代微观经济学对传统经济学的重要发展，也是构成以资产组合和资产定价理论为代表的现代金融理论的核心基石。

2. 测度投资组合的风险时，假定所有资产服从正态分布，由于有价证券组合是正态分布变量的线性组合，因此，它也服从正态分布，其方差可用矩阵表示。

3. 系统性风险的测定用 β 系数来表示。β 系数是衡量一个证券系统性风险的指标，是指证券的收益率和市场组合的收益率的协方差再除以市场组合收益率的方差。

4. 有效集是指能同时满足预期收益率最大、风险最小的投资组合的集合。有效集是一条向右上方倾斜的曲线，它反映了"高收益、高风险"的原则，有效集是一条向上凸的曲线；有效集曲线上不可能有凹陷的地方。投资者效用最大化的最优投资组合是位于无差异曲线与有效集的相切点。利用无风险资产和使用贷、借款可以对有效集进行改进。

5. 资本市场线(CML)表示均衡状态的有效组合的预期收益率和标准差的线性关系。通常资本市场线总是向上倾斜的，其斜率是有效证券组合中风险的市场价格。

6. 套利是指利用一个或多个市场存在的各种价格差异，在不冒风险或冒较小风险的情况下赚取较高收益率的交易活动。套利是利用资产定价的错误、价格联系的失常，以及市场缺乏有效性的其他机会，通过买进价格被低估的资产，同时卖出价格被高估的资产来获取无风险利润的行为。套利有五种基本形式：空间套利、时间套利、工具套利、风险套利和税收套利。

7. 套利定价理论认为，套利组合要满足三个条件：(1)投资者不需追加资金；(2)套利组合对任何因素的敏感度为零；(3)套利组合的预期收益率大于零。套利定价理论也是关于资产定价的均衡模型，但假设条件少，使用起来比较方便。

本章重要概念

偏好　期望效用函数　方差-协方差矩阵　资本资产定价模型　因子分析　有效集　套利定价理论　β 系数　资本市场线　证券市场线　套利

思考练习题

1. 试述不确定条件下的选择理论要点。
2. 简述资本资产定价模型的基本思想。
3. 简述套利定价理论的基本思想。
4. 给定三种证券的方差-协方差矩阵以及各证券占组合的比例(如下表所示)，试用公式和矩阵两种方法计算组合的方差和标准差。

	证券 A	证券 B	证券 C
证券 A	459	-211	112
证券 B	-211	312	215
证券 C	112	215	179

注：$\omega_A = 0.5$，$\omega_B = 0.3$，$\omega_C = 0.2$。

5. 假设证券的收益率由一个单因素模型生成。陈先生拥有一个组合具有如下表所示的特征：

	证券 A	证券 B	证券 C
期望收益率	20%	10%	5%
因素灵敏度	2.0	3.5	0.5
权重	0.20	0.40	0.40

根据上述特征,陈先生发现能够用证券 A、B、C 构造套利组合,于是决定通过"增加原有组合中证券 A 的权重,并相应减少原有组合中证券 B 和 C 的权重"的方法来进行套利。假定陈先生将原有证券 A 的权重增加 0.20,试问:在调整后的陈先生的投资组合中其他两种证券的权重为多少时,才能达到套利的目的?

6. 现有三种股票组成的套利证券组合,如下表所示:

	预期收益率	因素灵敏度	权重
证券 1	20%	4.0	0.05
证券 2	15%	2.5	0.10
证券 3	10%	3.0	-0.15

假定投资者持有这三种证券的市值分别为 100 万元,那么套利证券组合的市值为 300 万元,可以怎样操作?

7. 给定某投资者的效用函数为 $U(W) = \ln W$,某投资收益分布为 $G(50,200;0.4)$,计算该投资活动的风险溢价。

8. 根据下表的数据,对单指数模型中的市场模型 $E(r_P) - r_f = \alpha_P + \beta_P[E(r_m) - r_f]$ 的参数进行估计,并解释估计结果。如果明年的预期市场收益率为 20%,利用上述模型预测股票组合 P 的预期收益率($r_f = 6\%$)。

年份	市场组合的年平均收益率(%)	股票组合 P 的年平均收益率(%)
1	20	22
2	27	27
3	12	15
4	13	16
5	5	9
6	28	27
7	32	31
8	17	19

第五章

期权定价模型

【本章学习要点与要求】

期权定价是所有金融衍生工具定价中最复杂的。本章阐述了期权价格的构成和影响因素、期权价格的上下限、布莱克-斯科尔斯模型、二项式定价模型和随机利率期权定价模型,以及与期权价格有关的敏感性指标。要求掌握期权的内在价值与时间价值的关系,能够运用布莱克-斯科尔斯定价模型和二项式定价模型为期权定价,了解随机利率期权定价模型的含义,理解期权价格的上限与下限公式以及期权价格的敏感性指标。

第一节　期权价格的构成

金融期权交易是一种权利交易,在这种交易中,期权购买者为获得期权合约所赋予的权利,就必须向期权出售者支付一定的期权费用,这笔费用就是期权费或者叫期权价格。在期权交易中,期权价格的决定与变动是一个既十分重要又十分复杂的问题。自从期权交易产生以来,尤其是股票期权交易产生以来,人们就一直致力于对期权定价问题的探讨。但在 1973 年之前,这种探讨始终没有得出令人满意的结果,其中一个最难解决的问题是无法适当地描述期权标的物的价格波动性及其对期权价格的影响。1973 年,美国芝加哥大学的教授费希尔·布莱克(Fischer Black)和迈伦·斯科尔斯(Myron Scholes)发表了"期权定价与公司负债"一文,提出了第一个期权定价模型,在学术界和实务界引起了强烈的反响。

一、期权的价值与价格

（一）期权的价值

一份期权合约的价值由两个部分构成:内在价值和时间价值,相应的期权价格由这两部分价值所决定。

1. 期权的内在价值

期权的内在价值(intrinsic value,IV),又称为内涵价值,是指在履行期权合约时可获得的总利润。当总利润小于零时,内在价值为零。内在价值反映了期权合约中预先约定的协定价格与相关基础资产市场价格之间的关系。其计算公式为

$$IV = \begin{cases} \max\{S - X, 0\} & \text{(在看涨期权中)} \\ \max\{X - S, 0\} & \text{(在看跌期权中)} \end{cases}$$

式中:IV 表示内在价值,S 表示标的资产的市场价格,X 表示期权的协定价格。

按照有无内在价值,期权可呈现三种状态:实值状态(in the money,ITM)、虚值状态(out of the money,OTM)和平价状态(at the money,ATM)。

我们把 $S > X$ 的看涨期权称为实值期权,把 $S < X$ 的看涨期权称为虚值期权,把 $S = X$ 的看涨期权称为平价期权。

同样,我们把 $X > S$ 时的看跌期权称为实值期权,把 $X < S$ 的看跌期权称为虚值期权,把 $X = S$ 的看跌期权称为平价期权。

实值期权的内在价值大于零,而虚值期权和平价期权的内在价值均为零。

2. 期权的时间价值

期权的时间价值(time value,TV)是指期权买方随着期权时间的延续和相关商品价格的变动可能使期权增值时,愿意为购买这一期权所付出的权利金额。从动态上看,期权的时间价值有一个变化规律:伴随期权合约剩余有效期的缩短而衰减。发生衰减的原因也很简单:对于期权买方而言,有效期越长,市场状况发生有利于他的变化的可能性也就越大,获利的机会也就越多,他愿意付出的时间价值也就越高;与此同时,卖方亏损的

风险也越大。伴随合约剩余有效期限的缩短,买方获利的机会在减少,卖方承担的风险也在减少,因此时间价值也将逐步减少。

期权的时间价值还取决于标的资产的市场价格 S 与期权的协定价格 X 之间的差额的绝对值。当差额为零时,期权的时间价值最大。当差额的绝对值增大时,期权的时间价值是递减的,具体如图5-1所示。

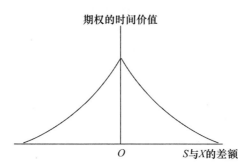

图 5-1 期权的时间价值与 S 和 X 的差额之间的关系

(二) 期权的价格与内在价值和时间价值的关系

期权的价格也称为权利金,它是由期权价值所决定的,即由内在价值和时间价值所决定的。三者之间的关系可用图 5-2 来表示。从静态的角度看,期权价格(权利金)在任一时点都是由内在价值和时间价值两部分组成:在期权为虚值期权(即看涨期权 $S<X$ 和看跌期权 $S>X$)时,权利金完全由时间价值组成;在期权为平价期权(即 $S=X$)时,权利金完全由时间价值组成,且时间价值达到最大;在期权为实值期权(即看涨期权 $S>X$ 和看跌期权 $S<X$)时,权利金由内在价值和时间价值组成,内在价值与市价等比例增减。从动态的角度看,期权的时间价值在衰减,伴随合约剩余有效期的缩短而减少,期满时时间价值为零,权利金全部由内在价值组成。

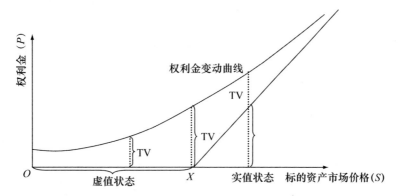

图 5-2 看涨期权中权利金 P、内在价值 IV、时间价值 TV 三者之间的变动关系

二、期权价格的影响因素

期权价格的影响因素主要有六个,分别为标的资产的市场价格、期权的协定价格、期权的有效期、标的资产价格的波动率、无风险利率和标的资产的收益。

(一) 标的资产的市场价格

标的资产的市场价格是指期权的标的资产随市场行情的波动而产生的价格,其高低影响期权的内在价值。

(二) 期权的协定价格

期权的协定价格是指在期权合约中记载的期权买方有权交易标的资产的价格。看涨期权在执行时,其收益等于标的资产的市价与协定价格的差额。因此,标的资产的市场价格越高,协定价格越低,看涨期权的价格就越高。

对于看跌期权而言,由于执行时其收益等于协定价格与标的资产市价的差额。因此,标的资产的市场价格越低,协定价格越高,看跌期权的价格就越高。

(三) 期权的有效期

对于美式期权而言,由于它可以在有效期内的任何时间执行,有效期越长,多头获利机会就越大,而且有效期长的期权包含了有效期短的期权的所有执行机会,因此有效期越长,期权价格越高。

对于欧式期权而言,由于它只能在期末执行,有效期长的期权就不一定包含有效期短的期权的所有执行机会。这就使欧式期权的有效期与期权价格之间的关系显得较为复杂。例如,同一股票的两份欧式看涨期权,一个的有效期为1个月,另一个的有效期是2个月,假定在6周后标的股票将有大量红利支付,由于支付红利会使股价下降,在这种情况下,有效期短的期权的价格甚至会高于有效期长的期权的价格。

但在一般情况下(即剔除标的资产支付大量收益这一特殊情况),由于有效期越长,标的资产的风险就越大,空头亏损的风险也越大,因此即使是欧式期权,有效期越长,其期权价格也越高,即期权的边际时间价值为正值。

我们应注意到,随着时间的延长,期权时间价值的增幅是递减的。换句话说,对于到期日确定的期权来说,在其他条件不变时,随着时间的流逝,其时间价值的减小是递增的。这意味着,当时间流逝同样长度时,期限长的期权时间价值的减小幅度将小于期限短的期权时间价值的减小幅度。此外,期权的时间价值取决于标的资产市价和期权协定价格之间差额的绝对值。当差额为0时,期权的时间价值最大。当差额的绝对值增大时,期权的时间价值是递减的。

(四) 标的资产价格的波动率

简单地说,标的资产价格的波动率是用来衡量标的资产未来价格变动不确定性的指标。由于期权多头的最大亏损额仅限于期权价格(支付的权利金),而最大盈利额则取决于执行期权时标的资产市场价格与期权协定价格的差额,因此波动率越大,对期权多头越有利,期权价格也应越高。

(五) 无风险利率

关于无风险利率对期权价格的影响,我们可从两个角度来考察。

(1) 从比较静态的角度考察,即比较不同利率水平下的两种均衡状态。

如果某种状态的无风险利率较高,则标的资产的预期收益率也应较高,这意味着对应于标的资产现在特定的市价(S_0),未来预期价格 $E(S_T)$ 较高。同时,由于贴现率较高,未来具有同样预期盈利的标的资产的现值就较低。这两种效应都将降低看跌期权的价值。但对于看涨期权来说,前者将使期权价格上升,而后者将使期权价格下降。由于前者的效应大于后者,因此对应于较高的无风险利率,看涨期权的价格也较高。

(2) 从动态的角度考察,即考察一个均衡被打破到另一个均衡建立的过程。

在标的资产(如股票、债券等)价格与利率呈负相关时,当无风险利率提高时,原有均衡被打破,为了使标的资产预期收益率提高,均衡过程通常是通过同时降低标的资产的期初价格和预期未来价格(只是前者的降幅更大)来实现的,同时贴现率也随之上升。对于看涨期权来说,两种效应都将使期权价格下降,而对于看跌期权来说,前一种效应为正,后一种效应为负,由于前者通常大于后者,因此其净效应是看跌期权价格上升。

大家应注意到,从两个角度得到的结论刚好相反,因此我们在具体运用时要注意区别分析的角度。

(六) 标的资产的收益

由于标的资产分红付息等将降低标的资产的价格,而期权的协定价格并未进行相应调整,因此在期权有效期内标的资产产生的收益将使看涨期权价格下降,而使看跌期权价格上升。

由以上分析可知,决定和影响期权价格的因素有很多,而且各因素对期权价格的影响也很复杂。特别是某些因素在不同时间和不同的条件下,对期权价格的影响也各不相同。另外,从以上分析中可以看到,各因素对期权价格的影响,既有影响方向的不同,又有影响程度的不同。于是,在同时影响期权价格的各因素间,既存在互补关系,又存在抵消关系(如表 5-1 所示)。可见,期权价格的决定是异常复杂的,由此导致人们对期权价格的分析也是非常复杂的。

表 5-1 影响期权价格的因素

变量	欧式看涨	欧式看跌	美式看涨	美式看跌
标的资产的市场价格	+	−	+	−
期权协定价格	−	+	−	+
期权的有效期			+	+
标的资产价格的波动率	+	+	+	+
无风险利率	+	−	+	−
标的资产的收益	−	+	−	+

注:+ 表示互补关系,− 表示抵消关系。

三、期权价格的上限与下限

为了推导出期权定价的精确公式,我们先得找出期权价格的上限与下限。

(一) 期权价格的上限

1. 看涨期权价格的上限

在任何情况下,期权的价值都不会超过标的资产的价格。否则的话,套利者就可以

通过买入标的资产并卖出期权来获取无风险利润。因此,对于美式和欧式看跌期权来说,标的资产价格都是看涨期权价格的上限:

$$c \leq S \text{ 和 } C \leq S \tag{5-1}$$

其中,c 代表欧式看涨期权价格,C 代表美式看涨期权价格,S 代表标的资产价格。

2. 看跌期权价格的上限

由于美式看跌期权的多头执行期权的最高价值为协定价格(X),因此,美式看跌期权价格(P)的上限为 X:

$$P \leq X \tag{5-2}$$

由于欧式看跌期权只能在到期日(T 时刻)执行,在 T 时刻,其最高价值为 X,因此,欧式看跌期权价格(p)不能超过 X 的现值:

$$p \leq Xe^{-r(T-t)} \tag{5-3}$$

其中,r 代表 T 时刻到期的无风险利率,t 代表现在时刻。

(二)期权价格的下限

确定期权价格的下限较为复杂,并区分为无收益与有收益标的资产两种情况。

1. 欧式看涨期权价格的下限

(1)无收益资产欧式看涨期权价格的下限

为了推导出期权价格的下限,我们考虑如下两个组合:

组合 A:一份欧式看涨期权加上金额为 $Xe^{-r(T-t)}$ 的现金;

组合 B:一单位标的资产。

在组合 A 中,如果现金按无风险利率投资,则在 T 时刻将变为 X,即等于协定价格。此时多头是否执行看涨期权,取决于 T 时刻标的资产价格(S_T)是否大于 X。若 $S_T > X$,则执行看涨期权,组合 A 的价值为 $S_T - X + X = S_T$;若 $S_T \leq X$,则不执行看涨期权,组合 A 的价值为 X。因此,在 T 时刻,组合 A 的价值为

$$\max(S_T, X)$$

而在 T 时刻,组合 B 的价值为 S_T。由于 $\max(S_T, X) \geq S_T$,因此,在 t 时刻组合 A 的价值也应大于等于组合 B 的价值,即

$$c + Xe^{-r(T-t)} \geq S$$
$$c \geq S - Xe^{-r(T-t)}$$

由于期权的价值一定为正,因此无收益资产欧式看涨期权价格的下限为

$$c \geq \max[S - Xe^{-r(T-t)}, 0] \tag{5-4}$$

(2)有收益资产欧式看涨期权价格的下限

我们只要将上述组合 A 的现金改为 $D + Xe^{-r(T-t)}$,其中 D 为期权有效期内资产收益的现值,并经过类似的推导,就可得出有收益资产欧式看涨期权价格的下限为

$$c \geq \max[S - D - Xe^{-r(T-t)}, 0] \tag{5-5}$$

2. 欧式看跌期权价格的下限

(1)无收益资产欧式看跌期权价格的下限

考虑以下两种组合:

组合 C:一份欧式看跌期权加上一单位标的资产;

组合 D:金额为 $Xe^{-r(T-t)}$ 的现金。

在 T 时刻,如果 $S_T < X$,期权将被执行,组合 C 的价值为 $X - S_T + S_T = X$;如果 $S_T \geqslant X$,期权将不被执行,组合 C 的价值为 S_T,即组合 C 的价值为

$$\max(S_T, X)$$

假定组合 D 的现金以无风险利率进行投资,则在 T 时刻组合 D 的价值为 X。由于组合 C 的价值在 T 时刻大于等于组合 D,因此组合 C 的价值在 t 时刻也应大于等于组合 D 的价值,即

$$p + S \geqslant Xe^{-r(T-t)}$$
$$p \geqslant Xe^{-r(T-t)} - S$$

由于期权价值一定为正,因此无收益资产欧式看跌期权价格的下限为

$$p \geqslant \max[Xe^{-r(T-t)} - S, 0] \tag{5-6}$$

(2) 有收益资产欧式看跌期权价格的下限

我们只要将上述组合 D 的现金改为 $D + Xe^{-r(T-t)}$,就可得到有收益资产欧式看跌期权价格的下限为

$$p \geqslant \max[D + Xe^{-r(T-t)} - S, 0] \tag{5-7}$$

3. 美式看涨期权价格的下限

(1) 无收益资产美式看涨期权价格的下限

提前执行无收益资产美式看涨期权是不明智的。因此,同一种无收益标的资产的美式看涨期权和欧式看涨期权的价值是相同的,即

$$C = c \tag{5-8}$$

我们可以得到无收益资产美式看涨期权价格的下限为

$$C \geqslant \max[S - Xe^{-r(T-t)}, 0] \tag{5-9}$$

由于 $r > 0$,所以 $C > \max(S - X, 0)$。

(2) 有收益资产美式看涨期权价格的下限

由于在无收益的情况下,不应提前执行美式看涨期权,我们可以据此得到一个推论:在有收益的情况下,只有在除权前的瞬时时刻提前执行美式看涨期权,方有可能是最优的。

由于存在提前执行更有利的可能性,有收益资产的美式看涨期权的价值大于等于欧式看涨期权的价值,其下限为

$$C \geqslant c \geqslant \max[S - D - Xe^{-r(T-t)}, 0] \tag{5-10}$$

4. 美式看跌期权价格的下限

(1) 无收益资产美式看跌期权价格的下限

是否提前执行无收益资产的美式看跌期权,主要取决于期权的实值额($X - S$)、无风险利率水平等因素。一般来说,只有当 S 相对于 X 来说较低,或者 r 较高时,提前执行无收益资产美式看跌期权才可能是有利的。

由于美式期权可提前执行,因此其下限比式(5-6)更严格:

$$P \geqslant X - S \tag{5-11}$$

（2）有收益资产美式看跌期权价格的下限

由于提前执行有收益资产的美式期权意味着自己放弃收益权，因此收益使美式看跌期权提前执行的可能性变小，但还不能排除提前执行的可能性。因此其下限为

$$P \geq \max(D + X - S, 0) \tag{5-12}$$

四、看涨期权与看跌期权之间的平价关系

（一）欧式看涨期权与看跌期权之间的平价关系

1. 无收益资产的欧式期权

考虑如下两个组合：

组合 E：一份欧式看涨期权加上金额为 $Xe^{-r(T-t)}$ 的现金；

组合 F：一份欧式看跌期权加上一单位标的资产。

在 T 时刻，如果 $S_T < X$，看涨期权不被执行，而看跌期权将被执行，这时组合 E 的价值为 X，组合 F 的价值为 $X - S_T + S_T = X$；如果 $S_T > X$，看涨期权将被执行，而看跌期权不被执行，这时组合 E 的价值为 $S_T - X + X = S_T$，组合 F 的价值为 S_T。由此可见，无论在 T 时刻标的资产的市价和协定价格孰高孰低，组合 E 的价值都等于组合 F 的价值，因此，在 t 时刻组合 E 的价值也应等于组合 F 的价值，于是我们得到无收益资产欧式看涨期权与看跌期权之间的平价关系：

$$c + Xe^{-r(T-t)} = p + S \tag{5-13}$$

它表明欧式看涨期权的价格可根据具有相同协定价格和到期日的欧式看跌期权的价格推导出来，反之亦然。

2. 有收益资产的欧式期权

我们只要将上述组合 E 的现金部分改为 $D + Xe^{-r(T-t)}$，经过类似的推导，就可得出有收益资产欧式期权的平价关系：

$$c + D + Xe^{-r(T-t)} = p + S \tag{5-14}$$

（二）美式看涨期权与看跌期权之间的平价关系

1. 无收益资产的美式期权

由于美式期权可能提前被执行，因此我们得不到美式看涨期权和看跌期权的精确平价关系，但我们可以得出结论，无收益美式期权必须符合下面的不等式：

$$S - X < C - P < S - Xe^{-r(T-t)} \tag{5-15}$$

2. 有收益资产的美式期权

有收益资产的美式期权必须符合如下不等式：

$$S - D - X < C - P < S - D - Xe^{-r(T-t)} \tag{5-16}$$

第二节　布朗运动与伊托引理

一、布朗运动

布朗运动起源于物理学中对完全浸没于液体或气体中的小粒子运动的描述，以发现

这种现象的英国植物学家罗伯特·布朗(Robert Brown)命名。然而真正用于描述布朗运动的随机过程的定义是维纳(Wiener)给出的,因此布朗运动又称维纳过程。

(一) 标准布朗运动

设 Δt 代表一个小的时间间隔长度,Δz 代表变量 z 在 Δt 时间内的变化,遵循标准布朗运动的 Δz 具有两种特征:

特征1:Δz 和 Δt 的关系满足

$$\Delta z = \varepsilon \sqrt{\Delta t} \tag{5-17}$$

其中,ε 代表从标准正态分布(即均值为0、标准差为1的正态分布)中取的一个随机值。

特征2:对于任何两个不同时间间隔 Δt,Δz 的值相互独立。

从特征1可知,Δz 本身也具有正态分布特征,其均值为0,标准差为 $\sqrt{\Delta t}$,方差为 Δt。

从特征2可知,标准布朗运动符合马尔科夫过程,因此是马尔科夫过程的一种特殊形式。

现在我们来考察遵循标准布朗运动的变量 z 在一段较长时间 T 中的变化情形。我们用 $z(T) - z(0)$ 表示变量 z 在 T 中的变化量,它可被看作在 N 个长度为 Δt 的小时间间隔中 z 的变化总量,其中 $N = T/\Delta t$,因此有

$$z(T) - z(0) = \sum_{i=1}^{N} \varepsilon_i \sqrt{\Delta t} \tag{5-18}$$

其中,$\varepsilon_i (i=1,2,\cdots N)$ 是标准正态分布的随机抽样值。从特征2可知,ε_i 是相互独立的,因此 $z(T) - z(0)$ 也具有正态分布特征,其均值为0,方差为 $N\Delta t = T$,标准差为 $\sqrt{T}$。

由此我们可以发现两个特征:(1) 在任意长度的时间间隔 T 中,遵循标准布朗运动的变量的变化值服从均值为0、标准差为 $\sqrt{T}$ 的正态分布;(2) 对于相互独立的正态分布,方差具有可加性,而标准差不具有可加性。

当 $\Delta t \to 0$ 时,我们就可以得到极限的标准布朗运动:

$$dz = \varepsilon \sqrt{dt} \tag{5-19}$$

(二) 普通布朗运动

为了得到普通的布朗运动,我们引入两个概念:漂移率和方差率。漂移率是指单位时间内变量 z 均值的变化值,方差率是指单位时间的方差。

标准布朗运动的漂移率为0,方差率为1。漂移率为0意味着在未来任意时刻 z 的均值都等于它的当前值,而方差率为1意味着在一个长度为 T 的时间段后,z 的方差为 $1 \times T$。我们令漂移率的期望值为 a,方差率的期望值为 b,就可得到变量 x 的普通布朗运动:

$$dx = adt + bdz \tag{5-20}$$

其中,a 和 b 均为常数,dz 遵循标准布朗运动。

从式(5-17)和式(5-19)可知,在短时间后,x 值的变化值 Δx 为

$$\Delta x = a\Delta t + b\varepsilon \sqrt{\Delta t}$$

因此,Δx 也具有正态分布特征,其均值为 $a\Delta t$,标准差为 $b\sqrt{\Delta t}$,方差为 $b^2 \Delta t$。同样,在任意时间长度 T 后 x 值的变化也具有正态分布特征,其均值为 aT,标准差为 $b\sqrt{T}$,方差为 $b^2 T$。

二、证券价格的变化过程

证券价格的变化过程可以用普遍布朗运动来描述。由于投资者关心的是证券价格的变动幅度而不是变动的绝对值,因此我们可以用证券价格比例的方式来定义证券价格的布朗运动:

$$\frac{dS}{S} = \mu dt + \sigma dz \tag{5-21}$$

其中,S 表示证券价格,μ 表示证券在单位时间内以连续复利计算的期望收益率(又称预期收益率),σ^2 表示证券收益率单位时间的方差,σ 表示证券收益率单位时间的标准差(简称为证券价格的波动率),dz 遵循标准布朗运动。

从式(5-17)和式(5-21)可知,在短时间 Δt 后,证券价格比率的变化值为

$$\frac{\Delta S}{S} = \mu \Delta t + \sigma \varepsilon \sqrt{\Delta t}$$

可见,$\frac{\Delta S}{S}$ 也具有正态分布特征,其均值为 $\mu \Delta t$,标准差为 $\sigma \sqrt{\Delta t}$,方差为 $\sigma^2 \Delta t$。换句话说,有

$$\frac{\Delta S}{S} \sim \varphi(\mu \Delta t, \sigma \sqrt{\Delta t}) \tag{5-22}$$

其中,$\varphi(m,s)$ 表示均值为 m、标准差为 s 的正态分布。

式(5-21)所描述的随机过程也称为几何布朗运动。在式(5-21)中,我们涉及两个符号:μ 和 σ,其大小取决于时间计量单位。在本章中,若无特别说明,我们通常以年为时间的计量单位。

根据资本资产定价原理,μ 值取决于该证券的系统性风险、无风险利率水平以及市场的风险收益偏好,由于后者涉及主观因素,因此 μ 的决定本身就较复杂。然而幸运的是,我们将在下文证明,衍生证券的定价与标的资产的预期收益率 μ 是无关的。相反,证券价格的波动率 σ 对于衍生证券的定价则是相当重要的。证券价格的波动率可理解为证券价格的"脾气",我们可以通过历史数据来观察各种证券"脾气"的大小,然后通过式(5-21)来确定其未来价格的概率分布。应该注意的是,式(5-21)把 σ 当作常数,实际上,证券价格的"脾气"是会随时间变化而变化的。因此用历史数据估计 σ 值时,应尽量用最新一段时间的数据,而且要注意这只是一种近似。与此同时,由于比例变化不具有可加性(例如股价先增长10%,再增长15%,其总增长幅度不是25%,而应该是26.5%),因此我们并不能像以前一样推导出在任意时间长度 T 后证券价格比例变化的标准差为 $\sigma \sqrt{T}$。

例5-1 设一种不支付红利的股票遵循几何布朗运动,其波动率为每年18%,预期收益率以连续复利计为每年20%,其目前的市价为100元,求一周后该股票价格变化值的概率分布。

在本例中,$\mu = 0.20, \sigma = 0.18$,其股价过程为

$$\frac{dS}{S} = 0.20 dt + 0.18 dz$$

在随后短时间间隔后的股价变化为

$$\frac{\Delta S}{S} = 0.20\Delta t + 0.18\varepsilon\sqrt{\Delta t}$$

由于 1 周等于 0.019 2 年,因此

$$\Delta S = 100(0.003\,84 + 0.024\,9\varepsilon)$$
$$= 0.384 + 2.49\varepsilon$$

上式表示一周后股价的增加值是均值为 0.384 元、标准差为 2.49 元的正态分布的随机抽样值。

三、伊托过程和伊托引理

普通布朗运动假定漂移率和方差率为常数,若把变量 x 的漂移率和方差率当作变量 x 和时间 t 的函数,我们可以从式(5-20)得到伊托过程:

$$dx = a(x,t)dt + b(x,t)dz \qquad (5\text{-}23)$$

其中,dz 是一个标准布朗运动,a、b 是变量 x 和 t 的函数,变量 x 的漂移率为 a,方差率为 b^2。

在伊托过程的基础上,伊托进一步推导出:若变量 x 遵循伊托过程,则变量 x 和 t 的函数 G 将遵循如下过程:

$$dG = \left(\frac{\partial G}{\partial x}a + \frac{\partial G}{\partial t} + \frac{1}{2}\frac{\partial^2 G}{\partial x^2}b^2\right)dt + \frac{\partial G}{\partial x}b\,dz \qquad (5\text{-}24)$$

其中,dz 是一个标准布朗运动。由于 $\frac{\partial G}{\partial x}a + \frac{\partial G}{\partial t} + \frac{1}{2}\frac{\partial^2 G}{\partial x^2}b^2$ 和 $\frac{\partial G}{\partial x}b$ 都是 x 和 t 的函数,因此函数 G 也遵循伊托过程,它的漂移率为 $\frac{\partial G}{\partial x}a + \frac{\partial G}{\partial t} + \frac{1}{2}\frac{\partial^2 G}{\partial x^2}b^2$,方差率为 $\left(\frac{\partial G}{\partial x}\right)^2 b^2$。

式(5-24)就是著名的伊托引理。

从式(5-21)中,我们可得

$$dS = \mu S dt + \sigma S dz \qquad (5\text{-}25)$$

其中,μ 和 σ 为常数。我们知道,衍生证券的价格是标的证券价格 S 和时间 t 的函数。根据伊托引理,衍生证券的价格 G 应遵循如下过程:

$$dG = \left(\frac{\partial G}{\partial S}\mu S + \frac{\partial G}{\partial t} + \frac{1}{2}\frac{\partial^2 G}{\partial S^2}\sigma^2 S^2\right)dt + \frac{\partial G}{\partial S}\sigma S dz \qquad (5\text{-}26)$$

比较式(5-25)和式(5-26)可看出,衍生证券价格 G 和标的证券价格 S 都受同一个基本的不确定性来源 dz 的影响,这点对于以后推导衍生证券的定价公式很重要。

四、证券价格自然对数变化过程

我们可用伊托引理来推导证券价格自然对数 $\ln S$ 变化所遵循的随机过程。
令 $G = \ln S$,由于

$$\frac{\partial G}{\partial S} = \frac{1}{S},\ \frac{\partial^2 G}{\partial S^2} = -\frac{1}{S^2},\ \frac{\partial G}{\partial t} = 0$$

代入式(5-26),我们就可得出证券价格对数 G 所遵循的随机过程为

$$dG = \left(\mu - \frac{\sigma^2}{2}\right)dt + \sigma dz$$

由于 μ 和 σ 是常数,所以上式说明证券价格对数 G 也遵循普通布朗运动,它具有恒定的漂移率 $\mu - \frac{\sigma^2}{2}$ 和恒定的方差率 σ^2。由前面的分析可知,在当前时刻 t 和将来某一时刻 T 之间 G 的变化都是正态分布的,其均值为 $\left(\mu - \frac{\sigma^2}{2}\right)(T-t)$,方差为 $\sigma^2(T-t)$。

令 t 时刻 G 的值为 $\ln S$,T 时刻 G 的值为 $\ln S_T$,其中 S 表示 t 时刻(当前时刻)的证券价格,S_T 表示 T 时刻(将来时刻)的证券价格,则在 $T-t$ 期间 G 的变化为

$$\ln S_T - \ln S$$

这意味着

$$\ln S_T - \ln S \sim \varphi\left[\left(\mu - \frac{\sigma^2}{2}\right)(T-t), \sigma\sqrt{T-t}\right] \tag{5-27}$$

也就是说,证券价格对数的变化呈正态分布。我们知道,如果一个变量的自然对数服从正态分布,则称这个变量服从对数正态分布。根据正态分布的特性,从式(5-27)可以得到

$$\ln S_T \sim \varphi\left[\ln S + \left(\mu - \frac{\sigma^2}{2}\right)(T-t), \sigma\sqrt{T-t}\right] \tag{5-28}$$

式(5-28)表明 S_T 服从对数正态分布。$\ln S_T$ 的标准差与 $\sqrt{T-t}$ 成比例,这说明证券价格对数的不确定性(用标准差表示)与我们考虑的未来时间长度的平方根成正比,这就解决了前面所说的证券价格比例变化的标准差与时间不成正比的问题。

例 5-2 设 A 股票价格的当前值为 50 元,预期收益率为每年 18%,波动率为每年 20%,该股票价格的变动遵循几何布朗运动,且该股票在 6 个月内不支付红利,计算该股票 6 个月后的价格 S_T 的概率分布。

由式(5-28)可知,6 个月后 S_T 的概率分布为

$$\ln S_T \sim \varphi\left[\ln 50 + \left(0.18 - \frac{0.04}{2}\right) \times 0.5, 0.2 \times \sqrt{0.5}\right]$$

$$\ln S_T \sim \varphi(3.992, 0.141)$$

由于一个正态分布变量取值位于均值左右两个标准差范围内的概率约为 95%,因此,置信度为 95% 时,有

$$3.992 - 0.141 \times 2 < \ln S_T < 3.992 + 0.141 \times 2$$
$$3.71 < \ln S_T < 4.274$$
$$40.85 < S_T < 71.81$$

因此,6 个月后 A 股票价格落在 40.85 元到 71.81 元之间的概率约为 95%。

根据式(5-28)和对数正态分布的特性,可知 S_T 的期望值 $E(S_T)$ 为

$$E(S_T) = S e^{\mu(T-t)} \tag{5-29}$$

这与作为预期收益率的定义相符。而 S_T 的方差 $Var(S_T)$ 为

$$Var(S_T) = S^2 e^{2\mu(T-t)}\left[e^{\sigma^2(T-t)} - 1\right] \tag{5-30}$$

例 5-3 请问在例 5-2 中,6 个月后 A 股票价格的期望值和标准差是多少?

$$E(S_T) = 50e^{0.18 \times 0.5} = 54.71 \text{ 元}$$
$$\text{Var}(S_T) = 2500e^{2 \times 0.18 \times 0.5} \times (e^{0.04 \times 0.5} - 1) = 60.46$$

因此,6 个月后 A 股票价格的期望值为 54.71 元,标准差为 $\sqrt{60.46}$ 或 7.78 元。

第三节 布莱克-斯科尔斯期权定价模型

由于衍生证券价格和标的证券价格都受同一种基本的不确定性(dz)影响,若匹配适当的话,这种不确定性就可以相互抵消。基于该思想,布莱克和斯科尔斯建立了一个包括一单位衍生证券空头和若干单位标的证券多头的投资组合来给衍生证券定价。若数量适当的话,标的证券多头的盈利(或亏损)总是会与衍生证券空头的亏损(或盈利)相抵消,因此在短时间内该投资组合是无风险的。那么,在无套利机会的情况下,该投资组合在短期内的收益率一定等于无风险利率。

一、布莱克-斯科尔斯微分方程

(一)布莱克-斯科尔斯微分方程的假设

推导布莱克-斯科尔斯微分方程需要用到如下假设:
(1)证券价格遵循几何布朗过程,即 μ 和 σ 为常数;
(2)允许卖空标的证券;
(3)没有交易费用和税收,所有证券都是完全可分的;
(4)在衍生证券有效期内标的证券没有现金收益支付;
(5)证券交易是连续的,价格变动也是连续的;
(6)在衍生证券有效期内,无风险利率 r 为常数,且市场不存在无风险套利机会。
实际上,有些假设条件我们可以放松,如 μ、σ 和 r 可以是 t 的函数。

(二)布莱克-斯科尔斯微分方程的推导

现在我们根据上节随机过程的有关知识来推导著名的布莱克-斯科尔斯微分方程。假设证券价格 S 遵循几何布朗运动,因此有

$$dS = \mu S dt + \sigma S dz$$

其在一个小的时间间隔 Δt 中,S 的变化值为

$$\Delta S = \mu S \Delta t + \sigma S \Delta z \tag{5-31}$$

假设 f 是依赖于 S 的衍生证券的价格,则 f 一定是 S 和 t 的函数,从式(5-26)可得

$$df = \left(\frac{\partial f}{\partial S}\mu S + \frac{\partial f}{\partial t} + \frac{1}{2}\frac{\partial^2 f}{\partial S^2}\sigma^2 S^2\right)dt + \frac{\partial f}{\partial S}\sigma S dz$$

在一个小的时间间隔 Δt 中,f 的变化值为

$$\Delta f = \left(\frac{\partial f}{\partial S}\mu S + \frac{\partial f}{\partial t} + \frac{1}{2}\frac{\partial^2 f}{\partial S^2}\sigma^2 S^2\right)\Delta t + \frac{\partial f}{\partial S}\sigma S \Delta z \tag{5-32}$$

由于 dz 都是代表标准布朗运动,因此式(5-31)和式(5-32)中的 Δz 相同,都等于 $\varepsilon\sqrt{\Delta t}$,因此只要选择适当数量的衍生证券和标的证券的组合就可以消除不确定性。为了

消除 Δz,我们可以构建一个包括一单位衍生证券空头和 $\frac{\partial f}{\partial S}$ 单位标的证券多头的组合。令 Π 代表该投资组合的价值,则

$$\Pi = -f + \frac{\partial f}{\partial S} S \tag{5-33}$$

在 Δt 时间后,该投资组合的价值变化 $\Delta \Pi$ 为

$$\Delta \Pi = -\Delta f + \frac{\partial f}{\partial S} \Delta S \tag{5-34}$$

将式(5-31)、式(5-32)代入式(5-34),可得

$$\Delta \Pi = \left(-\frac{\partial f}{\partial t} - \frac{1}{2}\frac{\partial^2 f}{\partial S^2}\sigma^2 S^2\right)\Delta t \tag{5-35}$$

由于式(5-35)中不含有 Δz,该组合的价值在一个小的时间间隔 Δt 后必定没有风险,因此该组合在 Δt 中的瞬时收益率一定等于 Δt 中的无风险收益率。否则的话,套利者就可以通过套利获得无风险收益率。因此,在没有套利机会的条件下,有

$$\Delta \Pi = r\Pi \Delta t$$

把式(5-33)和式(5-35)代入上式可得

$$\left(\frac{\partial f}{\partial t} + \frac{1}{2}\frac{\partial^2 f}{\partial S^2}\sigma^2 S^2\right)\Delta t = r\left(f - \frac{\partial f}{\partial S}S\right)\Delta t$$

化简为

$$\frac{\partial f}{\partial t} + rS\frac{\partial f}{\partial S} + \frac{1}{2}\sigma^2 S^2 \frac{\partial^2 f}{\partial S^2} = rf \tag{5-36}$$

这就是著名的布莱克-斯科尔斯微分方程,它适用于价格取决于标的证券价格 S 的所有衍生证券的定价。

应该注意的是,当 S 和 t 变化时,$\frac{\partial f}{\partial S}$ 的值也会变化,因此上述投资组合的价值并不是永远无风险的,它只是在一个很短的时间间隔 Δt 中才是无风险的。在一个较长时间中,要保持该投资组合无风险,必须根据 $\frac{\partial f}{\partial S}$ 的变化而相应调整标的证券的数量。当然,推导布莱克-斯科尔斯微分方程并不要求调整标的证券的数量,因为它只关心 Δt 中的变化。

二、风险中性定价原理

从式(5-36)可以看出,衍生证券的价格决定公式中出现的变量为标的证券当前市价(S)、时间(t)、证券价格的波动率(σ)和无风险利率,它们全都是客观变量,独立于主观变量——风险收益偏好。而受制于主观的风险收益偏好的标的证券预期收益率 μ 并未包括在衍生证券的价格决定公式中。这意味着,无论风险收益偏好状态如何,都不会对 f 的值产生影响。于是,我们就可以利用布莱克-斯科尔斯微分方程所揭示的这一特性,做出一个可以大大简化我们工作的简单假设:在对衍生证券定价时,所有投资者都是风险中性的。这就是风险中性定价原理。

在所有投资者都是风险中性的条件下,所有证券的预期收益率都可以等于无风险利

率 r,这是因为风险中性的投资者并不需要额外的收益来吸引他们承担风险。同样,在风险中性的条件下,所有现金流量都可以通过无风险利率进行贴现求得现值。

应该注意的是,风险中性条件仅仅是为了求解布莱克-斯科尔斯微分方程而作出的人为假定,通过这种假定所获得的结论不仅适用于投资者风险中性的情况,也适用于投资者厌恶风险的所有情况。

为了更好地理解风险中性定价原理,我们可以举一个简单的例子来说明。

例 5-4 假设一种不支付红利的股票目前的市价为 10 元,我们知道在 3 个月后,该股票价格要么是 11 元,要么是 9 元。现在我们要算出一份 3 个月期、协定价格为 10.5 元的该股票欧式看涨期权的价格。

由于欧式期权不会被提前执行,其价值取决于 3 个月后股票的市价。若 3 个月后该股票价格等于 11 元,则该期权价值为 0.5 元;若 3 个月后该股票价格等于 9 元,则该期权价值为 0。

为了求出该期权的价格,我们可构建一个由一单位看涨期权空头和 Δ 单位的标的股票多头组成的组合。若 3 个月后该股票价格等于 11 元时,该组合价值等于 $(11\Delta - 0.5)$ 元;若 3 个月后该股票价格等于 9 元时,该组合价值等于 9Δ 元。为了使该组合价值处于无风险状态,我们应选择适当的 Δ 值,使 3 个月后该组合的价值不变,这意味着

$$11\Delta - 0.5 = 9\Delta$$
$$\Delta = 0.25$$

因此,一个无风险组合应包括一单位看涨期权空头和 0.25 单位标的股票多头。无论 3 个月后股票价格等于 11 元还是 9 元,该组合价值都将等于 2.25 元。

在没有套利机会的情况下,无风险组合只能获得无风险利率。假设现在的无风险年利率等于 10%,则该组合的现值应为

$$2.25e^{-0.1 \times 0.25} = 2.19 \text{ 元}$$

由于该组合中有一单位看涨期权空头和 0.25 单位标的股票多头,而目前股票市价为 10 元,因此有

$$10 \times 0.25 - f = 2.19$$
$$f = 0.31$$

这就是说,该看涨期权当前的价格应为 0.31 元,否则就会存在无风险套利机会。

从该例子可以看出,在确定期权价格时,我们并不需要知道股票价格上涨到 11 元的概率和下降到 9 元的概率。由于不同的概率决定了股票具有不同的风险度,从而也决定了厌恶风险的投资者对该股票要求有不同的预期收益率。然而,无论该股票价格上升或下降的概率如何,也无论投资者厌恶风险的程度如何,该期权的价格都等于 0.31 元。

三、无收益资产的布莱克-斯科尔斯期权定价公式

1973 年,布莱克和斯科尔斯成功地求解了他们的微分方程,从而获得了欧式看涨期权和看跌期权的精确公式。

在风险中性的条件下,欧式看涨期权到期时(T 时刻)的期望值为

$$\hat{E}[\max(S_T - X, 0)]$$

其中，$\hat{E}$ 表示风险中性条件下的期望值。根据风险中性定价原理，欧式看涨期权的价格 c 等于将此期望值按无风险利率进行贴现后的现值，即

$$c = e^{-r(T-t)}\hat{E}[\max(S_T - X, 0)] \tag{5-37}$$

在风险中性条件下，我们可以用 r 取代式(5-28)所表示的 $\ln S_T$ 概率分布中的 μ，即

$$\ln S_T \sim \varphi\left[\ln S + \left(r - \frac{\sigma^2}{2}\right)(T-t), \sigma\sqrt{T-t}\right] \tag{5-38}$$

对式(5-37)右边求值是一种积分过程，结果为

$$c = SN(d_1) - Xe^{-r(T-t)}N(d_2) \tag{5-39}$$

其中，

$$d_1 = \frac{\ln(S/X) + \left(r + \dfrac{\sigma^2}{2}\right)(T-t)}{\sigma\sqrt{T-t}}$$

$$d_2 = \frac{\ln(S/X) + \left(r - \dfrac{\sigma^2}{2}\right)(T-t)}{\sigma\sqrt{T-t}}$$

$$= d_1 - \sigma\sqrt{T-t}$$

令 $N(x)$ 为标准正态分布变量的累计概率分布函数(即这个变量小于 x 的概率)，根据标准正态分布函数的特性，有 $N(-x) = 1 - N(x)$。

式(5-39)就是无收益资产欧式看涨期权的定价公式。在标的资产无收益的情况下，由于 $C = c$，因此式(5-39)也给出了无收益资产美式看涨期权的价格。

由于欧式看涨期权和看跌期权之间存在平价关系，因此把式(5-39)代入式(5-13)就可以得到无收益资产欧式看跌期权的定价公式：

$$p = Xe^{-r(T-t)}N(-d_2) - SN(-d_1) \tag{5-40}$$

由于美式看跌期权与看涨期权之间不存在严密的平价关系，因此美式看跌期权的定价还没有得到一个精确的解析公式，但可以用蒙特卡罗模拟、二叉树和有限差分三种数值方法以及解析近似方法求出。

四、有收益资产的期权定价公式

到目前为止，我们一直假设期权的标的资产没有现金收益。那么，对于有收益资产，其期权定价公式是什么呢？实际上，如果收益可以准确地预测到，或者说是已知的，那么有收益资产的期权定价并不复杂。

(一) 有收益资产欧式期权的定价

在收益已知的情况下，我们可以把标的证券价格分解成两部分：期权有效期内已知现金收益的现值部分和一个有风险部分。当期权到期时，这部分现值将由于标的资产支付现金收益而消失。因此，我们只要用 S 表示有风险部分的证券价格，σ 表示风险部分遵循随机过程的波动率，就可直接套用式(5-39)和式(5-40)分别计算出有收益资产的欧式看涨期权和看跌期权的价格。

当标的证券已知收益的现值为 I 时，我们只要用 $S - I$ 代替式(5-39)和式(5-40)中的

S,即可求出固定收益证券欧式看涨期权和看跌期权的价格。

例 5-5 现有一股票的欧式看涨期权,协定价格为 40 美元,距到期时间还有 6 个月。标的股票在 2 个月和 5 个月后各有一个除权日,每个除权日的红利期望值为 0.5 美元。当前股票价格为 40 美元,无风险利率为 9%,经测算股票价格波动率为 30%(按年计)。计算该股票看涨期权的当前价格。

首先我们计算股票在期权有效期内支付红利的现值:

$$I = 0.5 \times e^{-0.09 \times \frac{2}{12}} + 0.5 \times e^{-0.09 \times \frac{5}{12}} = 0.974(\text{美元})$$

于是有 $S - I = 40 - 0.974 = 39.026$ 美元。

参照式(5-39)的定价公式,有

$$d_1 = \frac{\ln(39.026/40) + (0.09 + 0.3^2/2) \times 0.5}{0.3 \times \sqrt{0.5}} = 0.2017$$

$$d_2 = 0.2017 - 0.3 \times \sqrt{0.5} = -0.0104$$

查阅标准正态分布函数数值表可知

$$N(d_1) = 0.58, \quad N(d_2) = 1 - N(0.0104) = 0.4959$$

因此该股票看涨期权的当前价格为

$$c = 39.026 \times 0.58 - 40 \times e^{-0.09 \times 0.5} \times 0.4959 = 3.67(\text{美元})$$

当标的证券的收益为按连续复利计算的固定收益率 q(单位为年)时,我们只要用 $Se^{-q(T-t)}$ 代替式(5-39)和式(5-40)中的 S,就可求出支付连续复利收益率证券的欧式看涨期权和看跌期权的价格,从而使布莱克-斯科尔斯的欧式期权定价公式适用于欧式货币期权和股价指数期权的定价。

对于欧式期货期权,布莱克也给出了定价公式:

$$c = e^{-r(T-t)}[F \cdot N(d_1) - X \cdot N(d_2)] \tag{5-41}$$

$$p = e^{-r(T-t)}[X \cdot N(-d_2) - F \cdot N(-d_1)] \tag{5-42}$$

其中,

$$d_1 = \frac{\ln(F/X) + (\sigma^2/2)(T-t)}{\sigma\sqrt{T-t}}$$

$$d_2 = \frac{\ln(F/X) - (\sigma^2/2)(T-t)}{\sigma\sqrt{T-t}}$$

$$= d_1 - \sigma\sqrt{T-t}$$

例 5-6 假设当前英镑的即期汇率为 1.5000 美元,美国的无风险连续复利年利率为 7%,英国的无风险连续复利年利率为 10%,英镑汇率遵循几何布朗运动,其波动率为 10%,求 6 个月期协定价格为 1.5000 美元的英镑欧式看涨期权价格。

由于英镑会产生无风险收益,现在的 1 英镑等于 6 个月后的 $e^{0.1 \times 0.5}$ 英镑,而现在的 $e^{-0.1 \times 0.5}$ 英镑等于 6 个月后的 1 英镑,因此可令 $S = 1.5000 \times e^{-0.1 \times 0.5}$,并代入式(5-41)就可求出期权价格。

$$c = 1.5000 \times e^{-0.1 \times 0.5} N(d_1) - 1.5000 \times e^{-0.07 \times 0.5} N(d_2)$$

$$= 1.4268 N(d_1) - 1.4484 N(d_2)$$

其中，

$$d_1 = \frac{\ln(1.5000e^{-0.1\times0.5}/1.5000) + (0.07 + 0.01/2)\times 0.5}{0.1\times\sqrt{0.5}} = -0.1768$$

$$d_2 = d_1 - \sigma\sqrt{T-t} = -0.1768 - 0.1\times\sqrt{0.5} = -0.2475$$

通过查阅标准正态分布函数数值表，可以求出：

$$c = 1.4268\times 0.4298 - 1.4484\times 0.4023 = 0.0305(美元)$$

因此，6个月期该英镑欧式看涨期权的价格为3.05美分。

(二) 有收益资产美式期权的定价

1. 美式看涨期权定价

当标的资产有收益时，美式看涨期权就有提前执行的可能，因此有收益资产美式期权的定价较为复杂，布莱克提出了一种近似处理方法。该方法是先确定提前执行美式看涨期权是否合理，若不合理，则按欧式期权处理；若在 t_n 时刻提前执行有可能是合理的，则要分别计算在 T 时刻和 t_n 时刻到期的欧式看涨期权的价格，然后将二者之中的较大者作为美式期权的价格。

例5-7 假设一种1年期的美式股票看涨期权，标的股票在5个月和11个月后各有一个除权日，每个除权日的红利期望值为1美元，标的股票当前的市价为50美元，期权协定价格为50美元，标的股票波动率为每年30%，无风险连续复利年利率为10%，求该期权的价格。

首先我们要判断该期权是否应提前执行。美式看涨期权不能提前执行的条件是：

$$D_i \leq X[1 - e^{-r(t_{i+1}-t_i)}]$$

在本例中，$D_1 = D_2 = 1$美元，而第一次除权日前不等式右边为

$$X[1 - e^{-r(t_2-t_1)}] = 50\times(1 - e^{-0.1\times 0.5}) = 2.4385$$

由于2.4385美元>1美元，因此在第一个除权日前期权不应当执行。

而第二次除权日前不等式右边为

$$X[1 - e^{-r(T-t_2)}] = 50\times(1 - e^{-0.1\times 1/12}) = 0.4149$$

由于0.4149美元<1美元，因此在第二个除权日前期权有可能被提前执行。

接下去要比较1年期和11个月期欧式看涨期权的价格。

对于1年期欧式看涨期权来说，由于红利的现值为

$$1\times e^{-0.1\times 5/12} + 1\times e^{-0.1\times 11/12} = 1.8716(美元)$$

因此 $S = 50 - 1.8716 = 48.1284$（美元），代入式(5-39)可得

$$c_{12} = 48.1284N(d_1) - 50e^{-0.1\times 1}N(d_2)$$
$$= 48.1284N(d_1) - 45.2419N(d_2)$$

其中，

$$d_1 = \frac{\ln(48.1284/50) + (0.1 + 0.09/2)\times 1}{0.3\times\sqrt{1}} = 0.3562$$

$$d_2 = 0.3562 - 0.3\times\sqrt{1} = 0.0562$$

通过查阅标准正态分布函数数值表，可得1年期欧式看涨期权的价格为

$$c_{12} = 48.1284 \times 0.6392 - 45.2419 \times 0.5224 = 7.1293(美元)$$

对于 11 个月期的欧式看涨期权来说,由于红利的现值为

$$1 \times e^{-0.1 \times 5/12} = 0.9592(美元)$$

因此 $S = 50 - 0.9592 = 49.0408$(美元),代入式(5-39)可得

$$c_{11} = 49.0408 N(d_1) - 50 e^{-0.1 \times 11/12} N(d_2)$$
$$= 49.0408 N(d_1) - 45.6203 N(d_2)$$

其中,

$$d_1 = \frac{\ln(49.0408/50) + (0.1 + 0.09/2) \times 11/12}{0.3 \times \sqrt{11/12}} = 0.3952$$

$$d_2 = 0.3952 - 0.3 \times \sqrt{0.9167} = 0.1080$$

通过查阅标准正态分布函数数值表,可得 11 个月期欧式看涨期权的价格为

$$c_{11} = 49.0408 \times 0.6536 - 45.6203 \times 0.5430 = 7.2812(美元)$$

由于 $c_{11} > c_{12}$,因此该美式看涨期权的价格近似为 7.2812 美元。

2. 美式看跌期权定价

由于收益虽然使美式看跌期权提前执行的可能性减小,但仍不排除提前执行的可能性,因此有收益美式看跌期权的价格仍不同于欧式看跌期权,它只能通过较复杂的数值方法来求出。

第四节 二叉树期权定价模型

由于美式看跌期权无法用布莱克-斯科尔斯期权定价公式进行精确定价,因此要用其他替代方法,如二叉树期权定价模型,该模型是由考克斯(Cox)、罗斯(Ross)和鲁宾斯坦(Rubinstein)于 1979 年首先提出的。

一、无收益资产期权的定价

二叉树模型首先把期权的有效期分为很多很小的时间间隔 Δt,并假设在每一个时间间隔 Δt 内证券价格从开始的 S 运动到两个新值 Su 和 Sd 中的一个,如图 5-3 所示。其中,$u > 1$,$d < 1$,且 $u = 1/d$。因此 S 到 Su 是价格的"上升"运动,S 到 Sd 是价格的"下降"运动。价格上升的概率假设为 p,下降的概率假设为 $1 - p$。

图 5-3 Δt 时间内证券价格的变动

为了对期权进行定价,二叉树模型也应用风险中性定价原理,并假定:

(1) 所有可交易证券的期望收益都是无风险利率;

（2）未来现金流可以用其期望值按无风险利率贴现来计算现值。

（一）参数 p、u 和 d 的确定

在风险中性的条件下，证券的预期收益率等于无风险利率 r，因此若该时段初证券价格为 S，则在小时间间隔 Δt 段末的证券价格期望值为 $Se^{r\Delta t}$。参数 p、u 和 d 的值必须满足如下要求：

$$Se^{r\Delta t} = pSu + (1-p)Sd$$
$$e^{r\Delta t} = pu + (1-p)d \tag{5-43}$$

二叉树模型也假设证券价格遵循几何布朗运动，在一个小时间段 Δt 内证券价格变化的方差是 $S^2\sigma^2\Delta t$。根据方差的定义，变量 X 的方差等于 X^2 的期望值与 X 期望值平方之差，因此

$$S^2\sigma^2\Delta t = pS^2u^2 + (1-p)S^2d^2 - S^2[pu + (1-p)d]^2$$
$$\sigma^2\Delta t = pu^2 + (1-p)d^2 - [pu + (1-p)d]^2 \tag{5-44}$$

从式(5-43)、式(5-44)和 $u = 1/d$ 可以求得，当 Δt 很小时，有

$$p = \frac{e^{r\Delta t} - d}{u - d} \tag{5-45}$$

$$u = e^{\sigma\sqrt{\Delta t}} \tag{5-46}$$

$$d = e^{-\sigma\sqrt{\Delta t}} \tag{5-47}$$

（二）证券价格的树型结构

应用二叉树模型来表示证券价格变化的完整树形结构如图5-4所示。

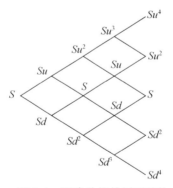

图5-4 证券价格的树型结构

当时间为0时，证券价格为 S；当时间为 Δt 时，证券价格要么上涨到 Su，要么下降到 Sd；当时间为 $2\Delta t$ 时，证券价格就有三种可能：Su^2、Sud（等于 S）和 Sd^2，以此类推。一般而言，在 $i\Delta t$ 时刻，证券价格有 $i+1$ 种可能，它们可用符号表示为

$$Su^jd^{i-j}, \quad j = 0, 1, 2, \cdots, i$$

（三）倒推定价法

在二叉树模型中，期权定价从树形结构图的末端 T 时刻开始，采用倒推法定价。由于在 T 时刻的期权价值是已知的，例如看涨期权价值为 $\max(S_T - X, 0)$，看跌期权价值为

$\max(X-S_T,0)$,因此在风险中性条件下在求解 $T-\Delta t$ 时刻的每一节点上的期权价值时,都可通过将 T 时的期权价值的预期值在 Δt 时间长度内以无风险利率 r 贴现求出。同理,要求解 $T-2\Delta t$ 时的每一节点的期权价值时,也可以将 $T-\Delta t$ 时的期权价值预期值在时间 Δt 内以无风险利率 r 贴现求出,以此类推。如果是美式期权,就要看在树形结构的每一个节点上,提前执行期权是否比将期权再持有 Δt 时间更有利。采用这种倒推法,最终可以求出 0 时刻(当前时刻)的期权价格。

例5-8 假设标的股票为不付红利股票,其当前市场价为 50 美元,波动率为每年 40%,无风险连续复利年利率为 10%,该股票 5 个月期的美式看跌期权协定价格为 50 美元,求该期权的当前价格。

为了构造二叉树,我们把期权有效期分为五段,每段一个月(等于 0.083 3 年)。根据式(5-45)到式(5-47),可以算出:

$$u = e^{\sigma\sqrt{\Delta t}} = 1.122\,4$$
$$d = e^{-\sigma\sqrt{\Delta t}} = 0.890\,9$$
$$p = \frac{e^{r\Delta t}-d}{u-d} = 0.507\,6$$
$$1-p = 0.492\,4$$

据此我们可以画出该股票在期权有效期内的树形图,如图 5-5 所示。在每个节点处有两个值,上面一个表示股票价格,下面一个表示期权价值。股价上涨概率总是等于 0.507 6,下降概率总是等于 0.492 4。

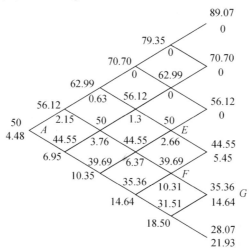

图 5-5 不付红利股票美式看跌期权二叉树

在 $i\Delta t$ 时刻,股票在第 j 个结点($j=0,1,2,\cdots,i$)的价格等于 $Su^j d^{i-j}$,例如 F 节点($i=4, j=1$)的股价等于 $50\times 1.122\,4\times 0.890\,9^3 = 39.69$(美元)。在最后那些节点处,期权价值等于 $\max(X-S_T,0)$,例如 G 节点的期权价值等于 $50-35.36=14.64$。

从最后一列节点处的期权价值可以计算出倒数第二列节点的期权价值。首先,我们假定在这些节点处期权都没被提前执行,这意味着所计算的期权价值是 Δt 时间内期权价值期望值的现值。例如,E 点处的期权价值等于

$$(0.5076 \times 0 + 0.4924 \times 5.45) \times e^{-0.1 \times 0.0833} = 2.66(美元)$$

而 F 节点处的期权价值等于

$$(0.5076 \times 5.45 + 0.4924 \times 14.64) \times e^{-0.1 \times 0.0833} = 9.90(美元)$$

然后,我们要检查提前执行期权是否较有利。在 E 节点,提前执行将使期权价值为 0,因为股票市价和期权协定价格都等于 50,显然不应提前执行。因此 E 节点的期权价值应为 2.66 美元。而在 F 节点,如果提前执行,期权价值为 $50.00 - 39.69 = 10.31(美元)$,大于上述的 9.90 美元。因此,若股价到达 F 节点,就应提前执行期权,从而 F 节点上的期权价值应为 10.31 美元,而不是 9.90 美元。

用相同的方法我们可以算出各节点处的期权价值,并最终倒推出初始节点处的期权价值为 4.48 美元。如果我们把期权有效期分成更多小时段,节点数会更多,计算会更复杂,但得出的期权价值会更精确。当 Δt 非常小时,期权价值将等于 4.29 美元。

(四)美式看跌期权的定价公式

假定将某种无收益证券的美式看跌期权的有效期划分成 N 个长度为 Δt 的小区间,令 $f_{ij}(0 \leq i \leq N, 0 \leq j \leq i)$ 表示在时间 $i\Delta t$ 时第 j 个节点处的美式看跌期权的价值,我们将 f_{ij} 称为节点 (i,j) 的期权价值。同时用 $Su^j d^{i-j}$ 表示节点 (i,j) 处的证券价格。由于美式看跌期权在到期时的价值是 $\max(X - S_T, 0)$,所以有

$$f_{Nj} = \max(X - Su^j d^{N-j}, 0), \quad j = 0, 1, 2, \cdots, N \tag{5-48}$$

当时间从 $i\Delta t$ 变为 $(i+1)\Delta t$ 时,从节点 (i,j) 移动到节点 $(i+1, j+1)$ 的概率为 p,移动到 $(i+1, j)$ 的概率为 $1-p$。假定期权不被提前执行,则在风险中性条件下,有

$$f_{ij} = e^{-r\Delta t}[pf_{i+1,j+1} + (1-p)f_{i+1,j}] \tag{5-49}$$

其中 $0 \leq i \leq N-1, 0 \leq j \leq i$。如果考虑提前执行的可能性,式中的 f_{ij} 必须与期权的内在价值比较,由此可得

$$f_{ij} = \max\{X - Su^j d^{i-j}, e^{-r\Delta t}[pf_{i+1,j+1} + (1-p)f_{i+1,j}]\} \tag{5-50}$$

按这种倒推法计算,当时间区间的划分趋于无穷大,或者说当每一区间 Δt 趋于 0 时,就可以求出美式看跌期权的准确价值。根据实践经验,一般将时间区间分成 30 个就可得到较为理想的结果。

二、有收益资产期权的定价

(一)支付连续收益率资产的期权定价

当标的资产支付连续收益率 q 的收益时,在风险中性条件下,证券价格的增长率应该为 $r-q$,因此式(5-43)就变为

$$e^{(r-q)\Delta t} = pu + (1-p)d$$

同时,式(5-45)变为

$$p = \frac{e^{(r-q)\Delta t} - d}{u - d} \tag{5-51}$$

式(5-46)和式(5-47)仍然适用。

对于股价指数期权来说,q 为股票组合的红利收益率;对于外汇期权来说,q 为国外

无风险利率,因此式(5-46)至式(5-51)可用于股价指数和外汇的美式看跌期权的定价。

对于期货期权来说,布莱克曾证明,在对期货期权定价时期货的价格可以和支付连续红利率 r 的证券同样对待,因此对于期货期权而言,$q=r$,即

$$p = \frac{1-d}{u-d} \tag{5-52}$$

(二) 支付已知收益资产的期权定价

1. 已知红利率

若标的资产在未来某一确定时间将支付已知收益率 δ,我们只要调整在各个节点上的证券价格就可根据式(5-45)至式(5-47)计算出期权价格。调整方法如下:

如果时刻 $i\Delta t$ 在除权日之前,则节点处证券价格仍为

$$Su^j d^{i-j}, \quad j=0,1,2,\cdots,i$$

如果时刻 $i\Delta t$ 在除权日之后,则节点处证券价格相应调整为

$$S(1-\delta)u^j d^{i-j}, \quad j=0,1,2,\cdots,i$$

对在期权有效期内有多个已知红利率的情况,也可进行同样处理。若 δ_i 为 0 时刻到 $i\Delta t$ 时刻之间所有除权日的红利支付率,则 $i\Delta t$ 时刻节点相应的证券价格为

$$S(1-\delta_i)u^j d^{i-j}$$

2. 已知红利额

若标的资产在未来某一确定日期将支付已知数额的收益,则除权后树枝不再重合,这意味着所要估算的节点的数量可能变得很大,特别是如果支付多次已知数额收益的话。

为了简化起见,我们仍可以把证券价格分为两个部分:一部分是不确定的,而另一部分是期权有效期内所有未来红利的现值。假设在期权有效期内只有一个除息日 τ,而且 $k\Delta t \leq \tau \leq (k+1)\Delta t$。$x$ 时刻不确定部分的价值 S^* 为

$$S^*(x) = S(x), \quad 当 x > \tau 时$$
$$S^*(x) = S(x) - De^{-r(\tau-x)}, \quad 当 x \leq \tau 时$$

其中,D 表示收益金额。设 σ^* 为 S^* 的标准差,假设 σ^* 是常数,用 σ^* 代替式(5-45)到式(5-47)中的 σ 就可计算出参数 p、u 和 d,这样就可用通常的方法构造出模拟 S^* 的二叉树了。通过把未来收益现值加在每个节点的证券价格上,就会使原来的二叉树转化为另一个模拟 S 的二叉树。在 $i\Delta t$ 时刻,当 $i\Delta t < \tau$ 时,这个树上每个节点对应的证券价格为

$$S^*(t)u^j d^{i-j} + De^{-r(\tau - i\Delta t)}, \quad j=0,1,2,\cdots,i$$

当 $i\Delta t > \tau$ 时,这个树上每个节点对应的证券价格为

$$S^*(t)u^j d^{i-j}, \quad j=0,1,2,\cdots,i$$

第五节 金融期权价格的敏感性指标

在金融期权交易中,尤其是在金融期权的套期保值交易中,我们不仅要知道各种因素对期权价格的影响方向,而且还必须知道各种因素对金融期权价格的影响程度。为解决这一问题,我们就要对期权价格的敏感性做出分析。所谓期权价格的敏感性,是指期

权价格的决定因素的变动对期权价格的影响程度,或者说,期权价格对其决定因素之变动的敏感程度或反应程度。为了对期权价格的敏感性做出具体的、量化的分析,必须借助于各种指标进行衡量。

一、Delta(δ)

(一) 定义

Delta(通常以"δ"表示)是期权价格最为重要的敏感性指标,它表示期权标的物价格的变动对期权价格的影响程度。换句话说,δ是衡量期权价格对相关工具价格变动的敏感程度的指标,因此非常重要。如期权标的物的价格上升1美元,该期权价格上升0.5美元,则称该期权的 Delta 值为0.5。

(二) 数值变化范围

看涨期权的 Delta 值在0与1之间,而看跌期权的 Delta 值在-1和0之间。Delta 值大于零,说明期权价格与标的物价格呈同方向变化;Delta 值小于零,说明期权价格与标的物价格呈反方向变化;Delta 值大于-1或小于1,说明期权价格的变动额必小于标的物价格的变动额。

一般地说,平价看涨期权的 Delta 值为0.5;平价看跌期权的 Delta 值为-0.5;实值期权的 Delta 值,其绝对值将大于0.5而小于1;虚值期权的 Delta 值,其绝对值将小于0.5而大于0。在极端情况下,当期权处于极度实值时,其 Delta 值的绝对值将趋近于1;当期权处于极度虚值时,其 Delta 值的绝对值将趋近于0。换句话说,虚值程度很深的期权的 Delta 值很小或为0,实值程度很深的期权的 Delta 值很大或接近于+1和-1。这是因为:当期权的虚值程度很深时,相关标的物的价格变动对期权费的影响很小或没有影响;这就是说,市场参与者受相关标的物市场影响不多或面临的风险不显著。当期权的实值程度很深时,相关标的物价格的任何变动将导致期权费差不多同等幅度的变动,这将导致所面临的风险与持有相同额度的相关标的物一模一样。

观察 Delta 值的另一种方式是将其视为期权行将结束时其实值状态的概率衡量尺度。Delta 值接近于+1或-1时,由于它的实值状态很深,最有可能被执行;当 Delta 值接近于0或等于0时,由于它的虚值状态很深,最有可能被放弃。

需要指出的是,就动态来说,任何期权的 Delta 值都不可能是固定不变的。一方面,它要随着标的物的价格变动而变动;另一方面,它又要随着期权期间的变化而变化。在金融期权交易中,这一点是很值得人们重视的。

例 5-9 某交易商考虑买入价格为19.00美元的期货合约的看涨期权,协定价格为19.00美元,期权费为0.80美元。该期权的 Delta 值为+0.5。这就是说,如果该相关期货合约的价格上涨至20.00美元,那么期权费将上涨$0.5 \times (20.00 - 19.00) = 0.50$美元。新的期权费为$0.80 + 0.50 = 1.30$美元。

(三) Delta 的对冲

Delta 的实际用途是用于将期权仓盘转化为等价期货仓盘的计算数据,交易者之所以这样做,是因为是期权的做市商通常以期货来对冲他们的期权风险。计算所需的期货仓盘的公式非常简单：

当前市场价格下的等价期货合约数 = 期权合约交易数 × 期权 Delta 值

例 5-10 在相关期货市场价格为 19.00 美元时，某交易商卖出 10 份平值状态 19.00 美元的看涨期权合约，平值状态的 Delta 值为 0.50。因此等价期货仓盘为

$$10 \times 0.5 = 5 \text{ 份期货合约}$$

现在假设相关期货价格上涨至 19.50 美元，该看涨期权的协定价格仍为 19.00 美元，但是 Delta 值已经上升至 0.60，现在交易者所需要的等价期货合约为

$$10 \times 0.60 = 6 \text{ 份期货合约}$$

（四）中性期权对冲

在期权风险管理中，中性期权对冲是十分重要的。它只是建立中性仓盘所需的一个期权对期货合约的比例，这时 Delta 可以这样来理解：Delta 等于看涨期权的持有者或看跌期权的卖出者，建立中性期权所必须卖出或买入或自己持有的标的物合约数量的比例。

例 5-11 某交易商卖出 10 份平值状态 19.00 美元的看涨期权合约，每张合约的交易单位为 1 000。该期权费为 0.80 美元，Delta 值为 +0.5。

该交易商在卖出该期权时所收到的期权费为

$$0.80 \times 10 \times 1\ 000 = 8\ 000(\text{美元})$$

该交易者现在想对冲其仓盘，那么他该怎么办呢？

（1）他可以试着在市场上以更低的期权费买入相反仓盘的类似期权。除非卖出时的定价过高，否则这是不太可能的。

（2）他可用期货合约对冲。该交易者出售了看涨期权，这意味着如果执行，该期权持有者有权买入标的物，这又意味着如果该期权被执行，该交易者由于负有卖出的义务将处于空头状态。因此为了 Delta 值对冲，该交易者需要买入期货合约，即建立多头。由于 Delta 值为 0.50，该交易者需要买入 5 份市场价格为 19.00 美元的期货合约。由于 Delta 值为 +1 或 −1，相等于可能处于最大实值状态的期权。现在该交易者的仓盘如表 5-2 所示。

表 5-2 交易者的仓盘

交　易	价格/美元	Delta 值状态
卖出 10 张看涨期权合约	0.80	−10 × 0.5 = −5
买入 5 张期货合约	19.00	+5 × 1.0 = +5
		净仓盘 = 0

如果在到期日，期货的价格与买入时一样，Delta 值也没有变化，那么买入者就不会执行期权，该期权交易者就会在市场上以 19.00 美元的价格卖出期货合约以结清期货仓盘，由此从收取的期权费中获得了 8 000 美元的收益，然而这种完美对冲的情况实际上是不大可能发生的。实际上，在期权到期日前的时间里，期货市场价格上升到 19.50 美元，该期权的期权费 Delta 值上升至 +0.60。该交易者现在需要 6 份期货合约以保持中性对冲仓盘。现在，该交易者必须再以 19.50 美元的价格买入 1 份期货合约。该交易者现在的状况如表 5-3 所示。

表 5-3　交易者现状表

交　易	价格/美元	Delta 值状态
卖出 10 张看涨期权合约 买入 5 张期货合约 买入 1 张期货合约	0.80 19.00 19.50	$-10 \times 0.6 = -6$ $+5 \times 1.0 = +5$ $+1 \times 1.0 = +1$
		净仓盘 = 0

由于现在期货价格在到期日之前上涨了,期权持有者行使买入相关标的物资产的权利。该交易者不得不以 19.00 美元的价格支付 10 张期货多头仓盘,并以 19.50 美元的价格购买 10 张期货合约以平仓。交易者的交易结果如表 5-4 所示。

表 5-4　交易者的交易结果

收　益	损失
(1) 卖出 5 份 19.00 美元的期货合约 收益 = $5 \times 0.50 \times 1\,000 = 2\,500$(美元) (2) 卖出 1 份 19.50 美元的期货合约 收益 = $1 \times 0 \times 1\,000 = 0$ (3) 收到该期权的期权费 8 000 美元	支付 10 份 19.00 美元的期货,并以 19.50 美元的价格补进购买 10 份期货合约 损失 = $10 \times 0.50 \times 1\,000 = 5\,000$(美元)
净收益 = 5 500 美元	

二、Gamma(γ)

Gamma(通常以"γ"表示)是一个与 Delta 密切联系的敏感性指标,甚至可以说它是 Delta 的一个敏感性指标。它表示期权之标的物价格的变动对该期权之 Delta 值的影响程度。

由于 Gamma 反映着标的物价格的变动对 Delta 值的影响程度,所以 Gamma 值的变动与 Delta 值的变动是相呼应的。无论是看涨期权还是看跌期权,其 Delta 值都与标的物价格呈同方向的变化,因此在任何的条件下,任何期权的 Gamma 值都是正的。一般地说,当期权处于极度实值或极度虚值时,Delta 的绝对值将趋近于 1 或 0,此时 Gamma 值将趋近于 0。这说明,当标的物价格远离协定价格时,它的变动几乎对 Delta 值没有任何影响;而在期权处于平价时,其 Gamma 将有极大值出现。这就说明,当标的物价格等于或接近于协定价格时,它的变动对 Delta 值具有最大的影响。

在金融期权的套期保值中,有一种动态的套期保值策略,叫做 Delta 值套期保值。在此种套期保值中,投资者必须根据期权的 Delta 值来建立套期保值部位,以实现所谓的 Delta 中性,从而使全部金融风险都得以避免。Delta 中性是这样定义的:由于标的资产和衍生证券可以取多头和空头,因此 Delta 值可以为正数,也可以为负数。这样,若组合内的标的资产和衍生证券数量适当配合的话,整个组合的 Delta 值就可能等于 0,我们称 Delta 值为 0 的证券组合处于 Delta 中性状态。然而任何期权的 Delta 值并非固定的,随着标的物价格的变动或权利期间的变化,Delta 值也会变化,于是套期保值者就必须不断地随着 Delta 值的变动来调整其套期保值的部位,以继续保持 Delta 中性。而在这种调整中,Gamma 就是一个十分有用的指标,因为 Gamma 的大小正好反映着投资者为保持 Delta 中性而所需调整的部位。

三、Lambda(λ)

Lambda(通常以"λ"表示)是反映标的物价格的波动性对期权价格影响程度的指标。无论是现货期权还是期货期权,其看涨期权的 Lambda 都等于看跌期权的 Lambda。众所周知,标的物价格的波动性对整个期权价格具有重大的影响。在其他要素不变时,波动性越大,期权价格越高;波动性越小,期权价格越低。所以,就单一期权来说,无论是看涨期权还是看跌期权,无论是现货期权还是期货期权,其 Lambda 值总是正的。但是就某一投资组合而言,其整个投资组合的 Lambda 值却可能是正的,也可能是负的。

在金融期权的套期保值交易中,Lambda 也是一个重要的敏感性指标。在布莱克-斯科尔斯模型中,标的物价格的波动性被假定为一个已知的常数,但是这一假定并不符合实际。在实际生活中,人们通常根据历史资料来对未来的波动性作出估计,或通过求某种期权定价模型的反函数的方法来对未来的波动性作出估计,这些估计都难免与实际不符。于是在金融期权交易中,人们将面临着波动性发生变动的风险。为了回避这一风险,人们就必须通过各种途径来缩小整个期权部位的 Lambda,以使波动性改变所可能造成的损失减少到最低程度。

四、Theta(θ)

Theta(通常以"θ"表示)是用来衡量权利期间对期权价格之影响程度的敏感性指标。在一般情况下,期权价格将随着权利期间的缩短而下降,这说明期权价格与权利期间呈同方向的变化。但是根据惯例,Theta 一般表示负值,这是因为 Theta 代表期权价格随时间推移而逐渐衰减的程度。我们已经知道,时间价值是期权价格的一部分,而时间价值与期权剩余期限的长短并不呈线性关系。随着剩余期限的缩短(即到期日的临近),时间价值将以越来越快的速度衰减。根据这一特征我们可知,在一般情况下,期权的剩余期限越短,其 Theta 的绝对值越大。

Theta 的大小不仅取决于期权剩余期限的长短,而且还取决于标的物价格与协定价格之间的关系。在其他情况一定时,当期权处于平价时,其 Theta 的绝对值最大。之所以如此是因为时间价值在期权处于平价时最大,而当期权处于实值或虚值时,尤其是期权处于极度实值或极度虚值时,其 Theta 的变化比较复杂。在一般情况下,对看涨期权来说,极度实值时的 Theta 的绝对值将大于极度虚值时的 Theta 的绝对值;而对看跌期权来说,实值时的 Theta 的绝对值通常将小于虚值时的 Theta 的绝对值,特别是在看跌期权处于极度实值时,其 Theta 甚至为一正值。

在其他条件一定时,Theta 的大小还与标的物价格的波动性有关。一般来说,波动性越小,Theta 的绝对值也越小;反之亦然。

在金融期权交易中,尤其是金融期权的水平价差交易中,Theta 的大小反映着期权购买者随时间推移而损失价值的多少,也反映着期权出售者随着时间推移而增加价值的多少,所以,无论对期权套期保值者而言还是对套利者或投机者而言,Theta 都是一个有用的敏感性指标。

五、Rho(ρ)

Rho(通常以"ρ"表示)是用来反映利率对期权价格影响程度的敏感性指标。在一般情况下,利率的变动对看涨期权的价格有正的影响,而对看跌期权的价格有负的影响。所以,看涨期权的 Rho 值一般为正,看跌期权的 Rho 值一般为负。

Rho 的大小既取决于标的物价格与协定价格的关系,也取决于权利期间的长短。一般来说,越是实值的期权,其 Rho 的绝对值越大;越是虚值的期权,其 Rho 的绝对值越小。所以,若以绝对值表示,则极度实值的期权有着最大的 Rho 值,而极度虚值的期权则有着最小的 Rho 值。至于期权期间对 Rho 的影响也是同方向的。也就是说,权利期间越长,Rho 的绝对值就越大;权利期间越短,Rho 的绝对值就越小。在期权到期日,任何期权的 Rho 值将为 0。

由于 Rho 反映着期权价格对利率变化的敏感程度,因而在利率变动比较频繁的条件下,Rho 是一个比较重要的敏感性指标,这在金融期权的套利和投机中尤为明显。

本章小结

1. 期权的价值等于内在价值和时间价值之和。内在价值等于期权立即执行时所具有的价值和零这两者中的较大者。期权的时间价值在内在价值为零时最大,并随着标的资产的市场价格与协定价格之差的绝对值变大而递减。随着时间延长,期权的时间价值递增,但增幅是递减的。

2. 期权价格的影响因素有:标的资产价格、期权的协定价格、期权的有效期限、标的资产价格的波动率、无风险利率和标的资产的收益率。

3. 期权价格上下限如下表所示:

			上限	下限
欧式	看涨	无收益	S	$\max[S - Xe^{-r(T-t)}, 0]$
		有收益	S	$\max[S - D - Xe^{-r(T-t)}, 0]$
	看跌	无收益	$Xe^{-r(T-t)}$	$\max[Xe^{-r(T-t)} - S, 0]$
		有收益	$Xe^{-r(T-t)}$	$\max[D + Xe^{-r(T-t)} - S, 0]$
美式	看涨	无收益	S	$\max[S - Xe^{-r(T-t)}, 0]$
		有收益	S	$\max[S - D - Xe^{-r(T-t)}, 0]$
	看跌	无收益	X	$X - S$
		有收益	X	$\max(D + X - S, 0)$

4. 提前执行无收益资产看涨期权是不合理的,而提前执行看跌期权和有收益资产看涨期权则可能是合理的。

5. 无收益资产欧式看涨期权和看跌期权的平价关系为

$$c + Xe^{-r(T-t)} = p + S$$

有收益资产欧式看涨期权和看跌期权的平价关系为

$$c + D + Xe^{-r(T-t)} = p + S$$

美式看涨期权与看跌期权之间不存在平价关系。

6. 期权定价方法有布莱克-斯科尔斯模型和二项式定价模型等。无收益资产欧式期权的布莱克-斯科尔斯模型计算公式为

看涨期权 $c = SN(d_1) - Xe^{-r(T-t)}N(d_2)$

其中

$$d_1 = \frac{\ln(S/X) + \left(r + \frac{\sigma^2}{2}\right)(T-t)}{\sigma\sqrt{T-t}}$$

$$d_2 = d_1 - \sigma\sqrt{T-t}$$

看跌期权 $p = Xe^{-r(T-t)}N(-d_2) - SN(-d_1)$

二项式定价模型的计算公式为

$$c = \sum \{n!p^j(1-p)^{n-j}\max[S_u^j d^{n-j} - X, 0]\}/n!(n-j)!(1+r)^n$$

7. 期权价格敏感性指标是指期权价格的影响因素对期权价格的影响程度,主要有 Delta、Gamma、Lambda、Theta、Rho。

本章重要概念

期权的价值　期权价格的影响因素　期权价格的上限与下限公式　布莱克-斯科尔斯模型　二项式定价模型　期权价格敏感性指标　欧式看涨期权和看跌期权　美式看涨期权与看跌期权

思考练习题

1. 期权的内在价值为什么不能为负值?
2. 市场价格与协定价格的关系怎样影响期权的内在价值?
3. 布莱克-斯科尔斯模型的假设条件有哪些?
4. 根据布莱克-斯科尔斯模型,看跌期权是如何定价的?
5. 期权的 Delta 值有哪些特征?它主要受哪些因素的影响?
6. 推导无收益资产欧式看涨期权与看跌期权的平价关系。
7. 已知 $S = 100$ 美元,$X = 100$ 美元,$r = 10\%$,$\sigma = 25\%$,$T = 1$ 年,试计算看涨期权的价格。
8. 某不支付红利的股票现价为 50 美元,有连续两个时间步长,步长为 3 个月,股价在每个二叉树预期上涨 20% 或下跌 20%,无风险利率为 8%。计算:

(1) 以该股票为标的物、协定价格为 50 美元的 6 个月期欧式看涨期权的价格;

(2) 已知以该股票为标的物、协定价格为 50 美元的 6 个月期欧式看跌期权的价格约为 4.45 美元,证明欧式看涨期权和欧式看跌期权的平价关系成立。

9. 假定你是一名证券组合管理者,掌管价值 1 亿美元的股票投资组合,这项股票投资组合非常像标准普尔 500 指数(S&P 500)。为预防价格下跌的风险,你考虑购入一份与股票组合有关的看跌期权,其协定价格总额为 9 000 万美元。若现在是 8 月,你正考虑规避 6 个月的股票组合风险。那么买进一个看跌期权将花费多少呢?如果现行利率为 7% 左右,S&P 500 指数的波动率为 20%,那么保值成本将为多少?

第六章

有效市场理论及检验

【本章学习要点与要求】

　　本章主要讲述有效市场理论的基本思想,并对有效市场理论的内涵、发展、分类和检验进行系统的梳理与总结,同时结合我国股票市场的发展现状进行实证检验,最后对该理论的局限性和面临的挑战进行了分析。通过本章的学习,读者应重点掌握有效市场理论的相关概念,了解该理论的发展背景,对其发展前景有所了解。

第一节 股票市场的信息效率

股票市场的效率是现代金融市场理论中的重要概念。我国股票市场建立至今已有二十余年的历史,在其发展过程中,股票市场效率问题已逐渐成为研究和探索的热点,目前已逐渐形成一个系统性、层次性的概念,并已建立了用于验证市场效率的模型和方法。

效率问题是金融市场研究的核心内容。证券市场效率一般是指证券市场调节和分配资金的效率,即证券市场能否将资金分配到最能有效使用资金的企业。市场有效性是指市场资源达到有效配置。

股票市场的信息效率是指股票的市场价格能否对有关信息做出快速、及时的反应。早期有关有效市场假说的文献都建立于随机行走假设基础之上,即假设股票价格的波动是随机的。这类有效市场假说的主要内容为:因为在一个有效市场上,股票价格的波动是独立随机的,因此如果假设 $P_{j,t}$ 为股票 j 在时刻 t 的价格,$P_{j,t+1}$ 为股票 j 在时刻 $t+1$ 的价格,I_t 为时刻 t 的信息集合,则无法利用时刻 t 的信息对时刻 $t+1$ 的股票进行预测,最好的预测就是 $P_{j,t}$ 本身,即

$$E(P_{j,t+1} \mid I_t) = P_{j,t}, \text{ 或 } E(P_{j,t+1} - P_{j,t} \mid I_t) = 0 \tag{6-1}$$

它表明有效市场假说是一个鞅过程,因此应注意它与独立同分布、白噪声的区别。

一、有效市场假说的含义

在股票市场中,我们经常会遇到这样的现象,某只股票的价格会因某项公告中预示的有关该公司未来经营业绩的信息而剧烈变动。如,某只钢铁公司宣布刚刚引入一条产量巨大的生产线,其股票价格将因此消息而上扬;反之,若该公司在一场官司中败诉,要支付几百万元的赔偿,则其股票的价格将下跌。

从上述例子中,我们可以看出,股票市场会对有些公布的信息作出反应。股票市场中的信息与股票价格究竟有什么关系呢?当影响股票价格的基本因素发生变化时,股价自然也会变化,这便是有效市场假说。其包括两个部分:配置方式与配置结果。① 前者是指资源在市场中分配的方式(即交易方式)的效率;后者是用来描述一个市场中的金融资产价格反映相关信息的程度,研究信息如何传递、被吸收并全部反映在价格之中的。通常我们所指的有效性是指传统意义上的配置结果的效率,即资产价格是否已经反映所有要利用的信息。股票市场有效性检验就是考察信息的传递与反映到股票价格中的程度与速度,或考察股票价格对相关信息的反应程度与调整速度。在证券市场中,如果证券价格能对信息作出迅速准确地反映,这样的证券市场就是有效率的;如果信息在市场上传播较慢、信息未被及时合理地体现在证券价格之中,价格就会背离基于真实的价值,这样的证券市场就是缺乏效率的。市场效率越高,价格对信息的反应速度也就越快。因而,在某种程度上,市场有效性研究是研究信息与股票价格波动及交易量之间的关系。

---

① 请参见吴世农,"我国证券市场效率的分析",《经济研究》,1996 年第 4 期,第 13 页。

针对资本市场上股票价格根据信息进行调整的速度快慢而提出的市场有效性假说为研究市场运行效率提供了理论依据。关于市场有效性假说有以下几种定义：

（一）基于分布的定义

2013年诺贝尔经济学奖获得者法玛(Fama,1970)给出的定义为：第t期股票价格决定于第$t+1$期股票价格的分布，若某种信息充分反映在后者中，则该信息充分反映在第t期股票的价格中，即

$$f(P_{t+1}|\varphi_t) = f_m(P_{t+1}|\varphi_t^m) \quad (6-2)$$

其中：$P_{t+1} = (P_{1t+1},\cdots,P_{nt+1})$是第$t+1$期$n$只股票的价格向量；$\varphi_t^m$是第$t$期所有可得信息的集合；$\varphi_t$是$t$期实际利用信息的集合；$f(P_{t+1}|\varphi_t)$是基于$\varphi_t$的第$t+1$期股票价格的概率密度函数；$f_m(P_{t+1}|\varphi_t^m)$是基于$\varphi_t^m$的第$t+1$期股票价格的概率密度函数。

可以看出，价格形成的过程是"第t期股票价格决定于第$t+1$期股票价格的分布"，"充分反映"的含义是$f(P_{t+1}|\varphi_t) = f_m(P_{t+1}|\varphi_t^m)$，即基于$\varphi_t$和基于$\varphi_t^m$的股票价格向量$P_{t+1}$的分布相同。

法玛首先考察"第t期股票价格决定于第$t+1$期股票价格的分布"的含义，假设：① 有n只股票，每只的数量分别为X_i，$i=1,\cdots,n$；② 有m个投资者，每个投资者的总投资额为M_j，$j=1,\cdots,m$；③ 第j个投资者投资于第i种股票的数量为X_{ij}，投资于利率为r_f的无风险资产的金额为M_{0j}；④ P_{it}是第t期第i只股票的价格，P_{it+1}是第$t+1$期第i只股票的价格；⑤ 第$t+1$期股票价格的密度函数是$f(P_{it+1}^*,\cdots,P_{nt+1}^*)$，"*"表示随机变量，$U^j$是第$j$个投资者的效用函数，则$j$个投资者的投资决策为

$$\text{MAX} \quad \int U^j\left[\sum_{i=1}^n X_{ij}P_{it+1}^* + (1+r_f)M_{0j}\right] f(P_{it+1}^*,\cdots,P_{nt+1}^*)dP_{it+1}^*\cdots dP_{nt+1}^*$$

$$s.t. \quad \sum_{i=1}^n X_{ij}P_{it+1} + M_{0j} = M_j \quad (6-3)$$

解得第j个投资者投资于第i种股票的数量为$X_{ij} = X_{ij}(P_{1t},\cdots,P_{nt},M_j,r_f)$，市场均衡条件为

$$\sum_{j=1}^n X_{ij} = X_i$$

由均衡条件可以得到第t期股票的价格$P_{1t},\cdots,P_{nt}$。

上述模型描述了"第t期股票价格决定于第$t+1$期股票价格的分布"意义下股票价格的形成过程。虽然它没有考虑成本的影响和均衡价格的存在性和唯一性，但是该模型基本上可以描述在一定信息下理性投资者的决策过程以及反映这些信息的均衡价格。

其次考察"充分反映"的含义是$f(P_{t+1}|\varphi_t) = f_m(P_{t+1}|\varphi_t^m)$，令$\varphi_t^0 = \varphi_t^m|\varphi_t$，若$f(P_{t+1}|\varphi_t) \neq f_m(P_{t+1}|\varphi_t^m)$，则第$t$期股票价格没有充分反映$\varphi_t^0$中的信息。投资者利用$\varphi_t^0$中的信息在第$t$期进行交易可以获得超常收益。把上述定义的两个环节相综合，可得：φ_t^m是第t期所有可得信息，φ_t是第t期实际利用信息，r_{t+1}是第$t+1$期的收益率，若

$$f(P_{t+1}|\varphi_t) = f_m(P_{t+1}|\varphi_t^m),$$

则市场是有效的。

(二) 基于期望收益率的定义

期望收益率模型由下式来描述：

$$E(P_{t+1}|\varphi_t) = [1 + E(r^*_{t+1}|\varphi_t)]P_t \qquad (6-4)$$

其中：E 是期望算子，P_t, P_{t+1} 是价格；r_{t+1} 是第 $t+1$ 期收益率，$r_{t+1} = (P_{t+1} - P_t)/P_t$；$\varphi_t$ 是充分反映在第 t 期价格中的任意信息集；"*" 表示随机变量。基于 φ_t 的期望收益率 $E(r^*_{t+1}|\varphi_t)$ 是外生的。条件期望意味着，不管使用什么期望收益率模型，φ_t 中的信息都被充分利用，被充分反映在 P_t 中。在有效市场里，基于信息 φ_t 进行交易的超常收益为零，即

$$x^*_{t+1} = P^*_{t+1} - E(P^*_{t+1}|\varphi_t), \quad E(x^*_{t+1}|\varphi_t) = 0 \qquad (6-5)$$

等价地，

$$Z^*_{t+1} = r_{t+1} - E(r^*_{t+1}|\varphi_t), \quad E(Z^*_{t+1}|\varphi_t) = 0 \qquad (6-6)$$

称序列 $\{x^*_{t+1}\}$ 和 $\{Z^*_{t+1}\}$ 是相对于信息集 φ_t 的公平博弈。若在信息集 φ_t 下的期望收益率等于在信息集 φ_t^m 下的期望收益率，则市场是有效的。从预测角度，市场有效的条件是超常收益的数学期望为零，即超常收益率不可预测。

(三) 基于信息揭示的定义

默基尔 (Malkiel, 1992) 给出的市场有效性的定义是：如果把某种信息揭示给所有的市场参与者而股票的价格不受影响，则该市场相对于该信息是有效的。

因此，市场有效性可以通过把信息揭示给市场参与者，然后考察股票价格的反映来研究。如果揭示信息后价格没有变化，则价格已经充分反映了该信息，市场是有效的。这个定义是清楚的，但检验是不可能的。因为我们要么知道揭示信息的价格，要么知道不揭示信息的价格，无法比较信息揭示对价格的影响。

(四) 基于获利能力的定义

詹森 (Jensen, 1978) 的定义为：如果根据一组信息 φ_t 无法获得经济利润，那么市场就是有效的。具体地，如果某组信息 φ_t 被投资者广为了解，竞争会使股票市场的价格水平达到：投资者利用该信息进行交易只能获得与其风险水平相应的平均市场报酬率，即平均经济利润为零。

在确定性条件下，竞争促使经济利润为零。詹森的定义在本质上是由上述零均衡状态扩展为不确定条件下的竞争市场中的价格行为。根据詹森的定义评价市场有效性时，所有的成本都应该予以考虑。在詹森的定义中，平均市场报酬率不是唯一的，不同的风险水平有不同的平均市场报酬率。给定一组信息 φ_t，如果根据这组信息进行交易的投资者的平均收益率为零，那么这组信息已经充分反映在价格中，个别投资者有正的或负的非正常收益率是一种随机结果，如果一个投资者根据该类信息进行交易，经过一个较长的时间，其平均非正常收益率也是一种随机的结果。相反，如果根据信息 φ_t 进行交易的投资者的平均非正常收益率不为零，或某一个投资者根据该类信息进行交易的长期平均收益率不为零，则市场就没有充分反映该类信息，就该类信息而言，股票市场是无效的。

(五) 基于价值的定义

股票的价值等于期望股息的贴现值。设单期收益率为 q_t，股息为 D_{t+1}，则股票的

价值

$$V_t = E\{D_{t+1}/(1+q_1) + D_{t+2}/[(1+q_1)(1+q_2)] + \cdots\}$$

在有效市场里,价格等于价值,即 $P_t = V_t$;若 $P_t \neq V_t$,市场就是无效的。

(六) 基于信息集价值的定义

信息集对不同的投资者的价值不同,主要取决于投资者基于该信息集可以采取的行动和各种行动所带来的净收益。因此,一个信息集的价值由下式给出:

$$V(\eta) = \sum_{}^{m} q(m) \max_a \sum_{}^{e} [P(e|m)U(a,e) - V(\eta_0)] \tag{6-7}$$

其中:$V(\eta)$ 是信息集的价值;$q(m)$ 是获得信息 m 的概率;$P(e|m)$ 是给定 m 时 e 发生的概率;$U(a,e)$ 是 e 发生时采取行动 a 的效用;$V(\eta_0)$ 是未获得信息时的保留效用。如果 $V(\eta) > 0$,则市场上还有未被利用的信息,投资者就会利用该信息获得超额利润。在有效市场里,任何信息集 η 的价值 $V(\eta)$ 都等于零。

由上述定义可知有效市场的基本特征为:超常收益率的不可预测性;信息的无用性。

二、有效市场假说的类型

在证券市场上,不同的信息对价格的影响程度不同,从而证券市场效率的程度因信息种类不同而异。法玛(1970)对这一问题进行了系统深入的研究,在考虑风险的基础上提出了"公平博弈模型",并根据不同层次的信息将有效市场假说分成三个不同类型:弱式有效、半强式有效以及强式有效。

法玛"公平博弈模型"的假设前提是股票价格能充分反映某一时点的所有公开信息,并规定价格形成机制为

$$E(P_{j,t+1} | \Phi_t) = [1 + E(r_{j,t+1} | \Phi_t)] P_{j,t} \tag{6-8}$$

其中,E 表示期望值,$P_{j,t}$ 表示时刻 t 股票 j 的价格,$P_{j,t+1}$ 表示时刻 $t+1$ 股票 j 的价格,$r_{j,t+1}$ 表示时刻 $t+1$ 股票 j 的收益率,Φ_t 表示时刻 t 已经完全反映在股票价格中的信息集。

这个等式表明,在给定时刻 t 的信息集 Φ_t 的条件下,股票 j 的预期价格等于当前价格乘以 1 加上股票 j 的预期收益率。这个预期收益率能够反映时刻 t 的公开信息,如利率、通货膨胀率、GDP 增长率等。在上述条件下,无法根据目前的信息集合和经验获得超额利润。假定 $x_{j,t+1}$ 表示时刻 $t+1$ 股票 j 的实际价格与预期价格之间的差异,用公式表示为

$$x_{j,t+1} = P_{j,t+1} - E(r_{j,t+1} | \Phi_t)$$

则在有效市场上,

$$E(r_{j,t+1} | \Phi_t) = 0 \tag{6-9}$$

这意味着市场反映出一个与信息集 Φ_t 相关的"公平博弈",因此就可以认为股票的当前价格已经充分反映了所有的可得信息,以及股票本身的相关因素。

法玛(1970)将股票市场上的信息分为三类:历史信息、公开信息和内部信息,并根据信息的不同层次将有效市场假说分为三个层级假设:弱式有效市场假设、半强式有效市场假设和强式有效市场假设。

(一) 弱式有效市场假设

弱式有效是股票市场的效率最低程度,指当前股票价格仅仅能够充分反映股票本身历史价格所包含的信息。在这种市场上,股票价格过去的变动趋势与其未来走势毫无关系,股票价格的变化是相对独立的。每次价格的上升或下降与前一次价格的变化毫无关系。因为当前市场价格已经反映了过去的价格信息,所以弱式有效市场意味着无法根据股票的历史价格信息对今后价格做出预测,投资者也无法利用过去股价所蕴含的信息获得超额利润,投资者不可能通过技术分析发现股票价格的变化规律而获得"击败市场"的收益。这实际上等同于技术分析的无效。根据上面的分析,弱式有效的数学表达式可以写为

$$E(P_{j,t+1} - P_{j,t} \mid P_{j,t}, P_{j,t-1} \cdots) = 0 \tag{6-10}$$

这也是检验股票市场是否弱式有效的最重要的一个等式。值得注意的是,在一个弱式有效的市场上,无法获取超额利润并不意味着投资者不能获取一定的收益,而是说,平均而言,任何利用历史信息的投资策略所获得的收益都不可能超过"简单的购买—持有"策略所获得的收益。

(二) 半强式有效市场假设

半强式有效是证券市场效率的中等程度,指所有的公开信息都已经反映在股票的价格中,这些公开信息包括股利分配、兼并收购、经济景气度、财政政策和货币政策等宏观经济变量,但不包括其他未公开的信息。不难理解,在一个完全自由竞争的市场上,价格的调整取决于供求关系的变化。在新的资料尚未公布前,价格将根据新的信息变化。公开信息的速度越快、越均匀,证券价格调整越迅速;反之越慢。如果每个投资者都同时掌握和使用有关公开信息进行投资决策,则任何投资者都不可能获取超额收益。

在半强式有效市场中,不但历史资料对于判断股票将来价格的变动是无效的,而且所有公开发表的最新信息对判断股票价格的未来走势也没有用处。因为在这种效率的市场条件下,所有能够影响股票价格的公开发表的信息都能立刻在价格上表现出来。只有少数掌握未公开发布的信息的投资者,利用内部信息买卖证券才能获利。因此,半强式有效市场意味着基本面分析的无效。

(三) 强式有效市场假设

强式有效是股票市场效率的最高程度,指所有的信息都反映在股票价格中。在这种市场上,不论是公开信息还是各种私人所有的信息,不论是历史信息、公开发表的信息还是内部信息,对股价的预测均无影响,任何消息都不能用来获取超额收益。因此,强式有效市场意味着所有的分析都是无效的。也就是说,证券价格已经充分、及时地反映了所有有关的公开和私人信息。在证券市场上,总有少数人(如公司上层人士)掌握未公开发布的信息,如果有人利用内部信息买卖证券而获利,则说明证券市场尚未达到强式有效。

第二节 有效市场假说在投资中的运用

有效市场假说是以大量的有关资本市场的假设条件为基础的。这些假设条件包括:

（1）资本市场上存在着大量相互竞争的以利润最大化为目标的理性参与者。这些参与者都各自独立地对股票价值进行分析并作出投资决策;（2）各种信息以一种随机的方式进入市场,而且每个信息公布之后的调整一般是相互独立的;（3）资本市场上相互竞争的投资者都力图使股票价格能够迅速地反映各种新信息的影响;这意味着调整可能是不完全的,但它是无偏的。因此有时市场过度反应,有时则反应不足,但是在任何一个时点都无法进行预测。

根据这些假设条件我们可以知道,有效市场并不是一个静态的价格反映所有信息的过程,而是一个价格根据信息不断迅速地进行调整的动态过程。在这个过程中,价格调整在短时间内迅速完成。这种短时间迅速调整的一个必要条件就是存在着大量相互独立的股票分析者、套利者以及交易者等投资群体。这些投资群体在利润最大化条件的约束下,不断地根据股票价格的变动分析各种信息对股票价格的影响,并不断地买卖股票直至股票价格反映新的信息。由于调整的时间很短,因此从长期看,股票价格的波动就是独立随机的。

有效市场的主要特征如下:（1）股票价格能够迅速地根据与股票价值相关的各种信息及时准确地进行调整;（2）股票预期收益的变化只与无风险利率水平的变动和股票本身风险溢酬的变动有关,除此之外,收益是不可预测的;（3）通过分析目前的投资特点,无法为将来提供有用的信息;（4）如果将投资者分为信息灵通的投资者和信息不灵通的投资者,两种类型投资者的投资收益应该不存在明显的差异。

一、有效市场假说和"公平博弈"

有效市场假说认为价格的形成过程本质上是一个由零利润均衡状态扩展为不确定性竞争市场中动态市场行为的过程。对于一组信息 Φ_t,如果根据该组信息从事交易而无法赚取超额利润,则市场是有效的,即价格"充分反映"了可以获得的信息。用数学公式可表示为

$$E(P_{i,t+1} | \Phi_t) = P_{i,t}[1 + E(r_{i,t+1} | \Phi_t)] \tag{6-11}$$

其中,$P_{i,t}$ 为资产 i 在 t 时刻的价格,$E(r_{i,t+1} | \Phi_t)$ 为给定 Φ_t 时,资产 i 和具有同样风险水平的其他资产在 $t+1$ 时刻的市场预期报酬率。值得注意的是,此处的收益率是期望收益率,而不是实际收益率。有效市场假说的表述是价格"充分反映"了可以获得的信息,但什么是"充分反映",涉及两个重要的概念:"鞅"和"公平博弈"。对随机过程 X_t,若

$$E(X_{t+1} | \Phi_t) = X_t(\Phi_t)$$

其中,Φ_t 是 t 时刻的信息集(假设包括 X_t),则称 X_t 为鞅。由此可见,如果 X_t 是鞅,那么在信息集 Φ_t 下,X_{t+1} 的最优估计值恰好为 X_t。对随机过程 Z_t,若 $E(Z_{t+1} | \Phi_t) = 0$,则称 Z_t 为一个"公平博弈"。鞅隐含着 $X_{t+1} - X_t$ 为一个"公平博弈":

$$E(X_{t+1} - X_t | \Phi_t) = 0 \tag{6-12}$$

显然,当且仅当 $X_{t+1} - X_t$ 为一个"公平博弈"时,X_t 才为鞅。正因为如此,"公平博弈"有时也被称为"鞅差"。"公平博弈"模型表示在信息集 Φ_t 上,价值的增量是不可预测的。从这个意义上说,信息集 Φ_t 充分体现在价格上了,因此预测收益率是无用的。如

果 $Z_{j,t+1} = P_{j,t+1} - E(P_{j,t+1}|\Phi_t)$，其中 E 为期望值，$P_{j,t+1}$ 是 $t+1$ 时刻 j 证券的价格。Φ_t 是 t 时刻"充分反映"价格的信息集，$Z_{j,t+1}$ 的经济含义是 $t+1$ 时刻 j 证券的额外市场价值，是观察到的价格与 t 时刻在信息集 Φ_t 上的期望价格之差。那么，$E(P_{j,t+1}|\Phi_t) = 0$。显而易见，$\{Z_{jt}\}$ 为在 $\{\Phi_t\}$ 上的"公平博弈"。

因此，价格充分反映了可以获得的信息，隐含着交易过程应为一个"公平博弈"，在这个意义上，市场是有效的。

二、有效市场假说和股票投资策略分析

自从有股票以来，人们一直在寻求着战胜股市的"利器"，并不断宣称发现了这一"利器"，而有效市场假说的支持者们通过计量经济模型进行检验，进而否定了在有效市场中这一"利器"的存在。股票分析作为人们战胜股市的手段，在上述过程中延续发展下来。股票分析分为技术分析和基本分析两个方面，它们分别对应有效性理论中的弱式有效和半强式有效。

在市场处于弱式有效时，仅仅通过分析价格和交易量的历史运动（技术分析），投资者是不能取得超常收益的，因此，如果技术分析策略能够取得优于市场的表现，那么市场以弱式有效出现时，定价就是无效率的。考虑这一问题的另一种方式是，如果资金管理者或客户认为股票市场具有弱式定价效率，那么，在考虑了交易成本和风险因素之后，遵循以技术分析为基础的策略将不能始终取得优于市场的表现。下面将对不同的技术分析理论与方法进行讨论。

1. 道氏理论

道氏理论最初来源于查尔斯·道的观点。这一理论基于两个基本假定：一是，"任何已知的信息、任何可预见的信息，以及任何能够影响公司证券供给与需求的情况，对股市日常波动的平均水平来说都无足轻重"。该假设听起来与有效市场理论非常相似。二是，股票市场在各时期是以某些趋势（上行趋势和下行趋势）运动的。根据查尔斯·道的观点，识别这些股票价格趋势和预测它们的未来运动是有可能的。如果假设成立而且投资者能实现超常收益，那么市场就不是弱式定价效率市场。实证检验道氏理论很困难，不过，经济学家们还是对其进行了检验，发现这种技术可以得到较高的收益，而且研究似乎表明道氏理论能被用于市场预测。

2. 相对强弱模型

相对强弱是用股票价格与某股票指数的比率衡量的，它表明了股票与相应指数的相对运动。有一些研究表明，以相对强弱为基础的策略比买入并持有策略的表现要好；另一些研究表明，在调整了交易成本而不是调整了风险之后，相对强弱模型可被用于预测哪些股票将表现得更优异。

3. 多规则系统

多规则系统是同时考虑多种技术方法的交易策略，它把多种交易规则合并在一个模型中。实证检验表明，在调整了交易成本、交易风险之后，其表现要优于市场。

4. 非线性动态模型

非线性动态模型是一种用于预测股票价格的复杂的数学模型，它以混沌理论为基

础,即看似随机的股票价格运动实际上含有一种可被用来创造超常收益的结构。已有许多实证研究表明,股票价格具有非线性动态模型的一些特性。

5. 基本分析

基本分析是证券分析的又一种方法,它是对公司的经济状况的分析,包括其收益增长的前景、履行债务责任的能力、竞争环境等。在半强式有效市场的情况下,以基本分析为基础的策略不会创造超常收益,理由很简单——许多分析师基本上是从事着相同种类的分析,这些分析利用的都是能公开获得的同样数据,这样使得股票价格反映了所有能决定价值的相关因素。然而市场上一些流行的交易策略,如预测意外收益策略、低价格-收益比率策略、市场中立多空策略都可获得超常收益,这似乎否定了市场的有效性。

纵观上述技术分析方法和基本分析方法,或多或少表现出投资者可以获得超常收益,否定了市场的有效性,然而有效市场假说不但没有被废弃,反而成为金融经济学的基石,为什么会这样呢? 其实,证券分析在发现战胜市场的工具的同时,也使自己失去了效用,而促进了市场的有效。首先是基本分析发现了上市公司的内在价值,于是,基本分析派投资者通过交易使公司股价趋向其内在价值,也就是促进市场趋于有效,然而在公司股价趋于内在价值的过程中并不一定有效,而这种无效性又被技术分析者发现,并迅速用于获取超额利润,这使得公司股价迅速趋向合理价值。正是技术分析者的作用使价格的变动过程也趋向有效,然而价格趋于合理的过程是复杂的,人们不可能一次性地使其过程有效,于是人们不断发现获得超常收益的技术,而在这种技术指导下的交易,使价格变动的过程也趋于有效。这是一个漫长的渐近过程,是达不到完全有效状态的。因此,这使技术分析的生命无限地延长,而这一过程的基础——基本分析也将永存。

三、有效市场假说和股票组合管理

股票组合管理实质上是对各种各样股票投资策略的选择。这些策略基本上可以分为两种类型:积极的和消极的。策略的选择取决于两个因素:第一个是投资者的风险容忍度;第二个是投资者对股票市场效率的看法。认为股票市场有效率的投资者倾向于支持消极的策略;认为股票市场无效率的投资者倾向于支持积极的策略。

积极的投资组合策略力求在调整了风险和交易成本之后仍能创造超常收益。在无效率的市场中,这种策略利用可获得的信息和预测技术对能够影响某种资产类型的表现的因素进行预期,即利用技术分析考察价格和交易量的形态以及其他不涉及公司的经济状况的指标,利用基本分析对公司当前的和潜在的未来经营状况进行评估,在投资者认为市场存在相当大的误定价的情况时,根据这些情况利用某些策略获取超额利润。

如果投资者认为市场在股票定价方面是有效率的,那么,他们就应该接受以下观点,即那些试图取得优于市场的表现的策略,除了幸运之外,不可能彻底成功。这并不意味着投资者应远离股票市场,而是说他们应当遵循消极的策略,这是一种并不试图取得优于市场的表现策略。那么对于对股票市场的定价效率持此种观点的人来说,存在一种最优投资策略吗? 确实是存在的,其理论基础是现代投资组合理论和资本市场理论。根据现代投资组合理论,市场组合在定价有效率的市场中对每单位风险提供了最高的收益率水平。在特性上与那些由整个市场的股票组成的投资组合(即市场组合)相似的金融资产组合能够捕获市场的定价效率。

根据所假定的相关信息集合的不同,定价效率有三种形式:弱式、半强式、强式。如果市场处于前两种定价效率,积极策略是不能依靠技术分析和基本分析获得超常收益的。如果市场处于强式有效,积极策略通过获取内部信息和跟随内部人交易也是不能获得超常收益的。此时所奉行的最优策略就是指数法。然而市场价格并不是在任何时候都充分反映了可得到的与证券估价有关的全部信息,这就为积极策略投资者提供了追逐价格从无效到有效所产生的超常收益的机会,而这种行为又维护了市场的有效性。

第三节 有效市场假说的实证检验

根据有效市场假说的含义,我们得出一个有效市场假说共同的检验方法,即检验股票收益在一定范围内的可预测性。针对有效市场假说的三种类型,检验过程所使用的信息层次不同。半强式有效市场使用的是公开信息,如公司财务数据、国民经济数据等;而强式有效市场则使用所有信息。

一、弱式有效市场的实证检验

根据弱式有效市场理论假设,今天的股票价格应该反映了该股票所有的历史价格数据。因此,在弱式有效市场中,股票价格变动与其历史行为方式是独立的,即股票价格变动的历史时间序列数据呈现出随机游走形态。随机游走是一个统计学的概念,它表明序列下一时期的演化不依赖于其前期的结果。例如抛硬币,无论你前三次抛出的结果是"正、正、反"还是"反、正、反",都不影响下一次的结果为正或反。下一次投掷的结果对以前的结果没有记忆,即独立于以前的结果。弱式有效检验使用的是股票价格的历史数据,通常人们是使用如下所述的随机游走模型进行检验。

随机游走模型如下:

$$P_t = P_{t-1} + \varepsilon_t \tag{6-13}$$

其中,P_t 为证券在第 t 天(周或月)的价格或股价指数;P_{t-1} 为证券在第 $t-1$ 天(周或月)的价格或股价指数;ε_t 是个白噪声,即满足期望为零及独立同方差性的马尔科夫假定:$E(\varepsilon_t)=0$,$E(\varepsilon_t \varepsilon_{t-1})=0$,$Var(\varepsilon_t)=\sigma^2$,显然,如果证券价格呈随机游走状态,即证券市场达到弱式有效,则 P_t 与 P_{t-1} 之间相互独立,或者说,其相关系数应等于零;反之,P_t 与 P_{t-1} 之间的相关系数不等于零。

但实际上上述模型还存在两方面的问题:第一,证券的后期价格是在前期价格基础上的递增或递减,对前期价格存在依赖关系;第二,上述随机游走模型对随机误差项的独立同方差性要求太强,它要求价格每下一步的走向都是随机的,这样的要求既全面否定了诸如每股收益、每股净资产等上市公司财务指标变化对股价的影响(越是在有效性较强的股市,这些影响也就越大),又把市场过去的信息过于简单地概括为一个一阶齐次项 P_{t-1},过强地体现了市场弱式有效概念中关于过去信息不能影响当期价格变化的假说。

为了解决证券的后期价格对前期价格存在依赖关系的问题,后来的研究人员一般采用收益指标取代价格指标,将问题转化为检验前期的收益水平(率)与后期的收益水平

(率)之间是否存在自相关,即

$$R_t = R_{t-1} + \varepsilon_t \tag{6-14}$$

其中,R_t 为证券在第 t 天(周或月)的收益水平;R_{t-1} 为证券在第 $t-1$ 天(周或月)的收益水平;ε_t 是随机项,满足 $E(\varepsilon_t)=0, Var(\varepsilon_t)=\sigma^2$。

根据上述模型,若 R_t 与 R_{t-1} 之间的相关系数与零没有显著差异,则表明 R_t 与 R_{t-1} 之间不存在显著的系统性变动关系,即证券收益序列呈随机游走特征。

为了解决随机游走模型对随机误差项独立同方差的要求,人们转而使用游程检验、BOX-PIERCE 检验等稍弱一些的检验方法来验证股价是否具有随机游走特征。其中最著名的是由美国学者亚历山大(Alexanda,1964)首次提出的"过滤原则",他指出:检验前后期的证券价格之间是否相互独立还不能说明证券市场是否达到弱式有效。该检验规则规定:当证券价格上涨 $X\%$ 时,立即购买并持有这一证券直到它的价格从前一次上涨时下跌 $X\%$;当证券价格从前一次上涨中下跌 $X\%$ 时,立即卖出持有的证券并做卖空交易;此后,购买新股并填平卖空;如此循环操作。简而言之,当证券价格开始上涨时,投资者立即购入证券;当证券价格开始下跌时,投资者立即卖出持有的证券并做卖空;此后平仓。这一过程不断重复进行,如果证券价格的时间序列存在系统性的变动趋势,使用过滤原则将获得超额收益。$X\%$ 被称为过滤程度,其取值范围可根据需要上下波动,但一般取 0.5%—50% 之间进行实证研究。

现将检验方法总结如下。

(一) 模型选取

随机游走模型:$P_{t+1} = P_t + \varepsilon_t$。

(二) 检验原理

这里使用假设检验方法来验证一个市场是否符合以上模型,若不符合则说明证券市场非弱式有效。

1. 相关性检验

为了消除股价变动对股价水平的依赖关系,定义每一天的变动率 R_t 为当日收盘价 P_t 与上日收盘价 P_{t-1} 的比值,即 $R_{t+1} = \dfrac{P_{t+1} - P_t}{P_t}$。选取某一时间段的股票市场指数数据,对每一交易日计算变动率。

设 k 为相关性检验的时间差,本年度数据量为 n。从当年变动率数据中抽取两个序列:$\{1,2,\cdots,n-k\}$ 以及 $\{k+1,k+2,\cdots,n\}$。计算两个序列之间的相关系数,公式为

$$\gamma = \frac{\sum_{t=1}^{n-k}\left(R_t - \frac{1}{n-k}\sum_{i=1}^{n-k}R_i\right)\left(R_{t+k} - \frac{1}{n-k}\sum_{i=1}^{n-k}R_{i+k}\right)}{\left[\sum_{t=1}^{n-k}\left(R_t - \frac{1}{n-k}\sum_{i=1}^{n-k}R_i\right)\sum_{t=1}^{n-k}\left(R_{t+k} - \frac{1}{n-k}\sum_{i=1}^{n-k}R_{i+k}\right)\right]^{\frac{1}{2}}} \tag{6-15}$$

计算统计量 $Q_m = \sum_{k=1}^{m}(n-k)\gamma_k$,其中 $k=1,\cdots,m$ 为滞后天数。若所选模型成立,Q_m 遵从自由度为 m 的 χ^2 分布,即 $Q_m = \sum_{k=1}^{m}(n-k)\gamma_k \sim \chi^2(m)$,我们可以用分布的小概率事

件来否定上述模型,肯定相关性。

2. 游程检验

游程检验是一种研究一系列观察值中非随机性趋势的统计工具,在此所谓游程就是连续若干具有相同符号的股价差值 $\Delta P_t = P_t - P_{t-1}$。当 $\Delta P_t > 0$ 时,称为正游程;当 $\Delta P_t < 0$ 时,称为负游程;当 $\Delta P_t = 0$ 时,称为零游程(由于这种情况很少,故忽略不计)。游程检验主要是计算并比较一个序列游程总个数 R 以及 R 的期望值 U,m_1、m_2 分别为 $\Delta P_t > 0$ 和 $\Delta P_t < 0$ 的游程的个数,并以 δ 表示正游程的个数(一般地,正负游程个数相差不超过1)。为了检验是否符合随机游走模型,可采用以下检验统计量(m_1、m_2 较大时):

$$U = \frac{(m_1 + m_2)^{\frac{2}{3}}}{m_1 m_2}\left(\delta - \frac{m_1 m_2}{m_1 + m_2}\right)$$

二、半强式有效市场的实证检验

所谓半强式有效市场是指投资者不能根据所有已公开发表的信息所确定的投资策略获得超额利润。因此,关于半强式有效市场假设的检验必须解决两个问题:一是明确界定什么是"公开发表的信息";二是评价方法的选择。一般认为公开发表的信息包括企业的经营管理事件和政府的经济政治政策等。就企业信息而言,主要有企业的盈利报告和财务情况、股票拆细、会计规定的变更、新股上市、分红报告、并购等。就宏观信息而言,主要有政府货币政策(如货币供给和利率)、通货膨胀、经济增长率、失业率等。研究证券市场半强式有效的基本思想是比较事件发生前后的投资收益率。如果公布的信息好,证券价格将上升;如果公布的信息坏,证券价格将下跌。因此,对于一个半强式有效的市场,在信息公布前,若投资者能正确地预期所将公布信息的含义及结果,股价变动将及时地反映预期信息,股票的收益随之变化。若信息利好,股票的超额收益为正;反之为负。在信息公布之后,超额收益迅速消失。关于判断股票市场是否具有半强式有效性,西方学术界学者提出许多种检验方法,最常用的是市场模型。

根据市场模型,证券的收益主要受市场因素的影响,即 $R_{jt} = \alpha_j + \beta_j R_{mt} + \varepsilon_{jt}$,其中 R_{jt} 是第 j 种证券第 t 天(周或月)的收益率,R_{mt} 是第 m 天(周或月)市场的收益率,α_j 和 β_j 是第 j 种证券的回归系数,ε_{jt} 是第 j 种证券的随机项或随机收益,$E(\varepsilon_{jt}) = 0$,$Var(\varepsilon_{jt}) = \sigma^2$。将上式改写为 $R_{jt} - (\alpha_j + \beta_j R_{mt}) = \varepsilon_{jt}$。由于证券市场收益综合地反映了所有市场信息,因此根据市场模型所确定的 R_{jt} 是相应系统性风险程度下证券的正常收益。一旦有关证券的公开信息披露后,股价和证券收益将依信息的好坏而波动。如果有关证券的公开信息迅速而均匀地分布于投资者中,那么在信息(或事件)公布后市场模型中的随机项(即随机收益)的平均数应等于零,其方差应为常量,从而表明证券市场达到半强式有效;反之,如果有关证券的公开信息不能迅速而均匀地分布于投资者中,那么在信息(或事件)公布后市场模型中的随机项(即随机收益)的平均数就会显著地不等于零,其方差也不一定是常量,从而表明存在超额收益,证券市场未达到半强式有效。在未达到半强式有效的市场上,当好信息公布后,随机收益呈负数,其平均数显著地小于零;当坏信息公布后,随机收益呈正数,其平均数显著地大于零。值得指出的是:理性的投资者通常利用有关公开信息,预期即将公布信息的内容、含义和后果,预期证券价格的变动。因此,若投资者能在信息公布之前明确地预期即将公布的信息,并进行正确的交易,那么,他们即可在信息公布前或事件发生前获得超额收益。正是因为投资者明确的预期,使得他们能在信息公布前获得超额收益,而在信息公布后,任何投资者都不能利用公布的信息获得超额收益,从而使市场达到半强式有效。市场模型是评价证券市场半强式有效的最主要方法。如果新信息公布之后,证券的收益率等于由市场模型所确定的收益率则说明证券市场达到半强式有效;反之,如果新信息公布之后,证券的收益率显著地高于或低于由市场模型所确定的收益率,则说明证券市场未达到半强式有效。

检验方法如下:

(1) 计算平均价格。

股票(或股票指数)的平均价格 = (最高价 + 最低价)/2。

(2) 计算实际平均收益率。

在选定期间内,股票(或股票指数)的实际平均收益率 $R_{jt} = \dfrac{P_{jt} - P_{jt-1} + D_j}{P_{jt-1}}$。其中 P_{jt} 是第 j 种股票或股票指数在第 t 天的平均价格;P_{jt-1} 是第 j 种股票或股票指数在第 $t-1$ 天的平均价格;D_j 是第 j 种股票在选定期间内的每股分红派息。

(3) 计算平均收益率。

依据西方资本市场理论中的单一指数模型,选定同一期间的股票指数作为市场组合,则股票的预期平均收益率($\hat{R}_{jt}$)可以由下列模型求出:

$$\hat{R}_{jt} = a_{jt} + b_{jt}\hat{R}_{mt} \tag{6-16}$$

其中 $\hat{R}_{mt}$ 是股票指数在第 t 天的实际平均收益,a_{jt} 和 b_{jt} 为 $\hat{R}_{jt}$ 对 $\hat{R}_{mt}$ 回归所得的常数项系数。

(4) 计算超常利润(以平均利润率表示):$R_{jt} - \hat{R}_{jt}$。

(5) 计算累计超常利润(以平均利润率表示):$\sum (R_{jt} - \hat{R}_{jt})$。

(6) 比较所选取股票公布其收购消息前后的超常收益,即可知市场对信息反应的速度以及依靠披露信息可否获得明显的额外收益,也即市场的效率如何。

除此之外,最著名的是由法玛、费雪、詹森和罗尔(Fama, Fisher, Jensen and Roll, 1969)共同提出的"事件研究"方法,即通过研究股票价格对某一特殊事件的反应来检验股票市场是否具有半强式有效性。所选的特殊事件可以是公司年终报表的公布、临时报告的发布或者是其他重要事件。假设市场是半强式有效的,根据有效市场假说理论可知,有关这一事件的所有公开信息会被充分揭示并传达给每一个投资者。如果投资者认为该事件是好消息,则对该股票的需求增加,推动股票价格的上升,投资者因此而得到不断上升的累计超额利润,然后经过一段时间后,股票价格趋于稳定,累计超额利润趋于稳定。

三、强式有效市场的实证检验

对强式有效市场的实证检验比较复杂,因为在这一假设之下,市场已经反映了内幕人士对公司或整个市场的认识,反映了研究者对某个公司、某个行业甚至整个经济的认识。同时,由于信息不对称,公司内部人士如董事、管理人员等,在公告发布之前就已得知信息并可能据此牟利,这就导致在消息产生到市场价格调整到位的时滞拉长。而所谓的内幕信息的内涵不容易界定,资料的获取就更困难了。各国有关证券交易的法律都明确界定了内幕者的范围,如我国《股票交易与发行暂行条例》中对内幕人士的界定是:上市公司董事长、董事股东、企业高层经理和有能力接触内部信息的人士。事实上,对股市内幕交易的研究现在已经成为金融经济学、政治经济学和法律研究的重要课题之一。而在金融经济学中,一个比较一致的看法是:在现代市场条件下,由于交易技术、监管手段的进步以及强制性信息披露制度的广泛运用,内幕交易量与整个市场相比微乎其微。甚至有学者认为,如果把市场摩擦和交易成本考虑在内,从内幕交易中获取的利益几乎消失。当然这是就平均水平而言,在现实中肯定有些内幕交易赚钱。因此,对于强式有效市场基本上是采用间接检验的方式,即通过考察那些机构投资者的表现来证实强式有效市场。因为只有这类的投资者才能去资助对一个公司、一个行业的长期研究。如果能发现某一投资者具有重复超额收益,则表明它具有预测能力,即它通过研究所掌握的信息没有为市场价格所吸收。如果投资机构没有获得超额收益的预测能力,则表明市场是强式有效的。

关于强式有效市场的实证分析基本是通过考察共同基金的表现。如弗兰德、布朗、赫尔曼和维克(Friend, Brown, Herman and Vickers, 1962)对 189 家美国基金在 1952 年至 1958 年之间的表现的研究结果表明,即使一些投资基金在 5 年多的时间内表现更好,但却没有明显的证据表明其每年的业绩都持续是好的,而且,在投资组合变换的过程中,其投资收益没有明显的不同。夏普(Sharpe, 1966)在考察了美国共同基金(mutual funds)在 1954 年至 1963 年的表现后发现:一方面,资本资产定价模型的风险收益模型得到经验数据的支持,即高收益通常伴随着高风险;另一方面,基金规模对其收益没有实质性影响,这表明证券市场是有效的,好的投资组合管理者应该集中力量去评价风险并使风险分散,而不是花大量的成本寻找被错误定价的证券。詹森(Jensen, 1968)对美国 1115 家共同投资基金的研究结果表明,投资组合收益并不比简单的投资——购买并持有策略更好,而且,过去的投资成功并不能用来预测未来有同样的成功,也就是说,非正常超额收益是一个随机数。根据有效市场假说理论,詹森的发现同市场强式有效是一致的。弗斯(Firth, 1978)以同样的方法对英国 360 家单位信托基金在 1967 年至 1975 年之间的经营业绩进行研究,并得出相同的结论。以上研究表明,没有一个投资者能持续具有超越市场的表现,而不同的团体投资者之间的收益率之差,在考虑到风险和成本之后,只是随机的;换言之,超额收益的取得是由运气决定的。另外,对内幕交易的研究也可以看作对强式有效性的检验,但由于内幕交易与交易市场相比微乎其微,并不影响整个市场的运行效率,因此可以忽略不计。

第四节　中国股票市场有效性问题的实证检验

我国的股票市场从建立至今已有二十余年的历史。在股票市场不断发展的过程中,股票市场的有效性问题也逐渐成为一个备受关注的问题,因为它直接关系到投资者通过一定方法能否获得超额利润。如果股票市场是一个无效的市场,则投资者就可以利用技术分析进行投资策略的选择;如果股票市场已经达到弱式有效,则技术分析是无效的,因此就必须使用基本面分析;如果股票市场已经达到半强式有效甚至是强式有效,则任何分析手段都是无效的。

一、对有效市场假说条件的考察

因为有效市场假说的成立需要有一定的假设条件,所以我们可以通过对这些假设条件的考察来分析我国股票市场是否有效:如果已经具备了这些条件,则说明我国的股票市场可能是有效的;如果不具备这些条件,则说明我国股票市场是无效的。

(1) 有效市场假说的第一个条件是市场上存在着大量互相竞争的以利润最大化为目标的理性参与者。这些参与者都各自独立地对股票价值进行分析并作出投资决策。这个条件在我国是无法满足的。

第一,我国的股票市场是一个典型的以为数不多的主力交易者占主导地位的市场,虽然存在着数量众多的散户交易者,但由于资金、信息条件方面的限制,根本不可能作出独立的投资判断,其投资在很大程度上受到主力交易者交易走向的影响。因为没有一个互相进行约束的投资群体,主力交易者的行为具有很大的操纵性。在这种市场上,可以通过分析主力交易者的交易行为并采取适当的策略获利,因此股票市场也就是无效的。

第二,我国股票市场上绝大多数的投资者是非理性的。这既与我国股市的历史较短有关,也与人类的共同缺点有关。正如费雪·布莱克(Fisher Black)指出的,他们是根据噪音而不是信息来作出投资决策。他们并不根据冯·诺伊曼-摩根斯坦(Von Neumann-Morgensten)的理性概念来分析风险投资,他们关心的不是最终财富的多少,而是过分关心输赢,并且表现出强烈的亏损厌恶而不是风险厌恶。投资者在预测不确定性结果时,还普遍违反贝叶斯原则和概率论的其他原理。更糟糕的是,投资者之间的非理性并不像有效市场假说所说的那样可以互相抵消,而是具有系统性和共同的倾向。当非理性投资者的行为使股票价格远离其价值时,套利者的行为也无法使股价回到其价值水平。因为单个股票的良好替代品并不总能找到,股市整体更难找到替代品。这些事实都使套利活动在中国资本市场难以实施,即使实施了,也不是如套利的定义所说的没有风险,而是充满风险。例如,已经被高估的股价可能更趋于被高估,而已经被低估的股价可能更趋于被低估,从而使套利者亏损累累。可以说,套利活动难以实施是中国股市缺乏效率的重要原因之一。

(2) 有效市场假说的第二个条件是各种信息是以一种随机的方式进入市场,而且每个信息公布之后股价的调整一般是互相独立的。这个条件在我国股票市场上也无法满足。在我国股票市场上,经常出现的是上市公司对公司信息披露的操纵和欺骗行为,如ST 郑百文事件等,而且信息公布之后股价的调整也不可能是独立的。在我国的股票市场上,还存在着上市公司和股票市场上主力交易者互相联合,利用有关公司信息获取暴利的现象。这些都表明我国股票市场的信息披露制度还不完善。在不完善的信息披露条件下,股票市场是不可能达到弱势有效的。

（3）有效市场假说的第三个条件是资本市场上互相竞争的投资者都力图使股票价格能够迅速反映各种新信息的影响。这在我国股票市场操纵现象严重的情况下是不可能达到的。市场操纵者为了获取超常收益，更有可能利用各种信息，使价格无法反映各种新的信息。

因此，从有效市场假说的三个条件来看，它们在我国股票市场上都不具备。

二、实例：中国股票市场效率的实证检验

目前理论界一般认为，我国股票市场基本达到弱式有效，但并非完全达到弱式有效。这一点从当前技术分析的效果中可见一斑。在我国的股票市场上，技术分析在一定程度上有效，但发挥的作用不大，可以证明历史信息对股票价格的影响不明显，市场基本为弱式有效。这主要是因为：(1) 公开信息的真实性和完整性得不到投资者的认同。上市公司的财务报告及发展报告等公开信息往往只是一些简单的事实及数字的罗列，缺乏说服力，甚至包含虚假的成分，令投资者难断真伪，无法做出准确的预期。(2) 股票市场上信息不对称，信息价格分散，投资者无法以相同的价格获得相同的信息，存在严重的不公平。交易中介机构和机构投资者以其独特的身份，能获得一般投资者难以获得的内部消息，这是谋求超额利润的捷径，从而导致根据内部信息预测股票价格成为可能。(3) 上市公司往往利用自身的信息优势，采取隐蔽行动，牟取私利，即所谓"内部控制人"的问题大量存在。只要存在上面这几种情况，股票价格就不可能充分反映公开信息和内部信息，也就不能达到半强式或强式有效。

（一）对我国股票市场收益率的白噪声检验

考察股票市场是否有效，可以通过收益率是否满足白噪声来判断，即只要收益率时间序列不满足白噪声条件，股票市场就不是弱式有效的，因而也必然不是半强式和强式有效的。白噪声检验最直接的方式有两个：一个是零均值和方差存在，可以通过无位移的单位根进行检验，如果通过这个检验，则表明收益率是一个零均值的同方差平稳过程。另一个是序列不相关，这可以用 Q 统计值来检验。

我国的股票市场在发展过程中，经历了许多重大的变革，对交易规则进行了许多重大的修改。综观中国股票市场交易规则的更改，主要体现在三个方面：一是"涨跌幅"的变动，二是交割时间的变动，三是股权分置改革的实施。"涨跌幅"限制从 1990 年 12 月 19 日上证指数发布开始，经过数次变动，至 1992 年 5 月 21 日正式取消，最后于 1996 年 12 月 14 日再次改为 10%。交割时间则在 1995 年 1 月 1 日由原来的"$T+0$"改为"$T+1$"。股权分置是指上市公司的一部分股份上市流通，另一部分股份暂时不上市流通。2005 年 9 月 4 日，证监会发布《上市公司股权分置改革管理办法》，标志着我国的股权分置改革进入全面铺开阶段。因为 1990 年 12 月 19 日至 1992 年 5 月 21 日之间股票的变动过于频繁，时间序列的样本容量过少，统计分析的结果可能有误，所以将之排除在外。最后，本研究所选取的时间序列样本为上证综合指数 1992 年 5 月 22 日—2013 年 11 月 28 日的收益历史数据，分为三个子样本：1992 年 5 月 22 日—1995 年 1 月 1 日为第一个子样本；1995 年 1 月 2 日—1996 年 12 月 14 日为第二个子样本；1996 年 12 月 15 日—2005 年 9 月 4 日为第三个子样本；2005 年 9 月 5 日—2013 年 11 月 28 日为第四个子

样本。

设 P_t 为时刻 t 的指数价格,则 $p_t = \ln P_t$。P_t 单位根检验的结果见表 8-1。

表 8-1　四个子样本时间序列的无位移的单位根检验

样本组	样本观测值	菲利普斯-佩龙统计量	F 检验值	是否接受原假设
第一个子样本	668	−2.471 151	4.780 988	是
第二个子样本	486	−0.678 164	0.447 557	是
第三个子样本	2 102	−2.141 186	4.662 358	是
第四个子样本	1 997	−1.752 696	2.941 736	是

因此,四个子样本的价格对数时间序列都服从无位移单位根过程,即满足

$$p_{t+1} = p_t + u_t, \quad E(u_t) = 0, \quad E(u_t^2) = \sigma^2 < +\infty$$

因为 $u_t = p_{t+1} - p_t$ 就可以表示指数的收益率,p_t 服从一个无位移单位根过程,所以 u_t 是一个零均值同方差平稳序列。四个时间段分别用 u_{1t}、u_{2t}、u_{3t}、u_{4t} 表示。自相关系数的 Q 统计值见表 8-2。

表 8-2　四个子样本时间序列 u_t 自相关的 Q 值

自相关系数的阶数 k	u_{1t}	u_{2t}	u_{3t}	u_{4t}
$k = 1$	0.158 8	3.859 5*	2.247 7	0.021 4
$k = 2$	1.473 6	3.888 7	2.899 5	0.505 2
$k = 3$	9.047 5**	11.006**	6.787 4*	3.860 8
$k = 4$	11.806**	11.142**	7.147 9	10.349**
$k = 5$	14.514**	11.142**	7.735 7	10.443*
$k = 6$	17.698***	11.468*	7.890 1	17.481***
$k = 10$	24.193***	13.153	12.660	20.878**
$k = 15$	31.098***	15.944	24.392*	41.253***
$k = 20$	40.290***	19.895	26.933	48.355***
$k = 25$	46.642***	23.259	50.584***	52.394***
$k = 30$	55.239***	33.900	64.646***	56.570***
$k = 35$	58.375***	39.322	82.749***	70.315***

注:* 表示在 10% 水平上显著,** 表示在 5% 水平上显著,*** 表示在 1% 水平上显著。

因此,从表中可以很明显地看出,我国的股票市场虽然在逐渐地走向白噪音(因为显著性的 Q 统计值越来越小),但它仍然没有达到白噪音。因此我国的股票市场还没有达到弱式有效。

(二) 对技术分析无效性的实证检验

弱式有效的市场是一个技术分析无效的市场,因此我们还可以通过对技术分析的无效性的检验来判断我国股票市场的弱式有效性。

在股票市场上,一个最简单的技术分析规则就是股票价格升降之间具有"惯性"。今天股票价格上升,则明天很可能会接着上升;今天股票价格下跌,则明天很可能会接着下跌。因此,如果我们假设当天的收益率为 u_t,则 $E(u_{t+1} | u_t > 0)$ 和 $E(u_{t+1} | u_t < 0)$ 之间必然

存在着明显的差异,这正是实证检验的立足点。

为了检验 $E(u_{t+1}|u_t>0)$ 和 $E(u_{t+1}|u_t<0)$ 之间是否存在明显的差异,我们对三个时间序列子样本根据前一天的收益率的正负分成两个子时间序列,分别用 u_{1t+}、u_{1t-}、u_{2t+}、u_{2t-}、u_{3t+}、u_{3t-}、u_{4t+}、u_{4t-} 表示,然后我们就可以通过对它们的分析来判断 $E(u_{t+1}|u_t>0)$ 和 $E(u_{t+1}|u_t<0)$ 之间是否存在明显的差异。统计结果见表8-3。

表8-3 技术分析有用性的实证检验

样本组	样本数	最小值	最大值	均值	标准差	标准误
u_{1t+}	298	-0.14	0.26	-1.51E-04	4.248E-02	2.461E-03
u_{1t-}	368	-0.14	0.29	-2.05E-03	4.424E-02	2.306E-03
u_{2t+}	243	-0.18	0.27	2.48E-03	3.254E-02	2.088E-03
u_{2t-}	242	-0.08	0.08	-3.02E-04	2.110E-02	1.356E-03
u_{3t+}	1 057	-0.09	0.09	4.081E-04	1.493E-02	4.591E-04
u_{3t-}	1 043	-0.09	0.09	-1.390E-04	1.624E-02	5.032E-04
u_{4t+}	1 085	-0.09	0.09	7.483E-04	1.687E-02	5.129E-04
u_{4t-}	910	-0.08	0.09	-1.886E-04	1.829E-02	6.067E-04

从表中可以看出,在四个阶段,前一天收益率为正的收益率的条件均值大大超过前一天收益率为负的收益率的条件均值。虽然 T 检验的结果无法表明二者之间的差异十分显著,但在四个阶段同时表现出的特征能在一定程度上证实技术分析的有用性,虽然它可能无法直接地提供十分明显的机会,但对于做出正确的投资决策是有帮助的,它包含了一定的有用信息。因此,不论从白噪声检验还是对技术分析无效性的实证检验的结果来看,我国股票市场都暂时还不具备弱式有效的条件。

第五节 对有效市场理论的评价与发展

有效市场理论面临两个不可回避的挑战:一是正态收益率假设与实际不符,二是存在某些获取超常收益的现象。许多实证研究表明:证券的日、周或月收益率并非正态分布,它们显著地偏离了正态,呈现偏态、宽尾、扁平或尖峰的特征。但这些发现在一段时间内却被忽视了,以维持现有资本市场理论的严格假设。同时,大量研究发现了有效市场理论所无法解释的异象,诸如"小公司效应""BTM效应""P/E效应""元月效应"和"周末效应"等的存在,表明投资者足以利用这些异象赚取超常收益。这些"理论迷题"使有效市场理论处于一个比较尴尬的境地。

一、对有效市场理论的评价

有效市场假说是现代资本市场的一个重要理论假设。在一个有效的市场上,由于资产的价格充分、及时地反映所有相关信息,因此任何人在任何时间、任何地点都不可能以任何方式利用任何信息赚取超常收益。从信息论的角度看,有效市场上信息的流动是均匀和及时的,任何投资者在同一时间得到的信息都是等量和等质的;从经济学的角度看,有效市场上资产的价值与价格相等;从统计学的角度看,有效市场上资产的收益或价格变动是独立的;从投资学的角度看,有效市场上的投资不可能获得超额收益。由此可以推知,有效市场是一个由理性投资者构成的信息分布均匀、资产价格均衡、价格变动独立、无超额收益的市场。但值得注意的是,有效市场假说还隐含着收益率时间序列服从正态分布这样一个假设。因为理性的投资者以当时可获得的信息为基础进行交易,其交易价格反映了已有的信息,市场未来的价格变化与现在的信息无关,只反映未来的新信息。而未来的信息又是随机出现的,所以未来的价格变化也是随机的、不可预测的。正是由于资本市场价格变化的独立性,同时理性的投资者又被假设为能够根据期望收益率及其方差进行投资决策,因此,当观测的收益率足够多的时候,有效市场假说隐含着收益率正态性的假设。巴舍利耶(Bachelier,1900)和奥斯本(Osborne,1959)证明了如果每种资产每次交易价格的变动是相互独立和来自同一分布的,并且在每个时间段的交易是均匀分布的,则根据中心极限定理(central limit theorem),该种资产各次交易的价格变动的总和服从正态分布。同时,在研究有效市场时,涉及如何计量超常收益的问题。从目前所使用的计量方法看,主要有:基于随机游动理论的平均差模型(个股实际收益-市场平均收益)、基于特征线的超常收益模型(个股实际收益-个股市场模型的预计收益)和基于CAPM的超常收益模型(个股实际收益-个股CAPM的预计收益)。这些模型无一例外都是线性范式,而为了统计推断,"资产收益率服从正态分布"又成为检验有效市场假说的必要条件。这一富有创造性的假设为数学和统计学在资本市场理论研究中的应用扫清了障碍,使资本市场研究从一个以描述性为主的领域转变为一个以推断性为主的领域。但遗憾的是,假设毕竟是假设。随着研究的深入,虽然大多数实证研究支持了有效市场假说,但是人们发现了正态收益率假设与实际之间的偏差和越来越多的异象。

二、法玛对有效市场理论的再描述

为了更准确地描述有效市场理论,有必要对有效市场理论的定义及检验重新进行描述。1991年,尤金·法玛将传统的弱式有效、半强式有效及强式有效三个层次的市场有效性分类方法,改为收益预测研究、事件研究及私人信息研究三种。

(一) 收益预测研究

法玛将用于检验弱式有效的历史价格数据扩展为不仅包括历史价格数据,还包括可以用来预测未来收益的股利收益及利率因素,即将检验弱式有效的信息扩展为历史相关信息。此外,为了避免循环定义与检验的问题,法玛建议运用截面数据资料进行检验,如考察规模效应及价益比效应等,这样可以部分地减小联合检验问题。

法玛将有效性的定义与检验侧重于收益的可预测性上,对研究具有一定的指导性意义。表面上看来,有关收益可预测性的研究(如一些异象研究),似乎说明收益的预期模式是不正确的。其实,这正说明投资者对收益的预期是随时间而发生变化的。例如,近期一些研究表明收益存在异方差特征。因而,收益的可预测性不具有长期稳定性,即短期内的收益可预测性,甚至长期内的可预测性,也不能证明未来的收益可持续准确地被预测。

(二) 事件研究

法玛将半强式有效检验改为事件研究。它是分析某事件发生前后一段时期内研究对象的具体行为特征,研究的时间区间称为事件窗口。在金融市场研究中,研究对象主要是金融资产收益,通过考察研究对象在事件发生前后的变化,来研究市场运行效率。

半强式有效研究将公开信息限定于半强式有效检验上,而市场有效性检验本身所存在的问题,限制了有关公开信息披露的研究。因而,将半强式有效检验重新定义为事件研究,可以解决前面提出的"联合假设"问题。

事件研究注重考察事件所产生的市场效应,而不是精确测度事件本身,因而,这可以解决市场有效检验中所存在的信息不易精确度量的问题。此外,既然事件研究的目的是考察事件的市场效应,就可以部分避免有效性检验中的市场效应精确度量问题。因为,只要我们所选择的方法可以度量出市场效应即可,例如在考察公开信息的市场效应时,选择常数模式与市场模式计量超额收益率,虽然它们计量出的超额收益率会有所不同,但只要这种差异远远小于事件本身所产生的超额收益,所计量的超额收益率就不会有太大差别。

(三) 私人信息研究

将强式有效检验改为私人信息研究,是因为利用专业投资者的超额收益来检验强式有效性,同样会陷入"联合假设"的困境。并且法玛认为,除机构投资者外,内部人(如公司内部持股人员)也具有私人信息,通过考察他们的投资行为、市场效应以及投资业绩表现,可以检验私人信息的市场效应。

在不考虑信息成本的情况下,事先获知私人信息是可以获取超额收益的。但当在考虑信息成本的情况下,就不一定存在超额收益了。如果私人信息的获得可以产生超额收益,那么在机构投资者的业绩上应该有所表现,因为机构投资者有实力及分析能力去获得私人信息。然而,实际研究表明,大多机构投资者所获得的是边际超额收益与其边际成本相等的收益率,在考虑支付费用的情况下,其收益率甚至低于市场平均收益率。

有效性检验只能检验市场的非有效性,不能直接证明其已经达到有效,因为在检验市场半强式有效的信息集中,不可能穷尽所有的信息来检验市场有效性。从法玛对有效市场理论的重新描述可以看出,他试图避开市场有效性的定义问题,而着眼于考察股票市场行为模式。如果一个市场能被准确地预测,不论是历史的信息、公开信息,还是内幕信息,只要能被长期持久准确地预测,那么,有效市场研究与市场行为模式研究就几乎是等同的。我们更关注有效市场理论研究的结果将能给我们带来什么。因而,市场有效性研究应该定位于包括历史相关信息、公开信息及内部信息在内的市场行为研究,而不是限定于市场有效性检验上,市场行为及信息的市场效应研究本身就可以描述和检验市场运行效率。

三、分形市场假说与检验

彼得斯(Peters,1991)从非线性的观点出发,提出了更符合实际的资本市场基本假设——分形市场假说(fractal market hypothesis, FMH),并以大量的实证研究证据支持了这一新的假说,从而解释了有效市场假说等现有资本市场理论所不能解释的异象。

分形市场假说认为:资本市场是由大量的不同投资起点的投资者组成的,信息对各种不同投资者的交易时间有着不同的影响,在每日、周或月时段内的交易未必是均匀的,而且投资者的理性是有限的,未必按照理性预期的方式行事。在对信息的反应上,有些人接收到信息马上就作出反应,然而大多数人会等着确认信息,并且不等到趋势已经十分明显就不作出反应。由于确认趋势的时间是因人而异的,所以对于信息消化的不均等可能导致一个有偏的随机游走。对于已知的信息,他们甚至不知道如何解读,也许仅仅根据经验做出反应,即把过去的信息作为决策的依据。因此,资产价格的变化不是随机游走,而是具有增强趋势的持久性时间序列,今天或未来的资产价格变动与初始状态之间并非相互独立,而是持续相关的。这种非线性的观点或假设完全不同于有效市场的理想化假设,但无疑是更实际的假设,从而导致了将"非线性动力学"应用于资本市场研究,得出更能描述现实复杂性的模型,解释了现有资本市场理论所不能解释的现象。彼得斯从对资本市场的价格变化的正态性检验开始,应用 R/S 分析方法证实了资本市场上的资产价格或收益符合分数布朗运动或有偏的随机游动规律,并通过对资本市场时间序列的相空间重构,计算了资本市场的分形维数和李雅普诺夫指数,从而完成了对资本市场的动力学分析,由此得出了包括美国、英国、德国和日本在内的股票市场是一个非线性动力系统的强有力的证据。

R/S 分析方法是赫斯特(Hurst,1951)在大量实证研究的基础上提出的一种方法,后经过多人努力逐渐完善。赫斯特是一位水文专家,从 1907 年起从事尼罗河水坝工程研究,从那时起他在尼罗河地区待了大约 40 年。在长达 40 多年的研究中,赫斯特主要研究水库控制的问题。他设计了一个模型来测试水流量。他假定系统的不可控的部分(指来自降水的水流量)遵循随机游走过程。当赫斯特决定检验这一假定时,他给出了一个新的统计量:Hurst 指数 H,并由此发展了 R/S 分析方法。后来的研究人员发现 Hurst 指数对所有的时间序列分析都有着广泛的用途。它对于被研究的系统所要求的假定很少,而且可以将时间序列分类。此后曼德勃罗(Mandelbrot)也在 20 世纪 60—70 年代对此进行了广泛探讨,并称之为分数布朗运动,现在一般称之为分形时间序列,详述如下:

若 α 是时间序列的分数维,则有 $\alpha=1/H$,关联尺度函数 $C(t)$ 满足 $C(t)=2^{2H-1}-1$,其中 $H=$ Hurst 指数。当 $H=1/2$ 时,对任何 t 值,均有 $C(t)=0$,这正是独立随机过程所必需的条件;然而当 $H\neq 1/2$ 时,不管 t 取何值,$C(t)\neq 0$。分数布朗运动的这一特征,导致了状态持续性或逆状态持续性。即当 $H>1/2$ 时,存在状态持续性;反之,当 $H<1/2$ 时,存在逆状态持续性。

应用 R/S 分析法,可以确定信息的两个重要方面:Hurst 指数 H 和平均的周期长度。当 $H\neq 1/2$ 时,概率分布不再是正态分布;当 $1/2<H<1$ 时,时间序列是分形。分形时间序列不同于随机游走,它是有偏的随机过程,其偏离的程度取决于 H 大于 $1/2$ 的程度,并且随着 H 逐步逼近 1,状态持续性逐步增强。一个具有状态持续性的时间序列具有长期记忆效应的特征。从理论上来说,今天所发生的一切将一直影响未来。用混沌动力学的术语来说,即存在着对初始条件的敏感性。不管以什么时间尺度进行标度,这种长期记忆效应都会发生。

R/S 分析法之所以是十分有效的工具,是因为它不必假定潜在的分布是高斯分布,仅仅是独立的就可以。这样 R/S 分析法的研究对象就不仅包括正态分布,而且也包括非高斯独立过程,如 Γ 分布及其他分布。且 R/S 分析法是非参数分析法,这样对于所讨论的分布的形状就没有什么特别要求。对于一个系统来说,$H=1/2$ 意味着一个独立过程;但当 $H=1/2$ 时,却并不能说明时间序列是一个高斯随机游走,仅表明不存在长期记忆。

所以,R/S 分析法可以表述为

$$(R/S)_n = C \cdot n^H \tag{6-17}$$

其中,n 表示样本观察数,R 表示调整过的极差,S 表示标准差,H 表示 Hurst 指数,C 为常数。在一般情形下,是以上述方程的变形方程作为研究对象,即

$$\log(R/S)_n = \log(C) + H \cdot \log(n) \tag{6-18}$$

由此可得 Hurst 指数 H 的估计,首先作出 $\log(R/S)_n$ 关于 $\log(n)$ 的双对数图,然后用最小二乘法回归求出斜率,即可得出 Hurst 指数 H。

由于 R/S 的取值是一个随机变量,服从正态分布,因此也希望 H 的取值服从正态分布,这样 Hurst 指数 H 的方差即为

$$\text{Var}(H)_n = 1/T \tag{6-19}$$

其中,T 为样本观察总数。由此可见,$\text{Var}(H)_n$ 并不依赖 n、H,仅仅依赖样本观察总数 T。

在作出双对数图的基础上,可以容易地观察出在何处发生突变,并进一步估计出周期长度。统计量 V_n 最初由 Hurst(1951)用于检验稳定性,但也可以很好地用于估计周期长度。值得指出的是,当有噪声出现时,统计量 V_n 尤其表现出色。

$$V_n = (R/S)_n / \sqrt{n} \tag{6-20}$$

如果 R/S 统计以时间的平方根标度,那么这个比率 V_n 产生一条水平线。换句话说,对于独立的随机过程来说,统计量 V_n 关于 $\log(n)$ 是平坦的。另一方面,对于具有状态持续性($H>0.5$)的过程来说,R/S 以大于时间的平方根标度,V_n 关于 $\log(n)$ 向上倾斜;反之,对于具有逆状态持续性($H<0.5$)的过程来说,V_n 关于 $\log(n)$ 向下倾斜。当 V_n 图形形状发生改变时,就产生突变,长期记忆过程消失。

彼得斯把 Hurst 指数应用于资本市场进行资本市场的 R/S 分析,发现对于资本市场也有 $0.5<H<1$,即资本市场具有分形结构和非周期性循环,从而创立了分形市场假说。这意味着,资本市场的价格变动是以长期记忆过程为特征的,具有持久性和长期相关性,具有循环和增强趋势。

分形市场意味着股市的变动具有记忆性、增强性、延续性和周期性。目前或未来的股市变化是前一时期股市状态的增强和延续,这种变动将持续一定的周期。基于正态分布假设的证券投资收益和风险的度量方法和模型将偏离现实,乃至失效,因此研究基于分形市场的风险控制理论与方法具有重要的现实指导作用和应用价值。

本章小结

1. 股票市场的信息效率是指股票价格是否已经充分吸收和反映了所有可获取的信息,能否对有关信息做出快速、及时的反应。早期的有关有效市场假说的文献都建立于

随机游走假设的基础之上,即假设股票价格的波动是独立随机的。

2. 股票市场有效性检验就是考察信息传递与反映到股票价格中的程度与速度,或考察股票价格对相关信息的反应程度与调整速度。在股票市场中,如果股票的市场价格能对信息作出迅速准确的反映,则这样的股票市场就是有效率的;如果信息在市场上传播较慢,信息未被及时合理地体现在股票的市场价格之中,价格就会背离基于真实信息的价值,这样的证券市场就是缺乏效率的。市场效率越高,价格对信息的反应速度也就越快。因而,在某种程度上,市场有效性研究是研究信息与股票价格波动及交易量之间的关系。

3. 法玛将股票市场上的信息分为三类:历史信息、公开信息和内部信息,并根据信息的不同层次将有效市场假说分为三个次级假设:弱式有效、半强式有效和强式有效。

4. 针对有效市场假说的三种类型,检验过程所使用的信息层次不同。弱式有效使用的是历史信息;半强式有效使用的是公开信息,如公司财务数据、国民经济数据等;而强式有效则使用所有信息。检验方法有游程检验、白噪声检验、市场模型、事件研究法等。

5. 有效市场理论面临两个不可回避的挑战:一是正态收益率假设与实际不符,二是存在某些获取超常收益的现象。法玛(1991)将传统的弱式有效、半强式有效及强式有效三个层次的市场有效性分类方法,改为收益预测、事件研究及私人信息研究三种。彼得斯(1991)从非线性的观点出发,提出了更符合实际的资本市场基本假设——分形市场假说,并以大量的实证研究证据支持了这一新的假说,从而解释了有效市场假说等现有资本市场理论所不能解释的异象。

本章重要概念

信息效率　有效市场假说　弱式有效　半强式有效　强式有效　鞅差　随机游走模型　游程检验　BOX-PIERCE 检验　事件研究方法　收益预测研究　私人信息检验　分形市场假说　R/S 分析法

思考练习题

1. 什么是信息有效的股票市场?
2. 简述有效市场理论的发展过程。
3. 简述有效市场理论的分类以及不同市场的特点。
4. 简述不同效率股票市场所对应的投资策略分析。
5. 法玛对有效市场理论作了哪些改进?
6. 简述分形市场假说的基本思想。

第七章

金融风险分析与测度

【本章学习要点与要求】

金融风险是金融领域中最重要的研究方向之一,本章对现代金融领域中的风险做了详细的介绍。通过本章的学习,读者应重点掌握金融风险的测度方法 VaR 法,掌握利率风险的概念、久期和凸性的计算和应用、金融产品回报的波动性和相关性的度量方法,对信用风险的几种测度方法和整体风险管理思想有所了解。

第一节　金融风险概述

金融风险是经济主体未来收益的不确定性或波动性,它直接与金融市场的波动性相关。一般而言,收益的不确定性包括赢利的不确定性(upside risk)和损失的不确定性(downside risk)两种情况,而现实中人们更关注的是损失的可能性。

一、金融风险的含义及分类

金融风险是指由于市场或非市场因素发生变化而对金融资产现金流产生负面影响,导致金融资产价值或收益发生损失的可能性。例如,利率、汇率或者商品价格的波动,以及由于债务人财务状况恶化而导致违约的可能性等,都会给金融资产价值或收益带来风险。

金融风险一般分为以下几类。

(一) 市场风险

市场风险又称为价格风险,是指由市场价格变化或波动而引起的金融资产价值或收益未来损失的可能性。按引发市场风险的市场因子不同划分,市场风险可分为利率风险、汇率风险、股市风险、商品价格风险。按是否可以进行线性度量标准划分,市场风险可分为方向性风险与非方向性风险。方向性风险是指资产价值因基本市场因子的运动而直接产生的风险,可用先行度量工具刻画这种风险的大小,如衡量利率风险大小的久期(D)、衡量股市风险的贝塔(β)。非方向性风险是指其他金融市场风险,包括非线性风险、对冲头寸风险以及波动性风险。

(二) 信用风险

信用风险是指由于借款人或市场交易对手违约而导致损失的可能性。更一般地说,信用风险包括由于债务人信用评级的降低,其债务的市场价格下降而造成损失的可能性。信用风险主要有两方面的内容:一是违约可能性的大小;二是违约造成损失的大小。前者由交易对手的资信决定,后者则由金融产品价值的高低变动所决定。发生于金融衍生品市场的信用风险,往往会由于交易商之间的联系环环相扣,而引起滚雪球似的连锁反应,给金融市场带来较大的震荡。金融机构作为信用创造的机构,面临的最频繁的风险就是信用风险。

(三) 流动性风险

流动性风险指由于金融市场流动性不足或金融交易的资金流动性不足而引起的风险。近年来,资产证券化的浪潮看似增加了融资者的流动性,实质上也增加了其流动性风险。当金融市场剧烈波动时,人们都会不约而同地通过抛售金融产品来远离风险,从而加大了流动性风险,此时金融体系变得格外脆弱。同时,许多资产证券化产品由于定价复杂,资产不仅难以在市场上标价,而且难以转售。

(四) 操作风险

操作风险是指由不完善或有问题的内部程序、员工、信息科技系统以及外部事件而引起的风险。具体包括：(1) 操作结算风险，指由于定价、交易指令、结算和交易能力等方面的问题所造成的风险；(2) 技术风险，指由于技术局限或硬件方面的问题，使公司不能有效准确地收集、处理和传输信息所造成的风险；(3) 内部失控风险，指由于超过风险限额而未被觉察、越权交易、交易或后台部门的欺诈（如账簿和交易记录不完整、缺乏基本的内部会计控制）等问题所造成的风险。

(五) 法律风险

法律风险是金融机构或其他金融主体在金融活动中，由于交易一方无合法的或按管理规定的权利进行交易而引起的风险。这种风险表现为股东对遭受巨大损失的公司进行诉讼这一形式。同时，法律风险还包括遵循与监管的风险，这种风险与可以破坏政府监管的活动有关，例如市场操纵、内部交易等等。

二、金融风险测度的基本方法

随着金融市场和金融交易的规模、动态性和复杂性的增加，金融理论和金融工程的发展，金融市场风险测量技术也变得更为综合复杂。目前，金融市场风险度量的主要方法包括灵敏度分析、波动性方法、VaR、压力测试（stress testing）和极值理论（extreme value theory, EVT）。

(一) 灵敏度分析

通过测量证券组合价值对其市场因素的敏感性而评估金融风险的方法称为灵敏度分析方法。灵敏度分析方法以其简单、直观的特性在实际中获得广泛应用。针对不同类型的金融资产，有不同形式的灵敏度指标，主要的灵敏度指标有 Delta、Gamma、Vega、久期和凸性等。

1. Delta

Delta 表示单位资产价格变化所带来的资产组合价值的变化，即资产组合价值对价格变量的偏导数。

$$\text{Delta} = \frac{\partial V}{\partial P} \tag{7-1}$$

Delta 值越大，表明资产组合价值对价格变动越敏感，为防范风险，投资者经常通过买入相反 Delta 值的资产进行 Delta 对冲（Delta hedging）。当资产组合的 Delta 值为零时，称之为 Delta 中性，资产价格一定范围内的变化导致的资产组合价值变化风险得以消除。

2. Gamma

在非线性资产组合产品中，在市场出现较大波动的条件下，一阶泰勒展开近似误差上升，需要考虑二阶情况。Gamma 反映资产标的价格变化导致的 Delta 变化，即资产价值函数对价格的二阶导数。

$$\text{Gamma} = \frac{\partial \text{Delta}}{\partial P} = \frac{\partial^2 V}{\partial P^2} \tag{7-2}$$

Gamma 值度量曲线的曲率，线性资产组合的 Gamma 值为零。以债券价格为例，利率下跌时，非线性债券价格上涨幅度高于线性模型；相反，利率上升时，债券价格下降幅度低于线性模型，因此对固定收益资产而言，投资者偏好 Gamma 值大的投资产品。

3. Vega

资产组合的 Vega 表示标的资产价格波动率变化对标的资产价值的影响。定义为

$$\nu = \frac{\partial V}{\partial \sigma} \tag{7-3}$$

其中,σ 为标的资产价格波动率。Vega 为正,表示资产价格波动增加,资产价值上升;Vega 为负,表示资产价格波动增加,资产价值下降。期权多头 Vega 为正,对于 Gamma 中性的投资组合,Vega 不一定为中性,投资者需要更多的衍生品种进行资产组合。

4. 久期

久期测度投资品价值对收益率的敏感程度,是债券价值对收益率的导数。债券价格等于未来现金流的折现,则离散条件下债券价格为

$$P = \sum_{t=1}^{n} \frac{C_t}{(1+i)^t} + \frac{A_n}{(1+i)^n} \tag{7-4}$$

其中,C_n 为每期收益,A_n 为票面价值。

则久期 D 满足:

$$D = -\frac{1}{P}\frac{\mathrm{d}P}{\mathrm{d}i} = \frac{1}{P}\frac{1}{(1+i)}\left[\sum_{t=1}^{n} t\frac{C_t}{(1+i)^t} + n\frac{A_n}{(1+i)^n}\right] \tag{7-5}$$

5. 凸性

与 Gamma 度量类似,当投资品为非线性模式时,同样需要二阶凸性衡量。凸性则是对债券价格利率敏感性的二阶估计,或是对债券久期利率敏感性的测量。它可以对久期估计的误差进行有效的校正。凸性可以通过计算久期对利率的导数或债券价格对利率的二阶导数再除以债券的价格得到

$$C = -\frac{\mathrm{d}D^*}{\mathrm{d}i} = \frac{1}{P}\frac{\mathrm{d}^2 P}{\mathrm{d}i^2} = \frac{1}{P}\frac{1}{(1+i)^2}\left[\sum_{t=1}^{T} \frac{t(1+t)C_t}{(1+i)^t} + n(n+1)\frac{A_n}{(1+i)^n}\right] \tag{7-6}$$

为了显示凸性的重要性,可以对债券价格的相关变化进行泰勒二阶展开:

$$\mathrm{d}P/P \approx (1/P)\frac{\mathrm{d}P}{\mathrm{d}i}\mathrm{d}i + (1/2P)\frac{\mathrm{d}^2 P}{\mathrm{d}i^2}(\mathrm{d}i)^2 = -D^*\mathrm{d}i + \frac{C}{2}(\mathrm{d}i)^2 \tag{7-7}$$

当收益率变化较小时,凸性的意义并不明显,可以忽略不计。而当收益率波动较大时,凸性的作用就变得很重要。

(7-7)式可变为

$$\mathrm{d}P/P = -\left(D^* - \frac{C}{2}\mathrm{d}i\right)\mathrm{d}i \tag{7-8}$$

该式表明当利率上升或下降时,凸性(考虑价格变化的二阶项)会引起债券的久期出现降或上升。不含期权的债券久期为正,因此债券实际的价格-收益关系曲线在久期之上。这意味着利率变化引起的债券价格实际上升幅度比久期的线性估计要高,而下降的幅度却相对较小,如图 7-1 所示。

(二) 波动性方法

风险是指未来收益的不确定性,即实际结果偏离期望结果的程度。收益的波动性通常用方差或标准差量化,它估计实际收益与预期收益之间可能的偏离。首先考虑单个资

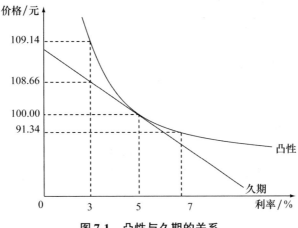

图 7-1 凸性与久期的关系

产收益分布的方差,设已知该资产收益分布的一个历史样本数据序列 $r_1, r_2, \cdots, r_m$,则该资产收益分布的方差定义为

$$\sigma^2 = \text{var}(r) = \frac{1}{m-1} \sum_{i=1}^{m} (r_i - \text{E}(r))^2 \tag{7-9}$$

其中,$\text{E}(r) = \frac{1}{m} \sum_{i=1}^{m} r_i$ 是收益分布的均值,通常称为预期收益。

随机波动性测度金融产品风险的方法众多,主要包括 GARCH 模型、SV 模型和 VG 模型。

1. GARCH 模型

GARCH 模型是最常用的风险测度方法,源自 ARCH 模型,此类模型主要由两个模型组成:均值模型和方差模型。

$$x_t = \beta_0 + \sum_{j=1}^{n} \beta_i x_{t-j} + \mu_t$$

$$\mu_t = \alpha_0 + \sum_{q=1}^{n} \alpha_i \mu_{t-q}$$

然而,ARCH 模型面临滞后项较多、待估参数较多的情形,因此对 ARCH 模型的波动方程进行扩展,产生了 GARCH 模型。GARCH 模型表示为

$$x_t = \beta_0 + \sum_{j=1}^{n} \beta_i x_{t-j} + \mu_t$$

$$\mu_t = \alpha_0 + \sum_{p=1}^{n} \alpha_i \mu_{t-p} + \sum_{q=1}^{n} \alpha_i \mu_{t-q}$$

ARCH 模型和 GARCH 模型是最基本的波动测度模型,在这些基础上可以扩展出指数 GARCH 模型、非对称 GARCH 模型、门限 GARCH 模型等。

2. SV 模型

GARCH 模型视波动率为过去信息集的确定函数,SV 模型则认为波动率是随机过程。假定均值模型是

$$x_t = \beta_0 + \sum_{j=1}^{n} \beta_i x_{t-j} + \sigma_t \xi_t$$

其中,干扰项 ξ_t 服从独立状态分布。

波动方差以对数形式表示：
$$\sigma_t^2 = \sigma^2 \exp(h_t)$$

且 h_t 服从一阶自回归过程：
$$h_t = \gamma h_{t-1} + \eta_t$$

3. VG 模型

为了描述金融资产的特殊性质,如尖峰后尾,模型对金融资产分布进行了新的假定,在金融资产收益方差中引入 Gamma 分布,即所谓的 VG(Variance Gamma)模型。

假设 $W(t)$ 是标准布朗运动, $g(t)$ 是服从独立增量的 Gamma 过程,则 VG 过程可表示为

$$x_t = \beta_0 + \sum_{j=1}^{n} \beta_t x_{t-j} + \mu_t$$
$$u_t = \alpha + \nu_t + \sigma g(t)$$

假如 $\nu_t = 0$,则称其为对称性 VG 模型。其中 Gamma 分布的密度函数为

$$f(g) \begin{cases} \dfrac{1}{\Gamma(\alpha)} \beta^{-\alpha} g^{\alpha-1} \exp(-g/\beta), & g > 0 \\ 0, & g \le 0 \end{cases}$$

此处的 $\Gamma(\cdot)$ 是 Gamma 函数

$$\Gamma(\alpha) = \int_0^\infty x^{\alpha-1} \exp(-x) \mathrm{d}x$$

可以计算 Gamma 分布的均值为 $\alpha\beta$,方差为 $\alpha\beta^2$。

Gamma 函数的主要作用在于控制分布函数的尾部特征,通过降低其衰变率而增加尾部概率,以此拟合金融数据的"尖峰厚尾"特征。

（三）VaR(在险价值)法

VaR(value at risk)指在一定概率水平(置信度)下,证券投资组合在未来特定时间内的最大可能损失。VaR 模型是一种综合性的风险测度方法,将不同市场因素、不同市场的风险集合为一个数,较准确地测量由不同风险来源及其相互作用产生的潜在损失,较好地适应了金融市场发展的动态性、复杂性和全球整合性趋势。因此,VaR 方法成为金融市场风险测量的主流方法,在风险测量、监管等领域获得广泛应用。

VaR 描述的是市场正常波动下的最大可能损失,在现实中,金融市场出现剧烈波动的极端情形大量存在,会对金融机构的经营构成严重威胁,因而压力测试和极值方法是 VaR 方法的重要补充。

1. 增量 VaR(IVaR)

增量 VaR 考察的是资产组合中资产数量增加对组合 VaR 的影响,即

$$\mathrm{IVaR} = \mathrm{VaR}_N - \mathrm{VaR}_O \tag{7-10}$$

其中, VaR_N 是新的资产组合的在险价值,而 VaR_O 是剔除资产 i 的原来资产组合的在险价值。

增量 VaR 依然沿用基本 VaR 的分析方法,目的是研究资产增减导致的资产组合 VaR

的变化,以此为资产配置提供依据。增量 VaR 的基本框架如图 7-2 所示。

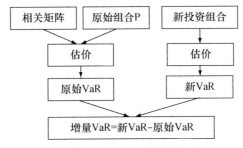

图 7-2 增量 VaR 的基本框架

如果增量 VaR 为正,则资产增加导致资产组合 VaR 增加;相反,如果增量 VaR 为负,则资产增加导致资产组合 VaR 减少,另外如果增量 VaR 等于零,则 VaR 不变。

2. 条件 VaR(CVaR)

条件 VaR(conditional value at risk)进一步利用损失分布的尾部信息,设 x 为资产组合的权重,ε 代表不确定因素的随机向量,$f(x,y)$ 为对应的资产组合 x 和不确定性冲击 ε 的损失函数,那么损失不超过阈值的概率为

$$\Psi(x,\alpha) = \int_{f(x,\varepsilon) \leq \alpha} p(\varepsilon) d\varepsilon \tag{7-11}$$

条件 VaR 表示超过 VaR 的损失的期望值,反映超额损失的均值。相对于 VaR 风险测度方式,条件 VaR 是一种更为保守的风险测度,是更能体现投资组合的潜在风险的一致性估计。则条件置信度为 β 的条件 VaR 可表示为

$$\Phi_\beta(x) = \frac{1}{1-\alpha}\int_{f(x,\varepsilon) \geq \alpha} f(x,\varepsilon) p(\varepsilon) d\varepsilon \tag{7-12}$$

显然,VaR 与条件 VaR 的主要区别是前者是分位点,后者为条件分位点,反映条件风险的暴露程度。

3. 动态 VaR

资产收益异常方差性和独立性也是 VaR 模型估计面临的重要障碍。金融资产具有波动集聚的特征,从而降低了 VaR 模型估计的有效性。假定采取最简答的动态模型首先对收益率进行估计:

$$X_t = u + v_t, \quad v_t = \sigma_t Z_t$$

其中,X_t 是资产收益率,μ 为均值,Z_t 是白噪声过程。

将求解资产回报 X_t 的 VaR 值转化为求解符合 VaR 测度假设的白噪声过程 Z_t 的 VaR 值,即所谓的动态 VaR 模型。

$$Z_t = \frac{X_t - u}{\sigma_t} \tag{7-13}$$

置信度为 β 的动态 VaR 可表示为

$$\text{VaR}_{\beta,t} = \mu + \sigma_{t+1}\text{VaR}(Z)_\beta \tag{7-14}$$

动态 VaR 的关键优势是解决波动的非白噪声性质,如异方差、长记忆性等。由于 Z 是标准白噪声过程,其 VaR 与时间无关,因此资产回报的动态 VaR 主要取决于其方

差 σ_{t+1}。

(四) 压力测试

压力测试主要是在极端风险等经济情形下,模拟公司金融资产价值变动对公司造成的影响。金融风险管理除了关注常态下的金融风险之外,重点更应该关注极端情形风险状况,因为在极端风险条件,如金融危机条件下,资产收益大幅减少可能给公司带来破产等灾难性后果。

压力测试分为宏观压力测试和微观压力测试。微观压力测试是单家机构选取某些影响因素进行检验;宏观压力测试是微观压力测试的重要发展和补充,是通过对微观影响因子按照一定的规则进行整合而形成新的宏观因子,根据新的宏观因子进行风险的检验。压力测试的主要流程见图7-3。

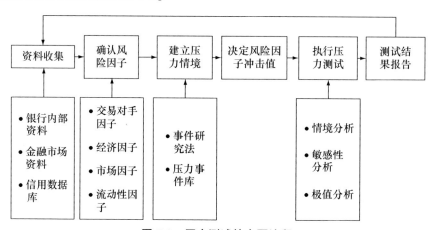

图 7-3 压力测试的主要流程

(五) 极值理论

极值理论主要是处理与概率分布的中值相离极大的情况的理论,常用来分析概率罕见的情况,特别是极端损失情形,如金融危机、极端气候等。假设 X_t 为特定时间段内金融资产的损失度,对 X_t 进行大小排序,极端值是指距离中值最远的极大值和极小值,取每一时间段内的极值之后组成新的时间序列 Y_t,对此时间序列进行分析,就是极值分析。

目前,理论界主要使用两类极值分布。第一类是广义极值分布(generalized extreme value distribution, GEV),假设随机变量 Y_t 满足

$$Z = (Y - \mu)/\varphi t, \quad z = (y - u)/\varphi$$

其中,μ 和 φ 分别表示位置和范围的参数。

$$P(Y \leq y) = F_{\mu,\varepsilon,\varphi}(y) = F_{0,\varepsilon,\varphi}(z) = \exp\{-(1+\varepsilon z)^{\frac{-1}{\varepsilon}}\}, 1 + \varepsilon z \geq 0$$

其中,ε 是形状参数。如果 $\varepsilon \to 0$,则分布是 Gumbel 分布;如果 $\varepsilon > 0$,则分布是 Frechet 分布;如果 $\varepsilon < 0$,则分布是 Webull 分布。

第二类极值分布是 Pareto 分布,可表示为

$$G_{\mu,\varepsilon,\varphi}(y) = \begin{cases} 1 - e^{-z}, & \text{当 } \varepsilon = 0 \\ 1 - (1+\varepsilon z)^{\frac{-1}{\varepsilon}}, & \text{当 } \varepsilon \neq 0 \end{cases}$$

其中，
$$z \geq 0, \quad 当 \varepsilon > 0$$
$$0 \leq z \leq \frac{-1}{\varepsilon}, \quad 当 \varepsilon < 0$$

以上分布被广泛应用于极值理论预测金融风险，评估风险的大小，以确定必要的风险资本金，使金融机构避免破产等灾难性后果。

第二节 灵敏度分析与债券市场风险

一、债券市场

传统的固定收益工具主要是债券，债券是对其持有人未来息票收益与本金偿付的一种契约合同。债券现金流运动相对简单，息票收益偿付结构是未来现金流结构的主要决定因素，根据偿付结构的不同，债券分为零息债券、固定利率债券、浮动利率债券等。

（一）债券基本定价公式

任何金融产品的价值都是未来现金流按照适当的折现因子所计算的现值之和，因此债券价格也等于债券未来所有现金收入在以某一市场利率（到期收益率）折现下的现值。

债券定价的关键是确定未来预期现金流和估算适当的必要收益率，假设某债券息票支付为每年 1 次，以复利计算的普通债券未来现金流量（息票收益和本金偿付的总和）的现值或债券价格可用公式表示为

$$P = \sum_{t=1}^{T} \frac{C_t}{(1+i)^t} + \frac{F}{(1+i)^T} \tag{7-15}$$

其中，P 为债券未来的所有现金流量的现值，即债券价格；T 为债券到期期限年数；C 为息票支付；i 为市场年利率；F 为本金额。

若债券为零息债券（在债券面值基础上折价出售，无须支付利息，到期偿还与面值相等金额的债券），其现值或市场价格公式为

$$P = \frac{F}{(1+i)^T} \tag{7-16}$$

永久债券指无须偿还本金，永续支付利率的债券。若永久债券的息票收益为固定的，则其市场价格为

$$\begin{aligned} P &= \lim_{t \to \infty} \left[\sum_{t=1}^{T} \frac{C}{(1+i)^t} + \frac{F}{(1+i)^T} \right] \\ &= \lim_{t \to \infty} \sum_{t=1}^{T} \frac{C}{(1+i)^t} + \lim_{t \to \infty} \frac{F}{(1+i)^T} \\ &= \lim_{t \to \infty} \sum_{t=1}^{T} \frac{C}{(1+i)^t} \\ &= \frac{C}{i} \end{aligned} \tag{7-17}$$

由以上公式可见，债券价格与市场利率之间存在反函数关系。

例 7-1 假设期限为 3 年的普通债券,其息票支付为每年 2 次,每次为 470 元,到期偿还本金 10 000 元。若市场年利率为 9.4%,根据公式(7-15),该债券的市场价格为

$$P = \sum_{t=1}^{6} \frac{470}{(1+0.047)^t} + \frac{10\,000}{(1+0.047)^6} = 10\,000(元)$$

若市场年利率上升到 10%,该债券的市场价格为

$$P = \sum_{t=1}^{6} \frac{470}{(1+0.05)^t} + \frac{10\,000}{(1+0.05)^6} = 9\,848(元)$$

若市场年利率下降到 8.8%,该债券的市场价格为

$$P = \sum_{t=1}^{6} \frac{470}{(1+0.044)^t} + \frac{10\,000}{(1+0.044)^6} = 10\,155(元)$$

图 7-4 反映了该反函数关系。

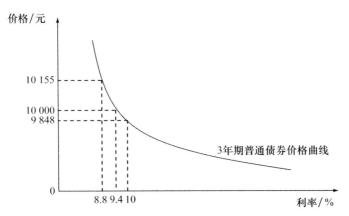

图 7-4 债券价格与市场利率的反函数关系

若对计算结果进一步分析,我们可以发现,债券价格对于利率下降的反应比对利率上升的反应更为敏感。例如,如图 7-4 所示,当市场利率由 9.4% 上升到 10% 时,债券价格下降了 152 元,下降幅度为 $\left|\frac{9\,848-10\,000}{10\,000}\right| \times 100\% = 1.52\%$;当市场利率由 9.4% 下降到 8.8% 时,债券价格上升了 155 元,上升幅度为 $\frac{10\,155-10\,000}{10\,000} \times 100\% = 1.55\%$。因此,债券价格对市场利率变化的反应是不对称的。

(二) 影响债券价格的其他因素

除了利率外,影响债券价格的因素还包括到期期限、息票收益、税收规定、融资者信用状况和本国宏观经济周期、政治法律等,下面将重点分析到期期限和息票收益对债券价格的影响。

1. 到期期限

债券到期期限对债券价格与利率的关系有显著影响。在其他因素不变的条件下,长期债券价格对市场利率变化的弹性大于短期债券价格的利率弹性。在上例中,当债券到期期限由 3 年变为 6 年时,若市场利率为 9.4%,债券价格仍与其面值相等,为 10 000 元。若市场利率上升 0.6%,达到 10%,则债券价格为

$$P = \sum_{t=1}^{12} \frac{470}{(1+0.05)^t} + \frac{10\,000}{(1+0.05)^{12}} = 9\,781(元)$$

若市场利率下降到8.8%,则债券价格为

$$P = \sum_{t=1}^{12} \frac{470}{(1+0.044)^t} + \frac{10\,000}{(1+0.044)^{12}} = 10\,275(元)$$

比较到期期限为3年和6年的两种债券,我们可以看到:当市场利率上升0.6%时,3年期债券的价格下降1.52%,而6年期债券的价格下降2.19%;当市场利率下降0.6%时,3年期债券的价格上升1.55%,而6年期债券的价格上升2.75%。图7-5描述了这一变化。

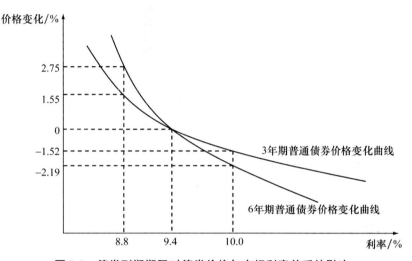

图7-5 债券到期期限对债券价格与市场利率关系的影响

2. 息票收益

债券息票收益的数额亦会影响债券价格对市场利率变化的弹性。低息票收益债券的价格比高息票收益债券的价格对市场利率的变化更为敏感。在例7-1中,当债券为3年期零息债券时,其市场价格可用公式计算得出。若市场利率为9.4%,债券价格为

$$P = \frac{10\,000}{(1+0.047)^6} = 7\,591(元)$$

若市场利率上升为10%,债券价格为

$$P = \frac{10\,000}{(1+0.05)^6} = 7\,462(元)$$

价格变化百分比为

$$\left| \frac{7\,462 - 7\,591}{7\,591} \right| \times 100\% = 1.70\%$$

若市场利率下降为8.8%,债券价格为

$$P = \frac{10\,000}{(1+0.044)^6} = 7\,723(元)$$

价格变化百分比为

$$\left| \frac{7\,723 - 7\,591}{7\,591} \right| \times 100\% = 1.74\%$$

图 7-6 反映了这一关系。

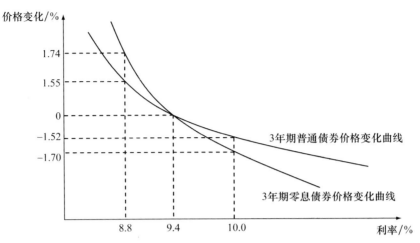

图 7-6 债券息票支付金额大小对债券价格与市场利率关系的影响

二、一阶灵敏度分析——久期

(一) 债券久期的计算

从债券的市场价格公式中可以看出,对于它们的价格变化起关键因素的是利率的变化。债券到期时间越长,其价格受到利率变化的影响越大。因此对固定收入证券风险进行测量或 VaR 计算的基础就是债券价格对利率变化的敏感性。常用的测量方法是久期,又称为麦考利久期,它包含了债券未来现金收益的时间和数额两方面因素。它可以综合地反映息票数额以及债券期限等对债券价格波动的影响。债券的久期可以定义为债券价格相对于市场利率变动百分比的弹性。

$$D = -\frac{(\Delta P/P)}{\Delta i/(1+i)} = \frac{\sum_{t=1}^{T} \frac{tC}{(1+i)^t} + T\frac{F}{(1+i)^t}}{P} \quad (7\text{-}18)$$

其中,D 为债券的久期,P 为债券价格,i 为市场利率,C 为息票支付,F 为债券面值,T 为债券到期期限。

例 7-2 计算例 7-1 中普通债券的久期。

$$D = \frac{\sum_{t=1}^{6} \frac{470t}{(1+0.047)^t} + \frac{6 \times 10\,000}{(1+0.047)^6}}{10\,000} = 5.36(半年),即 2.68 年$$

保持其他条件不变,债券到期期限为 6 年,则久期为

$$D = \frac{\sum_{t=1}^{12} \frac{470t}{(1+0.047)^t} + \frac{12 \times 10\,000}{(1+0.047)^{12}}}{10\,000} = 9.44(半年),即 4.72 年$$

而同样面值的 3 年期零息债券,市场利率为 9.4%,债券价格为 7 591 元,久期为 $D = n$(债券到期期限)$= 3$(年)。

债券的久期可以用来计算当市场利率变化时,债券价格的变化程度。从 (7-18) 式可

以推出计算债券价格变动的公式：

$$\frac{\Delta P}{P} = -D\frac{\Delta i}{1+i} \tag{7-19}$$

或

$$\Delta P = -D\frac{\Delta i}{1+i}P \tag{7-20}$$

这一公式表明，当市场利率变化时，债券价格的变化程度可以通过债券的久期的弹性程度计算出来。显然，债券的久期越大，债券价格相对于市场利率的弹性越大，即既定的市场利率将导致较大的债券价格变动。

例 7-3 在例 7-2 中，若市场利率由 9.4% 上升为 10%，3 年期普通债券的市场价格变动为

$$\frac{\Delta P}{P} = -5.36 \times \frac{0.003}{1+0.047} = -1.54\%$$

$$\Delta P = -1.54\% \times 10\,000 = -154$$

6 年期债券的市场价格变动为

$$\frac{\Delta P}{P} = -9.44 \times \frac{0.003}{1+0.047} = -2.71\%$$

$$\Delta P = -2.71\% \times 10\,000 = -271$$

3 年期零息债券的市场价格变动为

$$\frac{\Delta P}{P} = -6 \times \frac{0.003}{1+0.047} = -1.72\%$$

$$\Delta P = -1.72\% \times 10\,000 = -172$$

久期公式也可用微分形式写出：

$$(1/P)\frac{\mathrm{d}P}{\mathrm{d}i} = -\frac{D}{(1+i)} \tag{7-21}$$

当收益率很小时可以忽略不计，上式中的分母 $1+i$ 可以简化为 1。可以看出，久期实际上是对债券价格利率敏感性的线性测量，或一阶测量。如果考虑收益项，可以对久期进行调整，调整久期为

$$D^* = -(1/P)\frac{\mathrm{d}P}{\mathrm{d}i} = \frac{D}{(1+i)} \tag{7-22}$$

可以看出，调整久期小于久期。

由于久期是对债券价格利率敏感性的线性测量，因此，一个债券组合的久期就等于该组合中个别债券久期的加权平均，每种债券的权重等于该种债券在组合中所占的比例。

对于一个包含 N 种债券、每种债券头寸比例为 $x_i (i=1,\cdots,N)$ 的债券组合 P 来说，其久期为

$$D_P = \sum_{i=1}^{N} x_i D_i \tag{7-23}$$

其中，D_P 为组合的久期，D_i 为组合中各种债券的久期。

（二）风险免疫策略与久期缺口管理

久期的概念可用于设计利率风险免疫策略。设一家公司有一笔折现型的负债，面值

为 Q，期限为 N 年。r_L 为由市场决定的折现率。负债的现值为 $V_L = Qe^{-r_L N}$。公司将负债筹集的资金投资于一项资产，该资产每年提供固定收益现金流 $P_1, \cdots, P_N$，假定收益曲线是平坦的，发生的变动是平移，则资产的现值为 $V_A = \sum_{t=1}^{N} P_t e^{-r_A t}$。

假设在期初时刻，有 $V_A = V_L$。如果利率发生变动 Δr，因为收益曲线平行移动，所以负债和资产的利率变化是一样的。对于负债来说，有

$$V_L + \Delta V_L = V_L + \frac{dV_L}{dr}\Delta r = V_L + (-NQe^{-r_L N})\Delta r \tag{7-24}$$

对于资产来说，有

$$V_A + \Delta V_A = V_A + \frac{dV_A}{dr}\Delta r = V_A + \left(\sum_{t=1}^{N} -tP_t e^{-r_A t}\right)\Delta r \tag{7-25}$$

如果 $\Delta V_A = \Delta V_L$，则市场利率的变动对公司的这项融资活动的效益不产生影响，即可认为对利率风险有免疫功能。而 $\Delta V_A = \Delta V_L$ 的充要条件是(7-24)式与(7-25)式相等，即

$$(-NQe^{-r_L N})\Delta r = \left(\sum_{t=1}^{N} -tP_t e^{-r_A t}\right)\Delta r$$

因为

$$V_A = \sum_{t=1}^{N} P_t e^{-r_A t} = V_L = Qe^{-r_L N}$$

所以有

$$D_A = \frac{\sum_{t=1}^{N} tP_t e^{-r_A t}}{V_A} = \frac{\sum_{t=1}^{N} tP_t e^{-r_A t}}{Qe^{-r_L N}} = N = D_L$$

其中，D_A 表示资产的久期，D_L 表示负债的久期。

现在引入久期缺口的概念。以 V_A 表示企业的总资产价值，V_L 表示总负债的价值，V_E 表示权益的价值，则 $V_A = V_L + V_E$。以 D_A、D_L 和 D_E 分别表示资产的久期、负债的久期和权益的久期，则有

$$D_A = \omega D_L + (1-\omega) D_E \tag{7-26}$$

其中

$$\omega = \frac{V_L}{V_A} \tag{7-27}$$

从而有

$$D_E = \frac{1}{1-\omega}(D_A - \omega D_L) \tag{7-28}$$

久期缺口定义为

$$D_{gap} = D_A - \omega D_L \tag{7-29}$$

将(7-26)式代入(7-29)式，可得

$$D_{gap} = (1-\omega) D_E \tag{7-30}$$

从而有

$$D_E = \frac{1}{1-\omega}D_{\text{gap}} = \frac{1}{1-\frac{V_L}{V_A}}D_{\text{gap}} = \frac{V_A}{V_E}D_{\text{gap}} \tag{7-31}$$

根据(7-19)式可得

$$\frac{\Delta V_E}{V_E} = -D_E \frac{\Delta r}{1+r} = -\frac{V_A}{V_E}D_{\text{gap}}\frac{\Delta r}{1+r} \tag{7-32}$$

其中 r 为公司权益的预期收益率,即有

$$\Delta V_E = -D_{\text{gap}}\frac{\Delta r}{1+r}V_A \tag{7-33}$$

根据(7-33)式可以制定重要的久期缺口管理策略,这种策略在资产负债综合管理规避风险方面具有重要意义。其基本原理如下:

(1) 如果久期缺口很小,以至接近于0,则市场利率的波动对公司净价值(权益价值)的影响很小。由此可制定保守的久期缺口管理策略,即努力使久期缺口的绝对值尽量小,以规避利率风险。

(2) 若久期缺口为正,则公司权益价值的变化与市场利率变化的方向相反。当市场利率上升时,权益的市场价值下跌;反之,当市场利率下降时,权益的市场价值上升。如果久期缺口为负,则情况相反。由此可以依据对市场利率的预期,制定积极的久期缺口管理策略。

(3) 当前的市场利率越高,利率变化对权益价值的影响越小,反之亦然。

(4) 公司的资产总值越大,利率变化对权益价值的影响也就越大。

例 7-4 假设亚丰银行是一家刚开张的银行,其资产负债表如表 7-1 所示。在资产项目中,除现金外,还有年利率为 14% 的 3 年期商业贷款和年利率为 12% 的 9 年期国库券。在负债项目中,有年利率为 9% 的 1 年期定期存款和年利率为 10% 的可转让定期存单。资本金占资产总额的 8%,表中所有金额都以当前市场利率计算。假定所有的利息都是按年收付,没有提前支付和提早取款,不存在问题贷款。

表 7-1 亚丰银行资产负债表

资产	市场现值/千元	利率/%	久期/年	负债和资本	市场现值/千元	利率/%	久期/年
现金	100			定期存款	520	9	1.00
商业贷款	700	14	2.65	可转让定期存单	400	10	3.49
国库券	200	12	5.97	总负债	920		
				股东权益	80		
总计	1 000				1 000		

资产平均久期 = (700/1 000) × 2.65 + (200/1 000) × 5.97 = 3.05(年)
负债平均久期 = (520/920) × 1 + (400/920) × 3.49 = 2.08(年)
久期缺口 = 3.05 - (920/1 000) × 2.08 = 1.14(年)

假设市场利率全部上升一个百分点,根据(7-19)式,可以求出每笔资产和负债的市值变化情况,见表 7-2。

表 7-2　亚丰银行资产负债表(利率上升 1%)

资产	市场现值/千元	利率/%	久期/年	负债和资本	市场现值/千元	利率/%	久期/年
现金	100			定期存款	515	10	1.00
商业贷款	684	15	2.64	可转让定期存单	387	11	3.48
国库券	189	13	5.89	总负债	902		
				股东权益	71		
总计	973				973		

资产平均久期 = (684/973) × 2.64 + (189/973) × 5.89 = 3.00(年)
负债平均久期 = (515/902) × 1 + (387/902) × 3.48 = 2.06(年)
市场现值的变化:总资产变化 = − [(2.65 × 700/1.14) + (5.97 × 200/1.12)] × 0.01 = −27(千元)
总负债变化 = − [(1 × 520/1.09) + (3.49 × 400/1.10)] × 0.01 = −17.5(千元)
股东权益变化 = 总资产变化 − 总负债变化 = −27 − (−17.5) = −9.5(千元)

三、二阶灵敏度分析——凸性

(一) 凸性的概念

久期可以看作债券价格对利率小幅波动敏感性的一阶估计,而凸性则是对债券价格利率敏感性的二阶估计,或是对债券久期利率敏感性的测量。它可以对久期估计的误差进行有效的校正。凸性可以通过计算久期对利率的导数或债券价格对利率的二阶导数再除以债券的价格得到:

$$C = -\frac{dD^*}{di} = \frac{1}{P}\frac{d^2P}{di^2} = \frac{1}{P}\frac{1}{(1+i)^2}\sum_{t=1}^{T}\frac{t(1+t)C_t}{(1+i)^t} \qquad (7\text{-}34)$$

其中,C 代表债券的凸性,显然凸性大于 0。

为了显示凸性的重要性,可以对债券价格的相关变化进行泰勒二阶展开:

$$dP/P \approx (1/P)\frac{dP}{di}di + (1/2P)\frac{d^2P}{di^2}(di)^2 = -D^*di + \frac{C}{2}(di)^2 \qquad (7\text{-}35)$$

当收益率变化较小时,凸性的意义并不明显,可以忽略不计。而当收益率波动较大时,凸性的作用就变得很重要。

将(7-35)式变为

$$dP/P = -(D^* - \frac{C}{2}di)di \qquad (7\text{-}36)$$

根据微分的知识,可以将(7-36)式改写为

$$\Delta P/P \approx -(D^* - \frac{C}{2}\Delta i)\Delta i \qquad (7\text{-}37)$$

该式表明当利率上升或下降时,凸性(考虑价格变化的二阶项)会引起债券的久期出现下降或上升。不含期权的债券久期为正,因此债券实际的价格-收益率关系曲线在久期之上。这意味着利率变化引起的债券价格实际上升幅度比久期的线性估计要高,而下降的幅度却相对较小(如图 7-7 所示)。

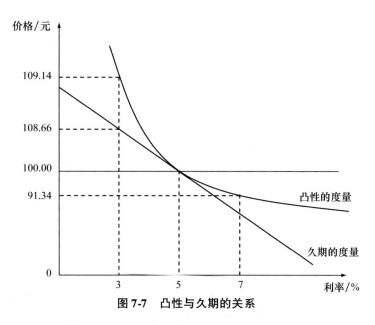

图 7-7 凸性与久期的关系

(二) 基于凸性的债券价格的利率敏感性估计

运用凸性可以得到债券价格相对于收益率变化的更准确的估计。由式(7-36)可得到债券价格相对于收益率变化的凸性调整为

$$\Delta P_C = \frac{1}{2} PC (\mathrm{d}i)^2 \tag{7-38}$$

例 7-4 某个 5 年期、面值为 100 元、年息票率为 5% 的国库券,根据(7-38)式计算收益率变化对该国库券价格的凸性影响。

凸性的计算及久期和凸性计算的比较见表 7-3 和表 7-4。

表 7-3 凸性的计算

期限	t	现金流/元	到期收益率为 5% 时的折现率	折现值/元	加权的现金值/元	(t^2+t) 乘以折现值
1 年的息票	1	5	1.050 0	4.761 9	4.761 9	9.523 8
2 年的息票	2	5	1.102 5	4.535 1	9.070 3	27.210 9
3 年的息票	3	5	1.157 6	4.319 2	12.957 6	51.830 3
4 年的息票	4	5	1.215 5	4.113 5	16.454 0	82.270 2
5 年的息票	5	5	1.276 3	3.917 6	19.588 2	117.528 9
本金	5	100	1.276 3	78.352 6	391.763 1	2 350.578 5
总和				100	454.595 1	2 638.942 6

表 7-4 久期、调整久期和凸性

到期收益率(%)	5.00
息票率(%)	5.00
久期/年	4.55
调整久期/年	4.33
凸性	26.389 4

假设收益率上升到7%,则凸性的影响为

$$\Delta P_C = \frac{1}{2}PC(\Delta i)^2 = 0.5 \times 100 \times 26.3894 \times (0.07-0.05)^2 = 0.48$$

国库券的价格变化为

$$\Delta P = -P\left(D^* - \frac{C}{2}\Delta i\right)\Delta i = -100 \times 4.33 \times 0.02 + 0.48 = -8.18$$

则国库券的新价格为 $100 - 8.18 = 91.82(元)$。

按收益率7%计算债券价格:

$$P = \sum_{t=1}^{5} \frac{C_t}{(1+i)^t} + \frac{F}{(1+i)^5} = \sum_{t=1}^{5} \frac{5}{(1+0.07)^t} + \frac{105}{(1+0.07)^5} = 91.8(元)$$

两种计算方法的结果非常接近。

如果到期收益率下降为3%,则预测价格变化为 $8.66 + 0.48 = 9.14(元)$。此时国库券价格变为 $100 + 9.14 = 109.14$ 元,非常接近于用债券价格公式计算得到的 109.16 元。

可以看出,与久期方法相比,凸性在很大程度上提高了对价格变化的准确性。凸性的另一个优点在于,固定收入证券组合的凸性等于组合中各成分凸性的简单加权和,这在很大程度上简化了庞大组合的计算。对于一个由 N 种债券构成的债券组合,如果用 x_i 表示第 i 种债券在组合中所占的比例,用 C_i 表示第 i 种债券的凸性,则组合的凸性为

$$C_P = \sum_{i=1}^{N} x_i C_i \tag{7-39}$$

第三节 VaR 模型

传统的金融风险的测度,一般都采用方差或标准差方法。本节主要阐述巴塞尔银行监管委员会推荐的 VaR 方法。

一、VaR 计算的基本思想

(一) VaR 的含义

VaR(value at risk,在险价值)是指在正常的市场条件和给定的置信度(通常是95%或99%)下,在给定的持有期间内,某一投资组合预期可能发生的最大损失,或者说,在正常的市场条件下和给定的时间段内,该投资组合发生的 VaR 值损失的概率仅为给定的概率水平。

VaR 计算的核心在于估计证券组合未来损益的统计分布或概率密度函数。在大多数情况下,直接估算证券组合的未来损益分布较为困难,通常将证券组合用其市场因子来表示(证券组合价值是其所有市场因子的函数),通过市场因子的变化来估计证券组合的未来损益分布或概率密度函数,这叫做映射。计算 VaR 值时,首先使用市场因子当前的价格水平,利用金融定价公式对证券组合进行估值(盯市);然后预测市场因子未来的一系列可能价格水平(是一个概率分布),并对证券组合进行重新估值;在此基础上计算

证券组合的价值变化——证券组合损益,由此得到证券组合的损益分布。根据这一分布就可以求出给定置信水平下的证券组合的 VaR 值。

(二) VaR 计算的基本模块

计算 VaR 的关键在于确定证券组合未来损益的统计分布或概率密度函数。这一过程由三个基本模块构成:第一个是映射过程——把组合中每一种头寸的回报表示为其市场因子的函数;第二个是市场因子的波动性模型——预测市场因子的波动性;第三个是估值模型——根据市场因子的波动性估计组合的价值变化和分布。

三个模块中,波动性模型和估值模型是核心和难点。不同的波动性模型和估值模型构成了 VaR 计算的不同方法。

(三) 市场因子的波动性模型

1. 历史模拟法

历史模拟法假定回报分布为独立同分布,市场因子的未来波动与历史波动完全一样。其核心在于用给定历史时期上所观测到的市场因子的波动性,来表示市场因子未来变化的波动性。它不需要假定资产服从的统计分布形式。

2. 蒙特卡罗模拟法

蒙特卡罗模拟法(Monte Carlo simulation,简称 MC 法)是一种随机模拟方法,它用市场因子的特定历史路径产生有限的未来波动情景。虽然正态分布是其最常用的分布假定,但 MC 法无须假定市场因子服从正态分布。

3. 情景分析

情景分析法采用市场因子波动的特定假定(如极端市场事件)定义和构造市场因子的未来变化情景。压力测试是最为常用的情景分析方法。

4. 风险矩阵法

风险矩阵法(risk metrics)采用移动平均方法中的指数移动平均模型预测波动性。它假定可用可用过去的回报分布合理地预测未来情况,可用历史数据的时间序列分析估计市场因子的波动性和相关性。风险矩阵假定市场因子服从正态分布。

5. GARCH 模型

GARCH 模型是对市场因子波动的条件异方差建模,它可以更好地预测市场因子的真实波动性,如波动性集聚效应。虽然 GARCH 模型最常采用的是正态分布假定,但也可以采用其他分布假定。

6. 隐含波动性模型

隐含波动性是指期权价格中隐含的波动性,它是对未来波动性的预测,而不是对当前波动性的估计。隐含波动性模型认为当前的市场数据蕴含了市场对未来波动性的预期,而不采用前述各种方法所依据的历史信息。

7. 随机波动模型

随机波动模型是描述时变波动性的有效模型,近年来由于计量经济学的发展而得到广泛的应用。

(四) 证券组合的估值模型

根据市场因子的波动性估计证券组合价值变化和分布的方法主要有两类,即分析方法(局部估值模型)和模拟方法(全值模型)。

1. 分析方法(局部估值模型)

分析方法主要是依据金融工具的价值和其市场因子间的关系,即根据灵敏度确定组合价值的变化:

$$\Delta V = f(s, \Delta r) \tag{7-40}$$

其中,ΔV 是证券组合的价值变化,s 是灵敏度,Δr 是市场因子的变化。

利用灵敏度来近似估计证券组合价值变化的分析方法,简化了计算。但只有当市场变化范围较小时,灵敏度才能较好地近似于实际变化,因此该分析方法是一种局部模型。

2. 模拟方法(全值模型)

模拟方法是在模拟市场因子未来变化的不同情景的基础上,给出市场因子价格的不同情景,并在不同情景下分别对证券组合中的金融工具重新定价,在此基础上计算证券组合的价值变化。由于模拟方法采用的是金融定价公式而非灵敏度,因此它可以处理市场因子的大范围变动(当然必须保证定价公式的适用性),反映了市场因子变化而导致的证券组合价值的完全变化,是一种全值模型。

(五) VaR 计算的假设条件

在 VaR 计算中,选择上述方法时必须考虑两个关键因素。一是市场因子的变化与证券组合价值的变化之间是否呈线性关系。线性类证券价值的变化可以通过灵敏度近似;对于期权类显著非线性金融工具,可通过模拟方法描述其价值与市场因子间的非线性关系,也可在一定情形下采用近似的方法处理。如在期权定价公式成立的条件下,取其一阶或二阶近似。二是市场因子的未来变化是否服从正态分布。如果市场因子的变化服从多元正态分布,则可用方差和协方差描述市场因子的变化,同时,如果证券组合的价值变化也服从正态分布,VaR 的估计可大为简化;如果不服从正态分布,则只能采用较为复杂的其他分布形式。在上述两种因素的各种组合中,线性、正态情况是最简单也是最常用的 VaR 模型,如图 7-8 所示。

在图 7-8(a)中,斜线代表随着市场因子的变化,组合的盯市价值的积累变化。其中,纵轴表示组合价值的变化,横轴表示市场因子的变化。图 7-8(b)中,曲线代表市场因子变化的概率密度函数。其中,纵轴表示概率,横轴表示市场因子的变化。图 7-8(c)为组合的损益分布。在这种正态、线性情况下,VaR 计算的解析公式为

$$\text{VaR} = z_\alpha \sqrt{\omega' \Sigma \omega} \cdot \sqrt{\Delta t} \tag{7-41}$$

其中,z_α 是与置信度相对应的分位数,如标准正态分布,$z_{99\%} = 2.33$。ω 为组合头寸权重的 $N \times 1$ 向量;Σ 为头寸每年回报的 $N \times N$ 协方差矩阵,Δt 为持有期。

二、VaR 的分布

(一) 一般分布中的 VaR

考虑一个证券组合,假定 P_0 为证券组合的初始价值,R 是持有期内的投资回报率,在

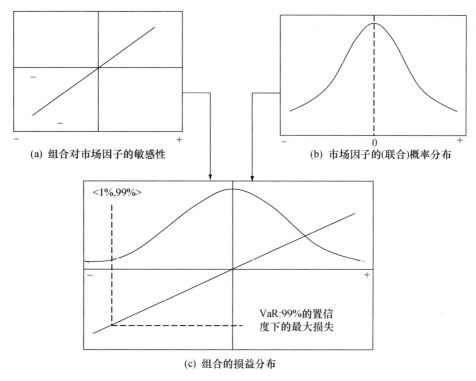

图 7-8　正态分布条件下的 VaR 计算原理

持有期末,证券组合的价值可以表示为 $P = P_0(1 + R)$。假定回报率 R 的期望回报和波动性分别为 μ 和 σ。如果在某一置信水平 c 下,证券组合的最低价值为 $P^* = P_0(1 + R^*)$,则根据 VaR 的定义,可定义相对于证券组合的价值均值(期望回报)的 VaR,即相对 VaR 为

$$\mathrm{VaR_R} = \mathrm{E}(P) - P^* = -P(R^* - \mu) \tag{7-42}$$

如果不以期望回报为基准,可以定义绝对 VaR 为

$$\mathrm{VaR_A} = P_0 - P^* = -P_0 R^* \tag{7-43}$$

根据以上定义,计算 VaR 就相当于计算最小值 P^* 或最低回报率 R^*。考虑证券组合未来日回报行为的随机过程,假定其未来回报的概率密度函数为 $f(p)$,对于某一置信水平 c 下的证券组合最低值 P^*,有

$$c = \int_{P^*}^{\infty} f(p)\,\mathrm{d}p \text{ 或 } 1 - c = \int_{-\infty}^{P^*} f(p)\,\mathrm{d}p$$

无论分布是离散的还是连续的,是厚尾还是瘦尾,这种表示方式对于任何分布都是有效的。

(二) 正态分布中的 VaR

假定分布是正态分布形式,则可以简化 VaR 的计算。在正态分布条件下,可以根据置信水平选择一个对应的乘子,用组合的标准差与该乘子相乘,可求得 VaR。这种方法是基于对参数标准差的估计,称为参数方法。

首先,把一般分布 $f(p)$ 变换为标准正态分布 $\Phi(\varepsilon)$,其中 ε 的均值为 0,标准差为 1。用最低回报 R^* 表示的组合价值的最小值为 $P^* = P_0(1+R^*)$。R^* 通常为负值,可表示为 $-|R^*|$。将 R^* 与标准正态分布的偏离 $\alpha > 0$ 相联系:

$$-\alpha = \frac{-|R^*| - \mu}{\sigma} \quad (\alpha > 0)$$

$$R^* = -\alpha\sigma + \mu \quad (\alpha > 0) \tag{7-44}$$

等价于

$$1 - c = \int_{-\infty}^{P^*} f(p)\mathrm{d}p = \int_{-\infty}^{-|R^*|} f(r)\mathrm{d}r = \int_{-\infty}^{-\alpha} \Phi(\varepsilon)\mathrm{d}\varepsilon \tag{7-45}$$

图 7-9 给出累积密度函数 $N(d)$,是从 $0(d = -\infty)$ 到 $1(d = +\infty)$ 的单调增函数,当 $d = 0$ 时为 0.5。

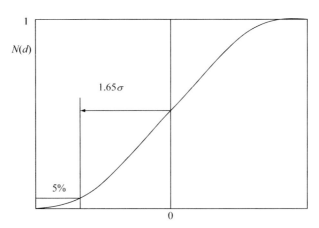

图 7-9 累积正态概率分布(d 为标准正态分布变量)

在标准正态分布下,当给定一个置信水平(如 95%)时,则对应 1.65σ,通过公式可计算相应的最小回报 R^* 和 VaR,假定参数 μ 和 σ 是以一天的时间间隔计算出的,则时间间隔为 Δt 的相对 VaR 为

$$\mathrm{VaR}_R = \mathrm{E}(P) - P^* = -P_0(R^* - \mu) = P_0\alpha\sigma\sqrt{\Delta t}$$

因此,VaR 是分布的标准差与由置信水平决定的乘子的乘积。

同理,对于绝对 VaR,公式(7-43)可表示如下:

$$\mathrm{VaR}_A = P_0 - P^* = -P_0 R^* = P_0(\alpha\sigma\sqrt{\Delta t} - \mu\Delta t)$$

这种方法适用于正态分布和其他累积概率函数,只要 σ 中包含了所有的不确定因素。其他分布限定了不同的 α 值,正态分布代表许多经验分布而最易于处理。这一方法尤其适用于样本容量大、多样化程度高的投资组合。

例 7-5 一个投资组合的现值 P_0 是 5 亿美元。以一天为时间间隔的 μ 和 σ 分别为 0 和 0.032 1,置信水平为 95%,收益分布直方图如图 7-10 所示。计算该组合的 VaR。

$$P^* = P_0(1 + R^*) = P_0(1 - \alpha\sigma) = 5 \times (1 - 1.65 \times 0.0321) = 4.74(\text{亿元})$$

$$\mathrm{VaR} = P_0 - P^* = 5 - 4.74 = 0.26(\text{亿元})$$

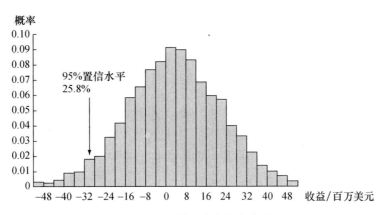

图 7-10　金融组合收益直方图

三、利用 Delta - 正态模型计算 VaR

Delta - 正态模型假定所有资产服从正态分布,由于有价证券组合是正态分布变量的线性组合,因此,它也服从正态分布。当资产组合发生变动时,可采用泰勒展开式来估计其变动。

用 $P(X_{n\times 1})$ 表示资产组合的线性价值函数,$X_{n\times 1}$ 表示 $n\times 1$ 为向量因子。

$P(X_{n\times 1})$ 对每一个向量因子取一阶导数:

$$\delta'_{n\times 1} = \left[\frac{\partial P(X_{n\times 1})}{\partial x_1}, \frac{\partial P(X_{n\times 1})}{\partial x_2}, \cdots, \frac{\partial P(X_{n\times 1})}{\partial x_n}\right]$$

设 $P(X'_{n\times 1})$ 表示资产组合的变化,则泰勒展开式为

$$P(X'_{n\times 1}) = P(X_{n\times 1}) + \delta'(X'_{n\times 1} - X_{n\times 1}) + o(2)$$

其中 $o(2)$ 为包含二阶导数和高阶导数在内的误差项,因为 $P(X_{n\times 1})$ 是线性的,所以该项为 0,泰勒展开式变为

$$\Delta P(X_{n\times 1}) = \delta'\Delta X_{n\times 1}$$

由 $P(X_{n\times 1})$,$X_{n\times 1}$ 均服从正态分布,则 $\Delta P(X_{n\times 1}) \sim N(0, \delta'\Sigma\delta)$

$$\text{VaR} = z_\alpha \sigma_p \sqrt{\Delta t}, \sigma_p = \sqrt{\delta'\Sigma\delta} \tag{7-46}$$

利用 Delta - 正态模型计算 VaR 包括以下主要步骤:

(1) 风险映射。识别基础市场因子,将证券组合中的金融工具映射为一系列只受单一市场因子影响的标准头寸。

(2) 市场因子的方差-协方差矩阵估计。假设市场因子的变化服从正态分布,估计分布的参数(方差和相关系数),得到方差-协方差矩阵。

(3) 估计标准头寸的 Delta。

(4) 估计标准头寸的方差-协方差矩阵。根据估计出的 Delta 和市场因子的方差-协方差矩阵,计算相应的标准头寸的方差-协方差矩阵。标准头寸的方差由市场因子的方差和标准头寸对市场因子的 Delta 决定,相关系数与市场因子之间的相关系数数值相等,但有时符号不同。

(5) 组合价值变化与 VaR 估计。根据标准头寸的方差、协方差求取组合价值的变化,得到 VaR 的估计结果。

例 7-6 假定一家美国公司持有一个 3 个月的外汇远期合约,该合约在 91 天后交割,支出 1 500 万美元,收到 1 000 万英镑。其以美元计值的 VaR 计算可分为四步。

(1) 风险映射

识别风险工具中包含的基本市场因子,将远期合约映射为只包含一个市场因子的标准头寸。该合约包含的市场因子为英镑利息、美元利息和即期汇率。将远期合约分解为多头和空头,即面值为 1 000 万英镑的 3 个月英镑零息债券和面值为 1 500 万美元的 3 个月美元零息债券。

美元空头的盯市价值(X_1):使用美元利率折现(负号表示空头),有

$$X_1 = -\frac{15\,000\,000}{1 + r_{USD}\left(\frac{91}{360}\right)}$$

$$= -\frac{15\,000\,000}{1 + 0.054\,69 \times \frac{91}{360}}$$

$$= -14\,795\,461(美元)$$

英镑多头的盯市价值(X_2):其价值依赖于两个市场因子——3 个月英镑的利率和美元/英镑的即期汇率(S)。假设美元/英镑的即期汇率为 1.533 5USD/GBP,则英镑多头的美元盯市价值为

$$X_2 = S \times \frac{10\,000\,000}{1 + r_{GBP}\left(\frac{91}{360}\right)}$$

$$= (1.533\,5USD/GBP) \times \frac{10\,000\,000}{1 + 0.060\,63 \times \frac{91}{360}}$$

$$= 15\,103\,524(美元)$$

假定即期汇率 S 不变,则投资于 3 个月的英镑债券($X_2 = 15\,103\,524$ 美元)存在利率风险;假定英镑利率不变,则面值 1 000 万的英镑的债权(现金头寸为 15 103 524 美元)存在汇率风险。现金英镑头寸的美元价值为 $X_3 = 15\,103\,524$ 美元,因为 X_2、X_3 都代表远期合约英镑的美元价值,所以它们是等值的。从美国公司的角度看,以英镑支付债券的头寸暴露于两个市场因子的变化,所以合约中英镑的美元价值在映射后的头寸中出现两次。

所以,远期合约被描述为三种标准头寸(X_1, X_2, X_3)的数量。

(2) 市场因子的方差-协方差矩阵估计

假定基本市场因子的变化服从均值为零的正态分布,表 7-5 给出了标准差和相关系数的估计。

表 7-5 市场因子变化的标准差和相关系数

市场因子	市场因子变化的标准差	市场因子变化的相关系数			
		市场因子	3个月的美元利率	3个月的英镑利率	美元/英镑汇率
3个月的美元利率	0.61	3个月的美元利率	1.00	0.11	0.19
3个月的英镑利率	0.58	3个月的英镑利率	0.11	1.00	0.10
美元/英镑汇率	0.35	美元/英镑汇率	0.19	0.10	1.00

（3）标准头寸的方差-协方差矩阵估计

标准头寸价值变化的标准差由市场因子的标准差和标准头寸对市场因子变化的 Delta 决定。假定 Delta 为 x，市场因子变化 1% 时，标准头寸的价值变化 $x\%$。标准头寸变化的标准差是市场因子变化的标准差的 x 倍。

$$\Delta X_1(\%) = \frac{\Delta X_1}{X_1} \times 100\%, \Delta r(\%) = \frac{\Delta r}{r} \times 100\%$$

$$\Delta X_1 = \frac{\partial X_1}{\partial r_{\text{USD}}} \times \Delta r_{\text{USD}} \Rightarrow \Delta X_1(\%) = \frac{\partial X_1}{\partial r_{\text{USD}}} \times \frac{r_{\text{USD}}}{X_1} \Delta r_{\text{USD}}(\%) \tag{7-47}$$

用 σ_1 代表 $\Delta X_1(\%)$ 的标准差，用 σ_{USD} 代表 $\Delta r_{\text{USD}}(\%)$ 的标准差，则式(7-47)变为

$$\sigma_1 = \frac{\partial X_1}{\partial r_{\text{USD}}} \times \frac{r_{\text{USD}}}{X_1} \sigma_{\text{USD}} \tag{7-48}$$

同理，对于其他两个头寸有

$$\sigma_2 = -\frac{\partial X_2}{\partial r_{\text{GBP}}} \times \frac{r_{\text{GBP}}}{X_2} \sigma_{\text{GBP}} \text{ 和 } \sigma_3 = \frac{\partial X_3}{\partial S} \times \frac{S}{X_3} \sigma_S$$

由于 $\frac{\partial X_2}{\partial r_{\text{USD}}}$ 是负值，所以公式中出现负号。

所以

$$\sigma_1 = \frac{15\,000\,000}{(1 + 91/360 r_{\text{USD}})^2} \times \frac{91}{360} \times \frac{r_{\text{USD}}}{X_1} \sigma_{\text{USD}} = 0.008\,3\%$$

同理可得：$\sigma_2 = 0.009\%$，$\sigma_3 = 0.35\%$。

标准头寸价值变化之间的相关性等于市场因子之间的相关性，但如果标准头寸的价值变化与市场因子的变化相反时，则相关系数异号，即

$$\rho_{12} = \rho_{\text{USD,GBP}}, \quad \rho_{13} = -\rho_{\text{USD},S}, \quad \rho_{23} = -\rho_{\text{GBP},S}$$

标准头寸的方差协方差矩阵为

$$A = \begin{pmatrix} \sigma_1 & 0 & 0 \\ 0 & \sigma_2 & 0 \\ 0 & 0 & \sigma_3 \end{pmatrix} \begin{pmatrix} \rho_{11} & \rho_{12} & \rho_{13} \\ \rho_{21} & \rho_{22} & \rho_{23} \\ \rho_{31} & \rho_{32} & \rho_{33} \end{pmatrix} \begin{pmatrix} \sigma_1 & 0 & 0 \\ 0 & \sigma_2 & 0 \\ 0 & 0 & \sigma_3 \end{pmatrix}$$

$$= \begin{pmatrix} 0.008\,3\% & 0 & 0 \\ 0 & 0.009\% & 0 \\ 0 & 0 & 0.35\% \end{pmatrix} \begin{pmatrix} 1 & 0.11 & -0.19 \\ 0.11 & 1 & -0.1 \\ -0.19 & -0.1 & 1 \end{pmatrix} \begin{pmatrix} 0.0083\% & 0 & 0 \\ 0 & 0.009\% & 0 \\ 0 & 0 & 0.35\% \end{pmatrix}$$

$$= \begin{pmatrix} 6.9 \times 10^{-9} & 8.2 \times 10^{-10} & -5.5 \times 10^{-8} \\ 8.2 \times 10^{-10} & 8.1 \times 10^{-9} & -3.15 \times 10^{-8} \\ -5.5 \times 10^{-8} & -3.15 \times 10^{-8} & 1.2 \times 10^{-4} \end{pmatrix}$$

（4）组合价值变化与 VaR 估计

使用标准头寸的价值矩阵、标准头寸的方差-协方差矩阵估计组合价值的变化。

$$\sigma_P^2 = X'AX$$

$$= (X_1 \quad X_2 \quad X_3) \begin{pmatrix} \sigma_1 & 0 & 0 \\ 0 & \sigma_2 & 0 \\ 0 & 0 & \sigma_3 \end{pmatrix} \begin{pmatrix} \rho_{11} & \rho_{12} & \rho_{13} \\ \rho_{21} & \rho_{22} & \rho_{23} \\ \rho_{31} & \rho_{32} & \rho_{33} \end{pmatrix} \begin{pmatrix} \sigma_1 & 0 & 0 \\ 0 & \sigma_2 & 0 \\ 0 & 0 & \sigma_3 \end{pmatrix} \begin{pmatrix} X_1 \\ X_2 \\ X_3 \end{pmatrix}$$

$$= 2\,807\,711\,711$$

则组合的标准差为 $\sigma_P = 52\,987$ 美元，使用 95% 的置信区间计算风险价值，则

$$\text{VaR} = 1.65 \times \sigma_P = 87\,430 \text{ 美元}$$

四、固定收益证券的 VaR 计算

（一）现金流映射的概念

在 VaR 模型中，资产组合在每一天的变动率是无法提供的，风险矩阵提供固定时点的变动率，当计算单一资产或资产组合现金流时，应将其映射到这些固定时点上，以便计算其风险。

风险矩阵提供固定时点如下：1月、3月、6月、1年、2年、3年、4年、5年、7年、9年、10年、15年、20年、30年。

这些端点有两个重要特征：

（1）无论现在起算还是在未来某个时刻起算，无论是线性工具还是非线性工具，它们都是固定不变的。

（2）J.P.摩根的风险矩阵数据库提供了这些端点的波幅和相关系数。

一个实际的现金流映射是将其分解到最近的两个端点上。如第6年的现金流可分解为第5年和第7年，如图7-11所示。

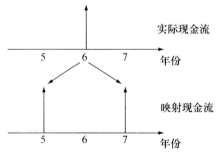

图 7-11 现金流的映射分解

现金流的映射分解应采取三原则：

（1）现值不变，两端点现金流市值之和与初始现金流的现价相等；

(2) 风险不变,端点现金流组合的市场风险必须与初始现金流的市场风险相同;
(3) 现金流符号不变,分解后现金流的符号必须与初始现金流的符号相同。

(二) 分解的现金流的计算

1. 用插入法计算实际现金流的收益率

用风险矩阵提供的 5 年期和 7 年期的收益率,使用线性插值法可得到 6 年期收益率:

$$r_6 = \alpha r_5 + (1-\alpha)r_7, \quad 0 \leq \alpha \leq 1 \tag{7-49}$$

其中,r_6 是插入法得到的 6 年期零息债券收益率,α 是线性权重系数,r_5 是 5 年期零息债券收益率,r_7 是 7 年期零息债券收益率。

2. 计算实际现金流的现值

已知 6 年期的零息收益率 r_6,可求得其现金流现值。

(三) 计算实际现金流现值分布的标准差

已知 5 年期和 7 年期现金流的标准差,可以用线性插值法求得 6 年期零息债券收益率的标准差,风险矩阵提供的 σ_5 和 σ_7 分别表示风险统计中的 $1.65\sigma_5$ 和 $1.65\sigma_7$。

$$\sigma_6 = \alpha \sigma_5 + (1-\alpha)\sigma_7, \quad 0 \leq \alpha \leq 1 \tag{7-50}$$

(四) 计算相同波幅时的映射权重

用上面线性方法求出的分配权重,会导致投资组合的风险与原来的不同,如果想得到有相同风险的分配权重,需采用下述公式:

$$\sigma_6^2 = \bar{\alpha}^2 \sigma_5^2 + 2\bar{\alpha}(1-\bar{\alpha})\rho_{5,7}\sigma_5\sigma_7 + (1-\bar{\alpha})^2 \sigma_7^2 \tag{7-51}$$

其中,$\rho_{5,7}$ 是 5 年期和 7 年期收益率的相关系数,由风险矩阵提供,σ_6^2 由式 (7-50) 提供。式 (7-51) 可被写成如下形式:

$$a\bar{\alpha}^2 + b\bar{\alpha} + c = 0 \tag{7-52}$$

其中,$a = \sigma_5^2 + \sigma_7^2 - 2\rho_{5,7}\sigma_5\sigma_7, b = 2\rho_{5,7}\sigma_5\sigma_7 - 2\sigma_7^2, c = \sigma_7^2 - \sigma_6^2$。则有

$$\bar{\alpha} = \frac{-b \pm \sqrt{b^2 - 4ac}}{2a} \tag{7-53}$$

求出的 $\bar{\alpha}$ 应满足现金流的映射分解的三原则。

例 7-7 某一银行在第 4.6 年将收到 1 000 万美元,现在该银行希望计算这一资产的 VaR。由风险矩阵提供的数据见表 7-6。

表 7-6 风险矩阵的相关数据

4 年期收益率	5 年期收益率	4 年期收益率的变动率	5 年期收益率的变动率	相关系数
9%	11%	0.533%	0.696%	0.963

(1) 计算现金流的收益率:

$$\alpha = \frac{5-4.6}{5-4} = 0.4, r_{4.6} = \alpha r_4 + (1-\alpha)r_5 = 0.4 \times 9\% + 0.6 \times 11\% = 10.2\%$$

(2) 计算实际现金流的现值:

$$PV = \frac{10\,000\,000}{(1+10.2\%)^{4.6}} = 6\,396\,828 (美元)$$

（3）计算实际现金流现值分布的标准差：

$$\sigma_{4.6} = \alpha\sigma_4 + (1-\alpha)\sigma_5 = 0.4 \times 0.533\% + 0.6 \times 0.696\% = 0.6308\%$$

（4）计算相同波幅时的映射权重：

$$a\bar{\alpha}^2 + b\bar{\alpha} + c = 0$$

$$a = \sigma_4^2 + \sigma_5^2 - 2\rho_{4,5}\sigma_4\sigma_5$$

$$b = 2\rho_{4,5}\sigma_4\sigma_5 - 2\sigma_5^2$$

$$c = \sigma_5^2 - \sigma_{4.6}^2$$

$$\bar{\alpha} = \frac{-b \pm \sqrt{b^2 - 4ac}}{2a} \Rightarrow \bar{\alpha}_1 = 0.369, \bar{\alpha}_2 = 4.34$$

因为当 $\bar{\alpha}_2 = 4.34$ 时，违反了三条原则中的现金符号不变原则（$1 - \bar{\alpha}_2 < 0$），故舍去。

（5）计算现金流现值的分配：

$$W_4 = \bar{\alpha}_1 PV = 0.369 \times 6\,396\,828 = 2\,360\,686$$

$$W_5 = PV - W_4 = 6\,396\,828 - 2\,360\,686 = 4\,036\,142$$

（6）计算 VaR：

$$VaR = P_0 z_\alpha \sigma_P$$

$$= 10\,000\,000 \times (W_4 \quad W_5) \begin{pmatrix} 0.533\% & 0 \\ 0 & 0.696\% \end{pmatrix} \begin{pmatrix} 1 & 0.963 \\ 0.963 & 1 \end{pmatrix} \begin{pmatrix} 0.533\% & 0 \\ 0 & 0.696\% \end{pmatrix} \begin{pmatrix} W_4 \\ W_5 \end{pmatrix}$$

$$= 10\,000\,000 \times 0.6308\% = 63\,080(美元)$$

第四节　贝叶斯 MCMC 模拟方法与操作风险

多数操作风险具有低频高损的典型特征，在操作风险的量化过程中，由于样本数据匮乏或不完整，操作风险估计相对较难，本节主要介绍先验概率与后验概率结合进行模拟估计的贝叶斯-马尔科夫链蒙特卡罗（Markov Chain Monte Carlo，MCMC）模拟方法，简称贝叶斯 MCMC 方法。

一、贝叶斯估计

（一）贝叶斯估计

贝叶斯估计源自贝叶斯（Bayes）1963 年发表的著名论文"机会学说概论"，该文提出从二项分布的观察值出发对其参数进行概论推断，产生了给定训练数据集，探索最佳假设分布的贝叶斯思想。

传统计量方法对数据进行估计分析过程中，主要依靠两类信息：总体信息和样本信息。总体信息是传统计量方法推断的基础，反映总体的分布状态，样本信息源自观测值。而贝叶斯估计在充分利用以上两类信息的同时，还使用先验信息，即实验之前有关估计的信息，属于主观信息。例如在推断产品次品率时，除了使用总体信息和样本信息之外，有经验的工程师的主观判断对统计推断具有显著作用。因此，贝叶斯估计的基本模式是：

$$\text{先验信息} \oplus \text{样本信息} \to \text{后验信息}$$

其中⊕表示贝叶斯定理,

$$P(B_i \mid A) = \frac{P(AB_i)}{P(A)} = \frac{P(B_i)P(A \mid B_i)}{\sum_{j=1}^{n} P(B_i)P(A \mid B_i)} \tag{7-54}$$

在贝叶斯学派看来,随机变量 X 的概率密度函数属条件概率 $p(x|\theta)$,总体中抽取的样本信息含有 θ 的信息。而未知参数 θ 为随机变量,服从一定的概率分布 $\pi(\theta)$,此即 θ 的先验分布。

贝叶斯估计的基本步骤如下:

第一,首先获得参数 θ 的先验分布;

第二,已知 x 的概率密度分布 $p(x|\theta)$,得到样本的联合分布;

第三,由贝叶斯公式得 θ 的后验分布;

第四,求得 θ 的最优估计。

(二) 模拟抽样技术

仿真分析是贝叶斯计量估计理论领域中经常用到的内容,多数概率分布随机数的产生均基于均匀分布,目前较常用的是蒙特卡罗(Monte Carlo,MC)模拟。MC 模拟是一种基于随机数的计算方法,MC 积分本质上是大数定律。下面我们以函数 $f(x)$ 在有界定区间 (a,b) 上的积分为例,介绍主要的模拟方法。

1. 随机投点法

设二维随机向量 (X,Y) 在空间 H 上服从均匀分布,空间

$$H = \{(x,y): a \leq x \leq b, 0 \leq y \leq M\}$$

则联合概率分布密度函数为

$$f(x,y) = \frac{1}{M(b-a)} I_{(a \leq x \leq b, 0 \leq y \leq M)}$$

在 n 次模拟实验过程中,随机投点位于 $y = f(x)$ 下方的次数为 n_0,则 θ 的估计值为

$$\hat{\theta} = M(b-a)\frac{n_0}{n}$$

2. 样本平均值法

假设 $P(x)$ 是变量 x 的概率分布密度函数,则随机变量 $Y = f(x)$ 在区间 $[a,b]$ 的期望为

$$E(Y) = \int_a^b f(x) P(x) \mathrm{d}x$$

则 θ 的估计值可表示为

$$\hat{\theta} = \int_a^b f(x) \mathrm{d}x = \int_a^b \frac{f(x)}{P(x)} P(x) \mathrm{d}x = E\left(\frac{f(x)}{P(x)}\right)$$

特别地,如果 x 服从区间 $[a,b]$ 上的均匀分布,则 θ 的估计值可表示为

$$\hat{\theta} = \int_a^b f(x) \mathrm{d}x = (b-a) E[f(x)]$$

3. 重要抽样法

重要抽样法的基本原理是在原有样本期望不变的情况下,改变抽样重心,提高抽样效率的方法。理论上,选择适当的分布 $g(x)$,能够令抽样的方差为 0,虽然由于 θ 的不确定性,这仅仅是理想状态,但通过趋近等方法可以降低方差。以泰勒展开为例,构建降低方差的新的分布。若 $f(x) = e^x$,样本在 $[0,1]$ 上按照均匀分布抽样,则 θ 的估计值可表示为

$$\hat{\theta} = (b-a)\mathrm{E}(e^x) = \frac{1}{n}\sum_{i=1}^{n} e^{x_i}$$

其方差为

$$\mathrm{Var}(\hat{\theta}) = \frac{1}{n}\left[\int_0^1 e^{2x}dx - (e-1)^2\right] = \frac{0.242}{n}$$

构建与 $f(x)$ 相似的分布,对 e^x 在 $x=0$ 附近进行泰勒展开得

$$e^x = e^{x_0} + e^{x_0}(x - x_0) + \frac{e^{x_0}}{2}(x - x_0)^2 + \cdots$$

$$= 1 + x + x^2 + \cdots$$

取其一阶展开,并令函数期望不变,则可设定

$$g(x) = \frac{2}{3}(1 + x)$$

新的 θ 估计值可表示为

$$\hat{\theta} = \frac{1}{n}\sum_{i=1}^{n}\frac{f(x)}{g(x)} = \frac{2}{3n}\sum_{i=1}^{n}\frac{e^{x_i}}{1+x}$$

新的方差为

$$\mathrm{Var}(\hat{\theta}) = \frac{1}{n}\left[\int_0^1 \frac{f(x)^2}{g(x)}dx - (e-1)^2\right] = \frac{0.0269}{n}$$

显然,新的抽样导致方差明显下降,估计精度提高。

4. 分层抽样法

根据黎曼积分函数,区间 H 任意分割为子区间 H_i,子区间之间不相交,即 $H_i \cap H_j = \varnothing$,且所有子区间的并集是全集,$\cup H_i = H$。分层抽样的基本步骤是:

第一步,将积分区间(或空间)划分为不相交的子区间(或子空间),然后在第 i 个子区间(或子空间)内抽取 n_i 个随机点。

第二步,如果将子区间长度(或子空间体积)记为 $\{l_i\}$,则子区间(或子空间)内的权重因子就是 l_i/n_i,将所有的随机点迭加起来并与权重因子相乘,就得到该积分在这个子区间的积分估计值。

第三步,将所有子区间的积分值迭加起来,就得到在整个区间的积分估计值。

于是,θ 估计值可表示为

$$\hat{\theta} = \int_a^b f(x)dx = \sum_{i=1}^{n}\int_{H_i} f(x)dx = \sum_{i=1}^{n} Y_i$$

其中,$Y_i = \frac{l_i}{n_i}\sum_{i=1}^{n} f(x_i)$。因为子空间不相交,所以其方差为子空间方差的加总,即

$$\text{Var}(\hat{\theta}) = \sum_{i=1}^{m} \frac{l_i^2}{n_i}\sigma_i^2$$

显然,适当的分层抽样能够降低估计的方差。

(三) MCMC 模拟方法

MCMC 模拟方法是马尔科夫链蒙特卡罗模拟方法的简称。若 $\{X(n), n \in (1,2,3,\cdots,n)\}$ 的状态离散的随机空间为 E,对任意 m 个非负整数,$n_1, n_2, \cdots, n_m, n_1 \leq n_2 \leq n_3 \leq \cdots \leq n_m$,且任意自然数 k,以及 $i_1, i_2, \cdots, i_k, j \in E$。满足

$$P\{X(n_m+k)=j \mid X(n_1)=i_1,\cdots,X(n_m)=i_m\}$$
$$= P\{X(n_m+k)=j \mid X(n_m)=i_m\}$$

则称 $\{X(n), n \in (1,2,3,\cdots,n)\}$ 是马尔科夫链。

MCMC 方法的基本思想是通过建立一个平稳分布为 $\pi(\theta)$ 的马尔科夫链来得到 $\pi(\theta)$ 的样本,所谓的平稳分布是指如果 $\pi(\theta)$ 满足

$$\int p(\theta,\theta')\pi(\theta)\mathrm{d}\theta = \pi(\theta'), \forall \theta' \in \Theta$$

则称 $\pi(\theta)$ 为转移核 $p(\theta,\theta')$ 的平稳分布。

根据抽样的方式的不同,MCMC 方法的主要步骤如下:

第一,在观测样本上选一个平稳分布为 $\pi(\theta)$ 的马尔科夫链,令其转移核为 $p(x|\theta)$。

第二,在观测样本上选择一个起始点 $\theta^{(0)}$,根据上面的马尔科夫链,产生新的 $\{\theta^{(n)}\}$ 序列。

第三,对某个 m 和足够大的 n,任一函数 $f(x)$ 的期望估计如下:

$$E_\pi f = \frac{1}{n-m}\sum_{t=m+1}^{n} f(\theta^t)$$

构造 MCMC 的方法众多,其中常用的有两种:Gibbs 算法和 MH 算法。

1. Gibbs 算法

Gibbs 算法主要是利用满条件(full conditional distribution)将多个相关参数的复杂问题降低为每次处理一个参数的简单问题。Gelfand & Smith(1990)提出将待验参数 θ 的概率密度表示为 $p(\theta) = F'(\theta)$,其中 $F(\theta)$ 是 θ 的累积分布函数。Gibbs 算法的核心思想是参数分组抽样,将参数划分为 B 个模块:

$$\theta = (\theta_{(1)} \mid \theta_{(2)} \mid \theta_{(3)} \mid \cdots \mid \theta_{(B)} \mid)$$

首先选定参数的一个初始值,设抽样的次数为 N 次,开始进行递归抽样,依次针对每个模块进行抽样,算法表达式如下:

$$\theta_{(1)}^s = p(\theta_{(1)} \mid \theta_{(2)}^{s-1}, \cdots, \theta_{(B)}^{s-1}, x)$$
$$\theta_{(2)}^s = p(\theta_{(2)} \mid \theta_{(1)}^{s-1}, \theta_{(3)}^{s-1}, \cdots, \theta_{(B)}^{s-1}, x)$$
$$\cdots\cdots\cdots\cdots\cdots\cdots\cdots\cdots\cdots\cdots$$
$$\theta_{(B)}^s = p(\theta_{(B)} \mid \theta_{(1)}^{s-1}, \cdots, \theta_{(B-1)}^{s-1}, x)$$

这个系统为包含平稳分布的马尔科夫链,经过足够多的迭代之后,获得参数 θ 的估计。

2. MH 算法

MH(Mctropolis-Hastings)算法的核心思想是通过选择一个标准的概率分布函数,来产生马尔科夫链,令后验分布为平稳分布。

MH 算法的基本步骤如下:

第一,选取建议概率分布函数 $q(\theta^{s-1},\theta^*)$,选定参数的初始值 θ^0,按照概率密度函数递归抽样,至预设的抽样次数 N,得到 θ^*。

第二,计算接受概率 $\alpha(\theta^{s-1},\theta^*)$。

$$\alpha(\theta^{s-1},\theta^*) = \min\left[\frac{\omega(\theta^* \mid \theta^{s-1})}{\omega(\theta^{s-1} \mid \theta^*)},1\right]$$

其中,

$$\omega(\theta^* \mid \theta^{s-1}) = \frac{p(\theta^* \mid x)}{q(\theta^* \mid \theta^{s-1})},$$

$$\omega(\theta^{s-1} \mid \theta^*) = \frac{p(\theta^{s-1} \mid x)}{q(\theta^{s-1} \mid \theta^*)}。$$

第三,选取 s 次抽样值,以概率 $\alpha(\theta^{s-1},\theta^*)$ 选择 $\theta^{s-1}=\theta^*$,以概率 $1-\alpha(\theta^{s-1},\theta^*)$ 选择 $\theta^s=\theta^{s-1}$。

二、用损失分布法测度操作风险

操作风险的定量计量方法有多种,包括基本指标法、标准法、内部衡量法、极值理论、贝叶斯网络、记分卡、损失分布法等。2001 年,巴塞尔委员会公布的操作风险咨询文件中,首次将损失分布法作为计量银行操作风险资本的方法,损失分布法成为最重要的操作风险度量方法。损失分布法的基本思路是:在假设操作风险损失事件的损失频率(frequency distribution)和损失强度(severity distribution)的基础上,分别对产品线/损失事件的所有损失类型,计算其操作损失的损失频率分布和损失强度分布,然后通过卷积函数综合损失频率分布和损失强度分布,计算出每一类损失的总损失分布,最后加总得出总损失分布。

(一) 损失频率分布

损失频率分布是指一定时期内损失发生的次数的分布。作为损失发生的次数,必须是非负的,所以通常假设其服从泊松分布或二项分布。

假定其期望和方差为 λ,则泊松分布的分布函数为

$$P(\theta = k) = \frac{\lambda^k}{k!}e^{-\lambda}$$

独立重复 n 次伯努利实验,得到二项分布的分布函数:

$$P(\theta = k) = C(n,k)p^k(1-p)^{n-k}$$

其中,$C(n,k) = \dfrac{n!}{k!(n-k)!}$。

(二) 损失强度分布

损失强度分布是损失事件发生后,每次损失程度的大小的分布。损失强度函数通常

使用对数正态分布、伽马分布、Weibull 分布、广义帕累托分布(GPD)等。

对数正态分布的密度函数：

$$f(\theta,\mu,\sigma^2) = \frac{1}{\sqrt{2\pi}\theta\sigma}\exp\left(-\frac{(\log\theta-\mu)^2}{2\sigma^2}\right)$$

伽马分布的分布函数：

$$f(\theta,\alpha,\beta) = \frac{1}{\beta^\alpha\Gamma(\alpha)} = \theta^{\alpha-1}\exp\left(-\frac{\theta}{\beta}\right)$$

Weibull 分布的密度函数：

$$f(\theta,\alpha,\beta) = \alpha\beta\theta^{\beta-1}\exp(-\alpha\theta^\beta)$$

广义帕累托分布的密度函数：

$$G_{\xi,\beta}(\theta) = \begin{cases} 1-(1+\xi\theta/\beta)^{-1/\xi}, & \xi \neq 0 \\ 1-\exp(-\theta/\beta), & \xi = 0 \end{cases}$$

（三）基于 MCMC 方法的总损失分布计算

令 $N(i,j)$ 表示给定的时期内，第 i 条银行产品线发生第 j 类操作风险的频率，$p_{i,j}$ 为其概率密度，则损失频率的分布函数为

$$P_{i,j}(n) = \sum_{k=0}^{n} p_{i,j}(k)$$

假设 $M(i,j)$ 表示第 i 条产品线发生第 j 类风险导致的损失强度，损失强度的分布函数为 $F_{i,j}$，第 i 条产品线第 j 风险单元的累积损失金额为

$$q(i,j) = \sum_{n=0}^{N(i,j)} M(i,j)$$

根据损失分布和损失强度，可得到第 i 条产品线第 j 类风险单元损失频率和损失强度的联合分布：

$$G_{i,j}(x) = \begin{cases} \sum_{n=1}^{\infty} p_{i,j}(n) F_{i,j}^{n*}(x), & x > 0 \\ P_{i,j}(0), & x = 0 \end{cases}$$

其中，$F_{i,j}^{n*}(x)$ 为损失强度分布的卷积算子。

以上通过卷积函数的方式理论上可以得到完整解析解表达式，但实际运算过于复杂，且由于操作风险数据问题，往往难以获得足够的数据进行参数的估计，因此实践中一般采用 MCMC 方法。具体步骤如下：

第一，假定损失频率分布和损失强度分布相互独立，对每一次模拟进行频率抽样，获得损失事件发生的频率 n；

第二，进行 n 次损失强度抽样，获得对应的损失额度 L_i；

第三，加总每个损失额度 L_i，得到总损失；

第四，重复抽样获得事件总损失分布 $G_{i,j}(x)$。

随后计算置信水平为 α 的期望损失 EL 和非期望损失 UL

$$\text{EL}(ij) = \int_0^\infty x\mathrm{d}G_{ij}(x)$$

$$\mathrm{UL}(ij) = G_{ij}^{-1}(\alpha) - \int_0^\infty x \mathrm{d}G_{ij}(x)$$

最后加总可获得全行的总非预期损失。根据巴塞尔协议风险资本要求,最低风险资本应该能够抵御本行非预期损失,从而保证银行经营安全。

第五节 信号评估法与信用风险的测度

现代意义上的信用风险是指由于交易对手直接违约或交易对手信用水平、履约能力的变化而使投资组合中资产价格下降进而造成损失的风险。

一、信用风险度量模型发展的动因

长期以来,信用风险都是银行业,乃至整个金融业最主要的风险形式。但直至今日,无论是从风险水平的衡量方法还是从风险转移和控制的手段来看,金融机构和监管部门对信用风险管理的手段和措施都还处于比较落后的阶段。

而近年来,贷款出售和贷款证券化的使用,以及各种信用衍生产品的出现,对信用风险的测量和控制都提出了更高的要求。因为只有在精确度量信用风险的基础上才能对是否运用这些新型金融工具做出正确的决策,同时由于这些新的金融工具又衍生出新的信用风险,度量信用风险的重要意义就成为双重的了。此外,随着金融自由化和金融全球化的发展,世界范围内破产的结构性增加、融资的非中介化、更具竞争性的价差,以及表外业务发展所导致的信用风险暴露头寸的增大等,都使得信用风险再度引起普遍的关注,成为银行内部的风险管理者和银行监管者共同面对的重要课题。

二、传统的信用风险衡量方法

传统的信用风险衡量方法主要包括:

1. 专家方法

以信贷决策的5C法为例。5C法主要由专家(通常为授信部门的主管)根据借款人的品格(character)、资本(capital)、偿付能力(capacity)、抵押品(collateral)以及经济周期的形势(cycle conditions)这五大因素对借款人的还款意愿和还款能力作出全面的分析,以评定该借款人的信用状况,从而做出信贷决策。尽管这仍然是目前许多银行在信贷决策过程中主要使用的方法,但显而易见,它在运用中面临的一个主要的问题就是,评定时对不同借款人所选择的影响因素应该是一致的还是应因人而异的?选定因素之后各因素的最优权重又该如何确定?这都将主要依赖于专家的主观判断,因此极可能对同一借款人,不同的专家将会得出截然不同的分析结果,从而影响信贷决策的准确性和效率。

2. 信用评级方法

以OCC贷款评级法为例。这是由美国流通审计署(U.S Office of the Comptroller of the Currency,简称OCC)开发的最早的贷款评级方法之一,它主要将贷款的投资组合划分成5个不同的等级(4个低质量级别和1个高质量级别),对每一级别列示不同的应提取损失准备金的比例,再通过加总计算,评估贷款损失准备金的充分性。由于OCC评级系统中,高质量级别的贷款违约几率定为0,而现实生活中无论信用评级的级别有多高还是有可能发生违约,因此许多银行家都扩展了OCC贷款评级方法,开发出更适合自身具体情况的内部评级系统,将贷款等级进一步细分为1—9个或1—10个级别,对高品质的贷款也规定了一定的损失准备提取比例。

3. 信用评分方法

以奥德曼(Altman,1968)的Z值模型为例。具体形式如下:

$$Z = 1.2X_1 + 1.4X_2 + 3.3X_3 + 0.6X_4 + 1.0X_5 \tag{7-55}$$

其中,X_1表示营运资本/总资产比率,X_2表示留存盈余/总资产比率,X_3表示息税前收益/总资产比率,X_4表示股权的市场价值/总负债的账面价值比率,X_5表示销售额/总资产比率。

利用(7-55)式,信贷负责人可以根据借款人的各项财务比率加权计算得到一个确定的Z值,若该值低于临界值(根据奥德曼的计算,为1.81),则该借款人就将被归于信用不佳的类型,其贷款请求就极有可能被拒绝。

尽管传统的信用评分方法简单明了,但由于其两个很严重的缺陷,使得该模型的可信度受到很大的质疑。第一,该模型是线性的,而实证研究表明,影响因素和破产几率之间并非完全是线性关系,甚至还很可能是高度非线性的;第二,除股权的市场价值外,该模型基本是以财务比率为基础,而大多数的财务数据都是隔一段时间才会公布,并且通常以历史成本作为会计计量的基础,因此资料的时效性就成为另一大问题。

三、信用风险量化管理模型的发展

由于传统的信用风险衡量方法主要依赖评估者的专业技能、主观判断和对某些决定违约概率的关键因素的简单加权计算,难以对信用风险做出精确的测量,因此,近年来有关信用风险量化模型的开发得到了理论界和实务界越来越高的重视。

根据对风险的不同定义,信用风险的量化模型主要分为集中于预测违约损失的模型(违约模型,即DM模型)和以贷款的市场价值变化为基础计算VaR的模型(盯住市场模型,即MTM模型)。

DM模型只考虑违约和不违约这两种状态,将价差风险视为市场风险的一部分,其典型代表是瑞士信贷银行推出的信用风险附加法(CreditRisk+)以及KMV公司开发的KMV模型(信用监控模型,credit monitor model)。前者以在财产险文献中发现的保险精算方法为基础来计算资本要求;后者主要运用期权定价理论对有风险的贷款和债券进行估值,从借款企业股权持有者的角度考虑贷款偿还的激励问题。

MTM模型考虑了信用的升降及因而发生的价差变化,在计算贷款价值的损益中也考虑了违约。其典型代表是J.P.摩根于1997年推出的信用风险计量模型(CreditMetrics),主要通过计算个别贷款和贷款组合的VaR值来衡量其信用风险的大小。

下面我们对几种主要的信用风险量化模型进行介绍。

(一)KMV模型

KMV模型以Black-Scholes的期权定价理论为依据,认为公司的破产概率在很大程度上取决于公司资产价值与其负债大小的相对关系以及公司资产市价的波动率,当公司的市场价值下降到一定水平以下时公司就会对其债务违约。它将股票价值看作建立在公司资产价值上的一个看涨期权,用公司股价的波动率来估算公司资产价值的波动率,主要通过计算预期违约频率(expected default frequency,EDF),即借款者在正常的市场条件下在计划期内违约的概率,来衡量信用风险的大小。

具体而言,确定某一借款人的 EDF 值主要有以下三个步骤:

首先,利用 Black-Scholes 公式,根据公司股票的市场价值(E)、股价的波动性(σ_e)及负债的账面价值(D),估计出公司的市场价值(V)及其波动性(σ_a)。

由于

$$E = VN(d_1) - De^{-r\tau}N(d_2) \tag{7-56}$$

$$\sigma_e = \frac{N(d_1)V\sigma_a}{E} \tag{7-57}$$

其中,τ 为到期时间,r 为无风险利率,N 为正态分布累积概率函数,可依据 d_1、d_2 计算而得。

这里 d_1、d_2 分别为

$$d_1 = \frac{\ln\left(\frac{V}{D}\right) + \left(r + \frac{1}{2}\sigma_a^2\right)t}{\sigma_a\sqrt{t}}$$

$$d_2 = d_1 - \sigma_a\sqrt{t}$$

其次,根据公司的负债确定公司的违约点(据违约的实证分析,KMV 模型发现违约发生最频繁的分界点是在公司价值大约等于流动负债 ± 50% 的长期负债时),并根据公司的现有价值,以及据资产回报的历史数据所确定的资产净预期增长率,计算出公司的预期价值,从而确定该公司的违约距离,即以百分数表示的计划期内公司的预期价值降至违约点的幅度。

违约距离 = (资产的预期价值 - 违约点)/资产的预期价值

最后,求得该公司的 EDF 值。

EDF = 违约距离/公司市场价值的波动性

例 7-8 设一年后某公司资产的预期价值为 300 万元,违约点为 180 万元,公司市场价值的波动性为每年 20%,代入上式可求得 EDF = 2。根据正态分布的性质,公司价值在两个标准差(即 180 万元到 420 万元)之间波动的概率为 95%,低于 180 万元而使得公司达到违约点的概率为 2.5%。

KMV 模型是基于现代公司理财和期权理论的"结构性模型",由于它以股票的市场数据为基础,可以适用于任何公开招股的公司,具有很好的前瞻性。但与此相对,假定一旦管理人员采纳了某一合适的债务结构就不再变化,因此 KMV 模型也是静态的,难以准确地衡量那些财务杠杆比率不断发生变化的企业的风险大小。同时,如果没有资产收益正态性的假定,就难以构造理论上的 EDF;而要想计算出非上市私人企业的 EDF,也只有基于借款企业的财务数据和其他可观察的特征进行某些可比性分析,从而影响了模型预测结果的准确性。

(二) 信用风险计量模型

信用风险计量模型认为企业信用等级的变化才是信用风险的直接来源,而违约仅仅是信用等级变迁的一个特例。它假定信用评级体系是有效的,由于信用工具(包括债券和贷款等)的市场价值在很大程度上取决于债务发行企业的信用等级,因此,根据信用转换矩阵所提供的信用工具信用等级变化的概率分布,同时根据不同信用等级下给定的贴现率,就可以计算出该信用工具在各信用等级上的市场价值,从而得到该信用工具市场价值在不同信用风险状态下的概率分布。从本质上说,它是通过确定信用资产的期望值和标准差来计算某一确定的置信水平下该信用资产的 VaR 值,从而达到衡量资产信用风险大小的目的。

例 7-9 以下以一项金额为 1 亿美元,年利率为 6% 的 5 年期固定利率贷款为例,简单说明一下信用风险计量模型的基本思想。设该借款人的信用级别为 BBB。其 VaR 的计算如表 7-7 所示。

表 7-7　BBB 级贷款的 VaR 的计算(基准点是贷款的均值)

年末信用评级	状态的概率/%	新贷款价值加利息/亿美元	概率加权的价值/亿美元	价值偏离均值的差异/亿美元	概率加权差异的平方
AAA	0.02	1.093 7	0.000 2	0.022 8	0.001 0
AA	0.33	1.091 9	0.003 6	0.021 0	0.014 6
A	5.95	1.086 6	0.064 7	0.015 7	0.147 4
BBB	86.93	1.075 5	0.934 9	0.004 6	0.185 3
BB	5.30	1.020 2	0.054 1	(0.050 6)	1.359 2
B	1.17	0.981 0	0.011 5	(0.089 9)	0.944 6
CCC	0.12	0.836 4	0.011 0	(0.234 5)	0.659 8
违约	0.18	0.511 3	0.000 9	(0.055 96)	5.635 8
			1.070 9 = 均值		8.947 7 = 价值的方差

σ = 标准差 = 299 万美元
假设正态分布:5% 的 VaR = $1.65 \times \sigma$ = 493 万美元
　　　　　　1% 的 VaR = $2.33 \times \sigma$ = 697 万美元
假设实际的分布:5% 的 VaR = 实际分布的 95% = 1.070 9 - 1.020 2 = 0.050 7
1% 的 VaR = 实际分布的 99% = 1.070 9 - 0.981 0 = 0.089 9

注:5% 的 VaR 近似地由 6.77% 的 VaR 给出(也就是 5.3% + 1.17% + 0.12% + 0.18%),1% 的 VaR 近似地由 1.47% 的 VaR 给出(也就是 1.17% + 0.12% + 0.18%)。
资料来源:CreditMetrics-TechnicalDocument, April 2, 1997, p. 28。

信用风险计量模型最突出的特点就在于它把人们对信用风险的认识从仅仅局限于违约情况的传统思想,转移到了包括信用等级变迁在内的新情形,因此在其计算过程中,信用转换矩阵发挥了举足轻重的作用。由于我们假定转移概率遵循马尔科夫过程,这就意味着一种债券或贷款在这一时期内移往任何特定的状态的概率独立于过去时期里的任何结果。而大量的实际研究表明,信用评级的转移通常是跨时自相关的,这与模型的假设有极大的不同。同时,使用单一转移矩阵需要假定转移概率在不同借款人类型之间,以及在商业周期的不同阶段之间都是稳定的,但最新的经验数据表明,降级和违约的概率对于商业周期的状态高度敏感,经济状态在信用评级的转移中起着关键性作用,从而也在一定程度上削弱了模型的准确性。

此外,信用风险计量模型另一个重要的特点在于它是从资产组合而不是单一资产的角度来看待信用风险的,因此可以用于衡量组合的集中信用风险值,即未来一定时间内,因信用事件而引起的证券或贷款组合资产价值的潜在变化量。我们知道,衡量一项组合的集中信用风险大小,不能仅仅将组合内每一信用工具的个别信用风险进行简单加总,还必须考虑到不同信用工具之间风险的相关性。因此,信用风险计量模型主要借用不同信用工具之间市场价值变化的相关系数,利用马科维茨资产组合管理分析法,由单一的信用工具市场价值的概率分布,进一步推导出整个投资组合的市场价值的概率分布,从而达到根据与信用等级变迁相关的基本风险来估测集中信用风险的风险值,并据此调整贷款头寸,以防范损失的目的。整个投资组合的市场价值的期望和标准差可以表示为

$$E(R_p) = \sum_{i=1}^{n} x_i E(R_i)$$

$$\sigma_p^2 = \sum_{i=1}^{n} \sum_{j=1}^{n} x_i x_j \text{Cov}(R_i R_j) \tag{7-58}$$

(三) 信用风险附加模型

信用风险附加模型是由瑞士信贷银行(Credit Suisse Financial Products,CSFP)于1996年推出的一个违约风险的统计模型。该模型主要以保险精算科学为基础,通过估计债券和贷款投资组合违约损失的分布,来计算应提列的授信损失准备。它与信用风险计量模型在目标和理论基础方面都形成直接对照。

首先,信用风险计量模型旨在估计投资组合的充分的VaR,把信用评级的升降和相关联的折现率价差变化的影响都看做是一笔贷款的VaR风险暴露数量的一部分,属于盯住市场或随行就市(MTM)模型;而信用风险附加模型则把价差风险看做市场风险而不是信用风险的一部分,仅考虑了违约和不违约这两种状态,集中于估计预期到的和未预期到的损失,属于违约(DM)模型。其次,在信用风险计量模型中,任何一年的违约概率都是离散的;而在信用风险附加模型中,违约率被处理为一个连续的随机变量,并充分考虑了违约率的波动性。最后,尽管信用风险计量模型和信用风险附加模型都可以用来衡量集中信用风险,计算为弥补风险所需的资本值,但两者在估算的方法上有所不同。前者是以VaR为核心的动态量化风险管理系统,主要通过不同信用工具在独立基础上所计算出的基本信用风险,来推算整体组合的集中信用风险;后者则是在信用评级框架下计算每一级别的平均违约率和违约波动,并结合风险敞口的大小,推算整体的亏损分布和所需资本值。

总之,信用风险附加模型最主要的优势就在于只需要相当少的数据输入(比如不需要风险溢酬方面的数据),就可以计算出每位债务人的边际风险贡献度以及整个投资组合的违约损失分布。其主要局限也在于它不是充分估值的VaR模型,而且由于模型中假设每位债务人的风险暴露是固定的,从而忽略了情况变化(例如未来利率走势)对每位债务人风险暴露的影响性,因此它也无法处理像期权这类非线性金融工具所产生的信用风险。

(四) 麦肯锡公司的威尔逊模型

麦肯锡公司的威尔逊(Wilson)模型(1997)是一种通过计量经济学和蒙特卡罗模拟来分析组合风险和回报的方法。与信用风险计量模型相比,其最大的改进就在于把宏观因素(包括系统的和非系统的)对于违约概率和相关联的评级转移的影响纳入了模型,从而克服了信用风险计量模型中由于假定不同时期的转移概率是静态的和固定的而引起的偏差。除此之外,它还具有以下一些特点:

(1) 它清晰地给出了实际的离散的损失分布,更为符合现实生活中的情形;

(2) 它可以衡量具有流动性(例如可在次级交易市场交易的信用商品或契约)和不具流动性(例如一般贷款)的风险暴露,并且对两者的风险损失都是采用盯住市场的度量方法;

(3) 它可以同时衡量某一投资组合的系统性风险与非系统性风险,既可适用于单个债务人的情况,也可适用于一群债务人的情况,具有广泛的适应性。

(五) 模型基本思想及方法的比较

以上介绍了当前四个主要信用风险量化管理模型的基本思想和所运用的方法,现将其在6个关键维度上的异同点归纳为表7-8。

表7-8 四大信用风险量化管理模型的比较

比较的维度	KMV 模型	CreditMetrics 模型	CreditRisk + 模型	Wilson 模型
1. 风险的定义	DM	MTM	DM	MTM
2. 风险驱动因素	资产价值	资产价值	宏观因素	预期违约率
3. 信用事件的波动性	可变	不变	可变	可变
4. 信用事件的相关性	多变量正态资产收益	多变量正态资产收益	因素负载	独立假定或与预期违约率的相关性
5. 回收率	不变的或随机的	随机的	随机的	在频段内不变
6. 数字方法	解析的	模拟的或解析的	模拟的	解析的

资料来源:〔美〕桑德斯(Saunders, A.)著,刘宇飞译,《信用风险度量:风险估值的新方法与其他范式》,机械工业出版社,2001。

而就研究方法来说,传统的风险计量模型主要建立在多元统计分析方法基础上,如多元回归分析模型、多元判别分析模型(MDA)、Logit 分析模型、近邻法等,其缺陷主要在于过于严格的前提条件使得现实中大量数据严重违背了这些假定。随着信息技术的发展,神经网络技术、决策树等被引入信用风险评估,但由于这些方法不具有较好的解释性,同时还存在结构确定的困难性、训练效率低下等问题,因此实际中往往只被作为一种校验性的辅助方法。

四、信用风险量化管理模型进一步发展所必须解决的主要问题

信用风险属于非系统性风险,其概率分布的有偏性,以及观察数据少、不易获取、难以进行有效性检验等特征使得信用风险在量化和模型管理上显得更加困难。因此,总体而言,国外对于信用风险模型的研究尚处于早期阶段,现有模型还存在诸多的缺陷,比如

相关参数的主观设定不尽合适,某些类型的风险被忽略,对相关模型缺乏系统和全面的经验验证等。而目前,国内对于信用风险模型的研究还较少,仅有少数学者对此做了一些有益的尝试。例如,王春峰等(1998,1999,2000,2001)先后运用组合预测法、投影寻踪判别分析法和遗传规划方法建立起有关的信用风险评估模型,张维等(2000)研究了递归分类树在信用风险分析中的应用,梁琪(1999,2000)也就组合理论、宏观经济环境与信用风险度量和管理的关系做了有关的研究等。

通过对现有模型的深入比较分析,我们发现,在其较大的表面差异之下,其基础性的数学结构却有着极大的相似性,只要在几个关键维度上加以协调就有可能导致相当相似的对于未预期到的损失的预测。可以预见,在不久的将来推出一个为多数人所接受的更为完善的信用风险计量模型也不是不可能的。但要建立更为完善和成熟的信用风险量化模型,首先必须重点解决以下问题:

(1) 信用损失计量范式的选择。

如前所述,根据对信用损失的不同理解,信用风险计量模型可以分为 DM 模型(如 KMV 模型)和 MTM 模型(如信用风险计量模型),尽管 DM 模型具有所需数据输入少等优点,但 MTM 模型可以根据借款人信用状况的变化相应调整信用资产价值,从而更准确地计量和反映信用风险的变化,必然是未来发展的趋势。

(2) 信用资产估值方法的选择。

目前大多数模型都采用下述两种估值方法中的一种:合同现金流贴现法(信用风险计量模型所采用)和风险中性估值法(KMV 模型所采用)。前者尽管简单明了,容易操作,但却无法体现同一信用等级下优先级和次级贷款的信用风险差异,也无法体现同一信用等级下与市场关联度不同的信用资产的风险差异。后者则能较好地克服以上缺陷,贷款价值最终取决于损失率(loss given default,LGD),等于基于借款人资产价值的或有要求权(即衍生产品)的现值。

(3) 模型的参数估计和有效性检验。

对于银行家和监管者而言,最关键的问题就是内部模型的确认和预测的准确性。但由于信用模型所涉及的参数规模庞大,而且复杂,同时由于贷款的周期性较长,难以获得充分有效的历史数据,因此模型的有效性受到很大的影响,也使得对模型进行返回测试和压力测试更加困难。

第六节 整体风险管理

一、现有金融风险管理技术及其局限

(一) 金融风险管理技术的发展

金融风险管理是随着金融理论和实践的发展而发展的。20 世纪 70 年代以前的金融风险管理技术主要有负债业务管理、资产业务管理、资产负债综合管理和缺口管理等。而真正定量的金融风险管理是在衍生工具定价模型等金融技术不断获得突破的基础上发展起来的。1973 年布莱克-斯科尔斯-莫顿提出的期权定价模型第一次为金融风险管

理奠定了理论和技术基础。人们利用如期权、期货、远期、互换等衍生工具交易技术能有效地防范风险和进行套期保值。现有的金融风险管理技术很多,目前在西方金融机构和工商企业中运用最为广泛的是 VaR(风险定价方法),它是指在正常的市场条件和给定的置信度内,单一的金融资产或证券投资组合在给定时期内面临的市场风险大小和可能的最大价值损失。VaR 是对市场风险的总括性评价,考虑了金融资产对某一风险来源(如利率、汇率、商品价格、股票价格等基础金融变量)的敞口和市场逆向变化的可能性。它比传统的风险测定技术(如到期时间、持续期以及缺口分析等)有了更大的适应性和科学性。正因为这样,VaR 在金融风险控制、机构业绩评估以及金融监管等方面被广泛运用。

(二) VaR 的局限性——纯客观概率基础

尽管 VaR 风险管理技术在对风险进行定量计算方面发挥着不可或缺的作用,但它也有明显的局限性:一方面,它的管理对象相对较窄,只能衡量正常情况下的市场风险,对于市场上的突发性风险、信用风险、操作风险、法律风险及战略风险等难以进行量化。另一方面,也是更为重要的是,VaR 是基于金融资产的客观概率,也就是说,它对金融资产或投资组合的风险计算方法是依据过去的收益特征进行统计分析来预测其价格的波动性和相关性,从而估计可能的最大损失。如参量法、历史资料法、历史模拟法和随机模拟法(蒙特卡罗模拟法)都是遵循这一思路进行的。由于完整的金融风险管理包括风险的识别、测定和控制三个过程,而且对一定量风险进行控制是金融风险管理的最终目的,这必然要涉及风险管理者的风险偏好和风险价格因素。所以,单纯依据风险可能造成损失的客观概率,只关注风险的统计特征,并不是系统的风险管理的全部。因为概率不能反映经济主体本身对于面临的风险的意愿或态度,它不能决定经济主体在面临一定量的风险时愿意承受和应该规避的风险的份额。而完整的风险管理不但要能计量出面临的风险的客观的量,而且应该考虑风险承担主体对风险的偏好,这样才能真正实现风险管理中的最优均衡。

二、整体风险管理的进展

(一) 整体风险管理的含义

金融风险管理理论的最新进展即整体风险管理(total risk management,TRM)系统就是在现有风险管理系统的单一变量,即概率的基础上引进另外两个要素,即价格和偏好,以试图在三要素系统中达到风险管理上客观量的计量与主体偏好的均衡最优。这样不但可以对基础金融工具风险进行管理,而且也可以管理衍生工具可能带来的风险,从而实现对风险的全面控制。三个要素在 TRM 系统中都是关键性的:价格是经济主体为规避风险而必须支付的金额,概率用来衡量各种风险(包括衍生交易本身风险)的可能性,而偏好决定经济主体愿意承担和应该规避的风险的份额。

(二) 整体风险管理对金融风险管理中价格-概率-偏好三要素的研究进展

1. 价格-概率-偏好三要素在金融风险管理中的联动性

经济学中最基本的定律即供求原理表明,市场中任何商品交易的价格和数量是由供给曲线和需求曲线的交点决定的。在交点上,消费者和生产者同时达到均衡。在这样一个简单的经济模型中体现了经济活动中价格、概率和偏好三者之间的联动关系:需求曲线是单个消费者需求的集合,而单个消费者的需求是在一定的预算约束(取决于商品价格、可支配收入、消费倾向、借贷成本等)下的偏好最优化的结果;供给曲线是单个生产者产出的集合,单个生产者的产出也是在一定的资源约束(取决于商品价格、原材料成本、工资等)下生产函数最优化的结果;而概率则在收入、成本、经济环境不确定条件下对消费者和生产者的跨期消费和生产产生影响。

三者之间的联动性质在金融市场中也得到了深刻的体现。例如,莫顿、卢卡斯和考克斯-英格索尔-罗斯等的资产定价和金融市场模型就精确地表明了三者是怎样在不确定条件下同时在所有市场上决定供求均衡的,在此过程中供求双方都采用理性决策方式实现了其福利的最大化,这些模型遵循的共同经济学原理是确认金融资产的价格等于全部未来收益现金流的折现值,即

$$P = \sum_{t=1}^{T} \frac{C_t}{(1+i)^t} + \frac{F}{(1+i)^T} \qquad (7\text{-}59)$$

其中,P 为金融资产价格,C_t 为第 t 期的现金收益,F 为到期偿还本金,T 为期数,i 为折现率。这种定价公式是符合供求均衡和套利均衡的经济原则的,但它却面临两个基本困难,即未来现金流和折现率都是不确定的。这就涉及概率和偏好两个要素,因为折现率是受经济主体的时间偏好的影响的,它是在市场中供求平衡时由单个主体时间偏好的交互作用而决定的。

已有研究还证明了在金融市场达到均衡时,价格、概率和偏好三要素中的任何两者能自动决定第三者,如给定偏好和概率,价格将被精确地决定,这正是资产定价模型的核心;同样地,比克-利兰(Bick-Leland)和杰克沃思(Jackwerth)的研究也提出,在一个均衡中给定价格和概率,偏好也能被唯一地决定。杰克沃思和罗宾斯坦在 1996 年得出结论认为,当给定价格和偏好时,概率也可以计算出来,这些都表明三要素在所有的市场运动(包括金融市场)中都是不可分割的联动体。因为金融风险管理是面向市场的,所以在金融风险管理中也必须将三者作为一个整体加以研究,而现有的风险管理模式中的最大弱点就是只关注三者之中的一个或两个,而不是对三要素进行系统的决策。

2. 整体风险管理中的价格要素

价格的确定是金融风险管理的首要任务,也是已有的金融风险管理模式的核心内容。因为现代绝大多数风险管理是建立在衍生交易技术和使用衍生工具定价模型的基础之上的,而衍生工具定价模型的中心内容就是确定简单的或复杂的各种衍生产品的市场价格,因此这些模型对金融风险管理政策和技术的进步具有里程碑的意义。

这就使人们产生一个错觉,认为风险管理的全部内容就是对价格的评估和测定,而且从表面上看,衍生工具定价模型对价格确定的精确性和前面论及的三要素的不可分割性之间似乎存在矛盾。这是因为建立在连续随机过程和偏微分基础上的衍生工具定价模型中没有提及投资者偏好而只涉及价格和概率两个要素。正因为投资者个人风险偏好并没有进入公式中,这些模型被认为仅仅是建立在套利基础之上,而不是在供求相等时得出的,所以被认为是"偏好无关"的。

那么,偏好因素是怎样在这些模型中起作用的呢? 仔细研究之后可以发现偏好要素

已被间接地引入模型之中,这表现在:一方面,在这些模型中基础金融工具价格波动被假定为遵循随机过程,尤其是遵循布朗运动规律,这种假定本身就限制了风险偏好的类型。另一方面,随机过程中的参数,如布朗运动中的波动系数和扩散系数等,是在供求均衡中而不是通过套利决定的(因为基础金融工具的价格波动是由资产的瞬时预期报酬决定的,而现代金融学最基本的信条之一就是预期报酬和风险是由供给和需求综合决定的),而在任何供求均衡中必然暗含偏好因素。所以,即使在以套利为基础的资产定价模型中,三要素也是相互关联的。

3. 整体风险管理中的概率要素

概率论已成为金融经济学和风险管理中的基本工具之一。例如,通过对价格的概率分布及相关性分析可以定量计算出风险的相对大小,而在风险管理的 VaR 方法下进行敏感性分析时也必须运用概率工具。可以说,现有的金融风险管理技术对概率的运用已相当普遍和成熟。

然而,在现有的风险管理实践中一直没有对客观概率和主观概率加以区分,这似乎使得概率要素与价格尤其是偏好要素失去了联系。客观概率又称统计概率,它指的是在重复实验中某一事件出现的相对频率(如在抛硬币试验中,背面出现的概率为50%),这种概率能通过大量实验加以确证。主观概率又称个体概率,它用来衡量特定主体对某一事件的"相信程度",它不以对现象的统计为基础。例如,虽然对于"在其他行星上存在生命"这一事件不能进行重复试验而得出一个可能性预测,但是可以认为每个人对这类事件的可能性具有一定的确信程度,这种确信程度可以被认为是一种主观概率,但这种主观概率将随着经济主体的偏好不同而呈现出差异性特征。主观概率在金融风险管理中有时处于核心地位,这是因为绝大多数风险管理的关键是对过去从未发生过的事件的可能性进行评估并作出相应的防范准备。例如,对某个国家或地区发生金融危机的可能性进行预测就必须运用主观概率的概念。可以说,现有金融风险管理方法在对主观概率规律的把握上仍处于薄弱甚至空白状态。这使得完整的风险管理系统中三要素处于相对割裂状态,这正是整体风险管理所要加以解决的一个重要方面。

拉姆齐(Ramsey)、费奈蒂(Finetti)和萨维奇(Savage)研究认为,尽管主观概率具有"个体"性质,但它与客观概率一样应服从相同的数字规则和公理系统,否则,金融市场上将会出现套利行为。举一个简单的例子,如果在金融市场某人认为事件 H 发生的概率为 50%,即 $P(H) = 50\%$,而同时认为事件 H 不发生的概率为 75%,即 $P(HC) = 75\%$,这显然违背客观概率的基本公理(即 $P(H) + P(HC) = 1$),但这也表明由于此人主观上认为 H 发生的概率为 50%,如果事件 H 的价值总额为 100 元,他将愿意支付 50 元以获得对该事件的支配权,又由于他同时认为事件 H 不发生的概率为 75%,他将愿意在获得 25 元时放弃对该事件的支配权。这样不管事件 H 发生与否,他都要净支付 25 元。从他的交易对手看,能在市场上以 25 元获得对该事项的支配权,同时也能以 50 元放弃对该事项的支配权,这样他的净收益为 25 元。这显然表明市场上存在套利机会,套利行为将会产生。可以证明,只有当主观概率也符合客观概率公理时,套利机会才会消失,套利行为也将不复存在。经济主体在金融风险管理中的主观概率必然具有内在一致性,否则将会让他人获取套利机会,这表明,如果经济主体决策是基于自己的不一致主观概率,将会引致他所管理的金融资产承受额外的风险暴露,从而遭受金融损失。所以,价格与主观概率之间存在深层联系,而主观概率的确定事实上必然与偏好因素相联系。

4. 整体风险管理中的偏好因素

偏好因素是风险管理的核心,因为风险管理方案的最后结果是对经济主体愿意承担风险和应规避风险的份额和各自的量作出选择,从而实现对风险的控制,尽管选择行为也受价格和概率的影响,但它最终是由偏好决定的。

个人偏好模型起源于 18 世纪的边际效用学派,它认为经济主体进行经济决策时的唯一目标是在一定的预算约束下最大化其总效用。在现代经济学中常用效用函数 $U(X)$ 来表示个人偏好,经济主体在各种可选方案中选择能最大化其效用函数的方案,即 $\max E[U(X)]$,从而获得最大预期效用,这种思想实际上是现代金融资产定价的共同价值基础,如现代证券投资组合理论、均值—方差最优模型、资本资产定价模型(CAPM)以及期限结构模型等,都是以投资者预期效用最大化作为其均衡解存在的前提条件。

尽管偏好是金融风险管理中的核心和基本因素,但迄今为止人们对偏好规律的把握仍较为肤浅,已有的偏好理论尚存在诸多分歧和局限,远未形成严密的逻辑体系,这也是目前金融风险管理面临的最大挑战。1979 年卡尼曼(Kahneman)和特韦尔斯基(Tversky)提出的"期望理论"就是一个与风险管理密切相关而与传统的效用最大化理论相悖的经验模型。这个经验模型发现经济主体对待金融损失和金融收益的态度是不对称的。例如,在方案 A1 和 A2 中,A1 为以 100% 的概率获得 240 000 元收益;A2 为以 25% 的概率获得 1 000 000 元收益,而以 75% 的概率获得零收益(预期收益为 250 000 元)。显然方案 A2 比 A1 有更高的预期收益,但大多数人倾向于选择具有确定收益的方案 A1,这种倾向被称为"风险厌恶"行为,可以用凹的效用函数加以表征。相反地,在方案 B1 和 B2 中,B1 为以 100% 的概率损失 750 000 元;B2 为以 76% 的概率损失 1 000 000 元,而以 24% 的概率损失 0 元(预期损失为 760 000 元),尽管方案 B2 具有较大的预期损失,但大多数人倾向于选择方案 B2,这种倾向被称为"损失厌恶"行为,可以用凸的效用函数加以表征。这种对待收益和损失的偏好的不对称性单独存在时可能并不会影响风险管理,但当"风险厌恶"行为和"损失厌恶"行为相继发生时就会使投资者作出非最优经济决策。例如将上述两组选择方案加以组合,即形成以下方案:

I:(A1-B2)　　收益 240 000 元,概率 100%
　　　　　　　损失 1 000 000 元,概率 76%
II:(A2-B1)　　收益 1 000 000 元,概率 25%
　　　　　　　损失 750 000 元,概率 100%

经济主体面临相继决策也即有次序决策时,方案 I 是大多数人事实上的选择。这种现象在同一主体不同时期或不同主体的经济决策时经常发生,例如,跨国银行的两个分支机构分别面临(A1,A2)与(B1,B2)时,分别作出 A1 与 B2 的选择,这样的总体效果就是次优的。正因为这样,投资者往往具有过早结清其盈利头寸而过晚结清其损失头寸的倾向,有经验的交易员利用这种不对称偏好遵循"结清损失头寸而保持盈利头寸"的原则就能获利。但交易员还具有另外一种损失厌恶倾向,他们在损失增加时反而增加其头寸,这在巴林银行倒闭事件和其他金融机构交易损失事件中表现得很明显。

（三）整体风险管理系统的基本框架

1. 分析组织结构

这是对金融机构和工商企业的组织结构进行分析，以确定其对可能发生的经济事件的敏感性和反应能力。其重点是分析系统结构的局限性。

2. 估测或假定概率

这是对各种可能事件和方案的概率进行的风险评估过程，在这个阶段应将主观概率和客观概率区分开来，但所有概率应符合一致性原则，即符合概率公理，此时为使概率确定更加精确，可以参考价格和偏好因素。

3. 决定或计算价格

一般是直接参考市场价格或对无市场交易和流动性弱的工具计算其均衡价格，进而确定各种可能事件和方案的经济后果。

4. 确定机构的偏好

这包括罗列出所有相关决策者的风险偏好清单并确定企业的总体商业目标。当决策者的风险偏好和公司目标确定后，可以参照决策者报酬结构对机构风险偏好进行综合分析，以检验决策者风险偏好是否和公司目标相一致。例如，当某一决策者是风险中性者，而他的主要报酬是公司股票和认股权证时，他的行为就会与股东财富最大化的公司目标不一致，此时应重新设计员工报酬结构，使之与公司目标相适应。

5. 建立实时的风险监测系统

建立实时的跟踪系统对价格、概率、偏好三要素的变动进行监测，如主要决策者报酬水平和财富的变动（这将影响其偏好）、机构组织结构的变动以及经济环境的变动等。现有的专家系统、自然语言系统等智能系统可以部分地发挥这种作用。通过这种监测可以达到金融风险管理的动态最优。

三、结论：整体风险管理评价及借鉴意义

整体风险管理模型克服了包括 VaR 在内的现有金融风险管理技术的基本弱点，将金融风险管理中的价格、概率、偏好三个要素综合起来进行系统的和动态的决策，从而可以实现金融风险与风险偏好之间的均衡，使投资者承担他愿意承担的风险从而获得最大的风险报酬。尤其重要的是，它可以使由若干单个决策者组合而成的机构主体在风险管理中最优地控制风险，不至于由于某一决策者的行为而造成整个机构遭受过大的风险损失，正如巴林银行事件所显示的那样。所以整体风险管理为完整的金融风险管理开辟了新的道路和视野。

但是整体风险管理也面临着一些困难，最主要的是对决策者的风险偏好的确定，尤其是对机构性主体风险偏好的确定还没有找到系统性方法，这将在一定程度上影响这一方法的实际应用。整体风险管理对于在我国的经济转轨过程中控制金融风险尤其具有重要的现实意义。这是由于：一方面，随着市场经济体制的不断完善，金融市场也日益发达和复杂，各种金融风险逐渐显性化，客观上需要有完善的风险管理技术。但另一方面，我国国有企业改革和金融体制改革还没有完全到位，市场主体的内部控制机制尚未健全，这就迫切需要分析这些转轨企业和银行的风险偏好，实现其在风险管理上的均衡，从

而控制和化解风险,以保证金融安全。

本章小结

1. 金融风险是指由于金融市场因素发生变化而对企业的现金流产生负面影响,导致企业的金融资产或收益发生损失并最终引起企业价值下降的可能性。例如,利率、汇率或者商品价格的波动,以及由于债务人财务状况恶化而导致违约的可能性等,都会给企业的资产价值和收益带来风险。金融风险一般分为以下几类:市场风险、信用风险、流动性风险、操作风险、法律风险。

2. VaR 是指在正常的市场条件和给定的置信度(通常是95%或99%)下,在给定的持有期间内,某一投资组合预期可能发生的最大损失。或者说,在正常的市场条件下和给定的时间段内,该投资组合发生的 VaR 值损失的概率仅为给定的概率水平。

3. 历史模拟法采用的是全值估计方法,首先要求收集某一特定历史时期的数据,根据市场因子的未来价格水平对头寸进行重新估值,计算出头寸的价值变化,然后,将组合的损益从小到大排序,得到损益分布,通过给定置信度下的分位数求出 VaR。蒙特卡洛模拟方法亦称随机模拟方法,其基本思想是,为求解科学、工程技术和经济金融等方面的问题,首先建立一个概率模型随机过程,使其参数等于问题的解;然后通过对模型或过程的观察计算所求参数的统计特征,最后给出所求问题的近似值,解的精度可用估计值的标准误差表示。

4. 金融风险管理理论的最新进展即整体风险管理(TRM)系统就是在现有风险管理系统的单一变量(即概率)的基础上引进另外两个要素,即价格和偏好,试图在三要素系统中达到风险管理上客观量的计量与主体偏好的均衡最优。这样不但可以对基础金融工具风险进行管理,而且也可以管理衍生工具可能带来的风险,从而实现对风险的全面控制。三个要素在整体风险管理系统中都是关键性的:价格是经济主体为规避风险而必须支付的金额,概率用来衡量各种风险(包括衍生交易本身的风险)的可能性,而偏好决定经济主体愿意承担和应该规避的风险的份额。

本章重要概念

金融风险　VaR　Delta-正态模型　现金流映射　利率敏感性　久期　风险免疫策略　久期缺口管理　凸性　价格的波动性和相关性　GARCH 模型　历史模拟法　蒙特卡洛模拟方法　MCMC 模拟方法　信用风险　整体风险管理(TRM)

思考练习题

1. 简述 VaR 的含义和基本思想。
2. 简述市场因子的波动性模型。
3. 利率市场化条件下如何对利率风险进行管理?
4. 简述信用风险量化管理模型的基本思想和所运用的方法。
5. 简述整体风险管理系统的基本框架。

6. 假设某银行的资产负债表如下：

资产	市场现值/万元	利率/%	负债和股东权益率/万元	市场现值/万元	利率/%
现金	100		1年期定期存款	240	9
3年期商业贷款	700	14	4年期可转让定期存款（每年付息）	400	10
9年期政府贷款	200	12	5年期定期存款（到期付息和本金）	280	10
			总负债	920	
			股东权益	80	
总计	1 000			1 000	

（1）计算每笔资产和负债的久期；
（2）计算平均久期缺口；
（3）计算每笔资产和负债的凸性；
（4）假设利率立即上升1%，计算3年期商业贷款现值的变化。

7. 已知一个价值500万美元并由三种资产组成的投资组合，下表是该组合之间的关系，请计算该组合在95%置信度下的VaR。

	权重	标准差	相关系数		
			资产1	资产2	资产3
资产1	30%	0.25	1.0	0.6	0.5
资产2	25%	0.27	0.6	1.0	0.3
资产3	45%	0.30	0.5	0.3	1.0

8. 某银行在第6年将收到100万美元，该银行希望计算这一资产的现金流映射在95%置信度下的VaR。相关数据见下表。

y_5	5年期收益率	6.605%
y_7	7年期收益率	6.745%
$1.65\sigma_5$	5年期收益率的变动率	0.577%
$1.65\sigma_7$	7年期收益率的变动率	0.809 5%
$\rho_{5,7}$	5年期与7年期收益率之间的相关系数	0.997 5

第八章

宏观金融模型

【本章学习要点与要求】

凯恩斯著作《就业、利息和货币通论》的问世,开启了现代宏观经济学理论研究的先河,之后经过汉森、希克斯、萨缪尔森等人的扩充和完善,最终形成了沿用至今的宏观经济理论体系。以斯蒂格利茨、曼昆和阿克洛夫为首的一批经济学家,通过将一些非凯恩斯主义学派的理论和思想纳入凯恩斯主义学派理论体系中,为原有的凯恩斯宏观经济理论奠定了微观基础,形成了所谓的"新凯恩斯主义学派",成为与新古典主义宏观经济学派并驾齐驱的又一宏观经济学派。动态随机一般均衡模型(DSGE)正是新凯恩斯主义学派的代表性研究成果。本文对货币政策模型和汇率定价模型进行了详细的介绍。通过本章的学习,读者应重点掌握凯恩斯体系的发展历程、新凯恩斯分析框架、DSGE 模型的构建及应用以及宏观金融风险的预警和监测。

第一节 宏观金融分析框架

宏观金融学是从宏观的视角研究货币与资金运动规律的学科,早期宏观金融学是宏观经济学的货币版本,因此其发展轨迹与宏观经济学有若干交集和共性。

一、传统宏观金融学

(一)凯恩斯模型

凯恩斯模型是现代西方宏观经济学的基础和核心。它指凯恩斯本人在《就业、利息和货币通论》(以下简称《通论》)中提出并经凯恩斯主义者补充和修正的宏观经济理论体系。

有效需求原理是凯恩斯体系的逻辑出发点。凯恩斯认为,资本主义社会的有效需求不足以达到充分就业,原因在于人们的三个基本动机,即消费动机、预防动机和投机动机。在封闭的经济体中,宏观经济包括家庭、企业和政府三个部门,简单的凯恩斯模型由以下两个方程构成:

$$Y = C + I + G \tag{8-1}$$

$$Y = C + S + T \tag{8-2}$$

(8-1)式中,Y 是总需求,C 是消费,S 是投资,G 是政府支出。(8-1)式表示总需求分为消费需求、投资需求和政府需求。(8-2)式中,S 是储蓄,T 是税收。(8-2)式表示总收入分成消费、储蓄和税收。由(8-1)式、(8-2)式得出:

$$I + G = S + T \tag{8-3}$$

(8-3)式是包括三个部门的简单凯恩斯模型中的宏观经济均衡条件。只要投资与政府支出之和等于储蓄与税收之和,总需求就等于总供给,由此决定的收入和就业量就是均衡收入和均衡就业量。

(二) IS-LM 模型

在凯恩斯《通论》出版数月以后,希克斯(Hicks)在一篇名为《凯恩斯先生与"古典经济学"》的论文中提出了 IS-LL 模型,运用一个两部门模型来建立一种一般均衡理论框架,对凯恩斯的收入决定论和货币利息理论之间的关系提供了一种解释。之后,汉森(Hansen,1949)重新解释了凯恩斯经济理论并用希克斯的模型修改了基础宏观经济学。为了避免循环推论,汉森引入了一般均衡方法,使产品市场和货币市场同时达到均衡。汉森把 LL 曲线改名为"LM"曲线。从此,该模型被称为 IS-LM 模型。

如图 8-1 所示,IS-LM 模型中的两条曲线实际上是由 IS 曲线和 LM 曲线绘在一起形成的。IS 曲线的任何一点表示的都是商品市场的均衡,即 I(投资) = S(储蓄)。LM 曲线上的任何一点表示的都是货币市场的均衡,即 L(货币需求) = M(货币供给)。IS 曲线与 LM 曲线相交于 E 点,对应于 E 点的国民收入 Y^* 与利率 i^* 就是同时能使商品市场与货币市场达到均衡的具体数据,除此之外,其他的各点都不能满足这一要求。

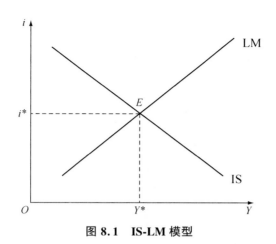

图 8.1　IS-LM 模型

（三）蒙代尔-弗莱明模型

第二次世界大战之后,随着关税的降低和其他贸易壁垒的拆除、外汇管制的放松以及国际金融市场的发展,资本的跨国流动越来越自由,投资者为了获取更大的收益,必将迅速地把资本从一个国家转移到另一个国家。在这样的背景下,基于封闭经济分析的凯恩斯主义政策的有效性受到了质疑。为了考察资本流动的理论和实践意义,1963 年,罗伯特·A. 蒙代尔(Robert A. Mundell)把对外贸易和资本流动引入封闭经济的 IS-LM 模型,建立了一个开放经济的宏观经济学模型,这一模型被称为蒙代尔-弗莱明模型(Mundell-Fleming Model)。从理论渊源来看,蒙代尔-弗莱明模型承袭了凯恩斯主义传统的分析方法,同时又吸收了米德(Meede,1951)内外均衡的思想和国际收支弹性论、吸收理论的部分观点。

蒙代尔-弗莱明模型的基本模型由以下几个市场均衡条件构成。

1. 商品市场均衡

总供给和总需求相等时国内商品市场达到均衡,这时有

$$Y = C + I + G + B(Y,q) \tag{8-4}$$

其中,Y 是总产出水平,C、I、G 分别代表总消费、总投资和政府支出,$B(Y,q)$ 代表经常账户盈余,q 是实际汇率。因为假定国内价格水平不变,所以 $q = S \times P^*/P$,意味着实际汇率的变化就是名义汇率的变化。蒙代尔-弗莱明模型假设经常账户盈余的规模同实际汇率(也即名义汇率)的变化呈正相关关系,同实际收入 Y 的变化呈负相关关系。公式(8-4)实际上是凯恩斯经济学中的开放型国民收入决定方程。

2. 货币市场均衡

蒙代尔-弗莱明模型假设实际货币需求取决于国内收入和国内利率水平。货币供给是外生的,由货币当局控制。货币市场的均衡可用公式(8-5)表示:

$$m - p = l = \varphi Y - \lambda r \tag{8-5}$$

其中,m 代表名义货币供应量的对数,p 是总价格水平的对数,l 是实际货币需求的对数,r 是国内利率,φ、λ 是大于零的参数。

3. 国际收支平衡

在该模型中,外汇市场的均衡意指实际国际储备的增加等于中央银行愿意购买的储备。在纯粹的浮动汇率制度下,由于中央银行不需要用外汇储备干预汇率,所以外汇储备的净变动为零。这要求国际收支的资本账户和经常账户上的总盈余额必须等于零,即国际收支平衡。国际收支均衡可用公式(8-6)表示:

$$B = B(Y,q) + K(r) = 0 \tag{8-6}$$

其中,国际收支余额 B 等于储备的变化,在纯粹浮动汇率制度下等于零,$B(Y,q)$ 如同公式(8-4)中一样是经常账户盈余,$K(r)$ 是资本账户盈余。由于假定资本完全流动,且国外利率 r^* 保持不变,所以资本流动的国内利率弹性无穷大。当国内利率高于世界利率水平 r^* 时,资本流入;当国内利率低于世界利率水平 r^* 时,资本流出;当国内外的利率水平相等时,资本账户的盈余不变或为零。

根据蒙代尔的假定,即完全资本流动和所有的证券都是完全可替代的,因此非抵补利率平价条件成立,即

$$r = r^* + \text{ES} \tag{8-7}$$

其中,ES 为预期汇率的变化率。由于蒙代尔假定是静态预期,所以 ES = 0,因而有

$$r = r^* \tag{8-8}$$

公式(8-8)表明,由于完全的资本流动,该小国经济的利率水平是由世界的利率水平决定的。以上几个公式构成了蒙代尔–弗莱明的基本模型。其中公式(8-4)、(8-5)表示内部均衡;公式(8-6)表示外部均衡;公式(8-7)是利率平价条件;公式(8-8)是该模型的假设条件,反映了该模型的特点。

蒙代尔–弗莱明模型描述的三个市场的均衡可以分别用 IS 曲线、LM 曲线和 BP 曲线加以描述(参见图 8.2)。

IS 曲线表示商品市场(流量)均衡点的变化轨迹。在开放经济中,较低的利率水平将会刺激投资增长,社会总需求因此上升,推动国民收入增长,而较高的收入水平又导致储蓄的相应增加。由此我们可以得出:国民收入水平的变化与本国利率水平成反比,IS 线是一条斜率为负的曲线。当一国采取扩张性的财政政策时,政府支出增加会使 IS 曲线右移,国民收入增加;反之,当一国采取紧缩性的财政政策时,政府支出减少会使 IS 曲线左移,国民收入减少。

LM 曲线表示货币市场(存量)均衡点的变化轨迹。一国国民收入增加会导致本国货币需求量增加,从而要求利率(r)上升,LM 线是一条向上倾斜(斜率为正)的曲线。扩张性的货币政策导致货币供应量增加,会推动 LM 曲线右移,国民收入增加,利率降低;反之,紧缩性的货币政策会导致货币供应量减少,LM 曲线左移,国民收入减少,利率升高。IS 曲线与 LM 曲线的交点为一国经济的内部均衡点。

BP 曲线反映国际收支均衡点的组合。

(1) 当国际资本完全不流动时,国内资本市场与国外资本市场完全隔绝,国内利率在任何水平上都不会受到外资流动的冲击。一国国际收支差额等同于经常项目账户差额,在一定汇率水平下,一定的国民收入对应一定的国际收支差额,BP 曲线是一条垂直于横坐标的直线,如图 8.2(a) 所示。

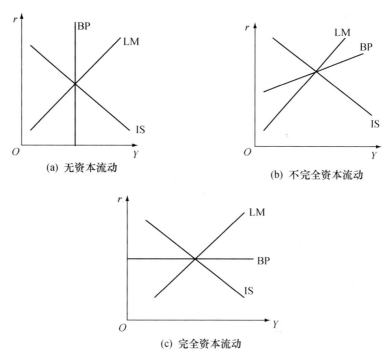

图 8.2 M-F 模型中三市场均衡

(2) 当资本可以不完全流动时,国内金融资产与国外金融资产不完全替代,国内外利率差异会引起一定量的外资流动。一国的国际收支受经常项目和资本项目的共同影响,BP 曲线是一条斜率为正的曲线,如图 8.2(b) 所示。在汇率水平不发生变动的情况下,收入增加引起经常账户逆差,本国将提高利率吸引外资流入进行弥补。资金的流动性越大,这条曲线就越平缓。

(3) 当资本可以完全流动时,国内外金融资产完全替代,国内利率水平与世界利率水平始终趋向一致,任何利率差异都会引起无限的资本流动,直到国内利率水平回到世界利率水平,利差消失。BP 曲线表现为一条平行于横轴的直线,如图 8.2(c) 所示。

当 IS、LM、BP 曲线交于一点时,一国的开放经济同时实现内外均衡。

二、新开放宏观经济学

我们设宏观基本经济环境由最简单的四部门组成——代表性消费者、代表性生产者、政府和外部部门。代表性消费者决定最优的消费需求和劳动供给,代表性生产者雇佣劳动和资本市场产品,进出口是外生冲击(即假设为小国开放模型)。由于在基础框架中不考虑货币金融因素,因此政府仅执行财政政策。

1. 代表性消费者

消费者效用取决于消费 C_t 和闲暇 $1-L_t$(L_t 为劳动),效用函数为严格凹的且二次可微。令

$$U_t = U(C_t, L_t) \tag{8-9}$$

假设效用函数满足稻田条件(inada condition),$\lim_{C \to 0} U_1(C,L) = \infty$,$\lim_{C \to \infty} U_1(C,L) = 0$,

$$\lim_{C \to 0} U_2(C, L) = \infty, \lim_{C \to \infty} U_2(C, L) = 0。$$

其中,消费品 C_t 包括国内产品 $C_{H,t}$ 和国外进口产品 $C_{F,t}$,通常国内产品与国外产品以 CES 函数形式复合形成消费品指数 C_t。

消费者在工资 w 和利率 i 给定的条件下进行最优化决策,目标函数为

$$\text{Max} \sum_{t=0}^{\infty} \beta^t U(C_t, L_t) \tag{8-10}$$

预算约束为

$$C_t P_t + K_{t+1} = w_t L_t + (1 + i) K_t \tag{8-11}$$

其中,P_t 是与 C_t 对应的价格指数,K_t 为资本存量。给出具体的函数形式,可解消费的欧拉方差和劳动的供给方程。

2. 代表性生产者

厂商雇佣资本和劳动进行生产,假设生产函数为

$$Y_t = f(A_t, K_t, L_t) \tag{8-12}$$

其中,A_t 代表技术水平,生产函数同样也满足稻田条件。

厂商进行利润最大化或者成本最小化的决策,以利润最大化为例:

$$\text{Max}(P_t Y_t - W(L_t, w_t, K_t, i_t)) \tag{8-13}$$

预算约束为生产函数。

生产的产品要么用于国内消费(包括政府消费),要么用于出口。

这里假定市场价格没有刚性或粘性,完全自由浮动的价格体系令生产者决策问题成为静态最优化问题,由此我们得到劳动的需求方程和资本的需求方程。

通常假定价格粘性,价格调整服从 Calvo 规则:

$$P_t = \theta P_t^* + (1 - \theta) P_{t-1} \tag{8-14}$$

给出具体的函数形式,我们可以得到凯恩斯菲利普斯曲线。

3. 政府

假定政府购买数量为 g,政府仅通过税收融资,没有铸币税。政府始终保持财政平衡,则:

$$g = T \tag{8-15}$$

为分析的方便,假定政府购买是外生化的,且政府购买是纯政府消费行为,不对消费者的效用产生影响,也不对生产技术产生影响。扩展假设可以将政府购买内生化,由于我们主要研究宏观金融问题,故不对此假设进行放松。

4. 国外部门

假定模型为小国开放模型,本国经济行为不对国际市场价格产生影响。对国内部门而言,国外部门是外生的,假定其运动服从 AR(1) 过程,则

国外产出运动方程为

$$y_t = \beta_1 y_{t-1} + \varepsilon_y \tag{8-16}$$

国外价格运动方程为

$$p_{F,t} = \beta_1 p_{F,t-1} + \varepsilon_{pF} \tag{8-17}$$

5. 出清条件

产品市场出清条件为

$$Y = C + X \tag{8-18}$$

劳动市场出清条件为

$$L^D = L^S \tag{8-19}$$

第二节 货币政策模型

在古典学派的基本模型的基础上纳入货币因素,是新凯恩斯主义宏观模型的重要发展。在完美的市场经济分析框架下,货币对宏观经济的影响是中性的,货币发行量的多少仅决定物价的高低,不对实际经济产生影响,因此古典宏观经济模型可以省略货币,只分析实际因素,其模型也被称为实际经济周期模型(real business cycle models,简称 RBC 模型)。但在凯恩斯主义的非完美市场分析框架下,货币将表现出非中性特征,目前将货币纳入新凯恩斯主要分析框架的主要模型有三种:现金先行模型、内含货币模型和交易成本模型。

一、现金先行模型

现金先行模型(cash in advance model,简称 CIA 模型)的基本思想是市场中所有商品和劳务必须全部以现金支付,当期的货币需求应该等于本期的经济社会总支出。为简化分析,假设居民购买商品和劳务需要支付现金,不包括企业购买行为。

名义货币需求可表示为

$$M_t^D = P_t C_t \tag{8-20}$$

假定货币供给是外生的,即政府直接调控货币供给数量 M_t^S。

货币市场均衡条件为

$$M_t^S = M_t^D = P_t C_t \tag{8-21}$$

代表性消费者的最优化问题变为

$$\text{Max} \sum_{t=0}^{\infty} \beta^t U(C_t) \tag{8-22}$$

预算约束变为

$$C_t P_t + M_t + B_{t+1} = P_t Y_t + M_{t-1} + (1+i) B_t \tag{8-23}$$

$$M_t \geq P_t C_t \tag{8-24}$$

构建拉格朗日方程:

$$L = \sum_{j=0}^{\infty} \left\{ \begin{array}{l} \beta^j U(C_{t+j}) \\ + \lambda_{1,t+j}(C_{t+j} P_{t+j} + M_{t+j} + B_{t+j+1} - P_{t+j} Y_{t+j} - M_{t+j-1} - (1+i) B_{t+j}) \\ + \lambda_{2,t+j}(M_{t+j} - C_{t+j} P_{t+j}) \end{array} \right\} \tag{8-25}$$

$$\frac{\partial L}{\partial C_{t+j}} = \beta^j U'(C_{t+j}) + \lambda_{1,t+j} P_t - \lambda_{2,t+j} P_t = 0 \tag{8-26}$$

$$\frac{\partial L}{\partial B_t} = \lambda_{1,t+j-1} - \lambda_{2,t+j}(1+i) = 0 \tag{8-27}$$

$$\frac{\partial L}{\partial M_t} = \lambda_{1,t+j} - \lambda_{2,t+j} = 0 \tag{8-28}$$

加上两个预算约束方程:

$$\frac{\partial L}{\partial \lambda_{1,t+j}} = C_{t+j}P_{t+j} + M_{t+j} + B_{t+j+1} - P_{t+j}Y_{t+j} - M_{t+j-1} - (1+i)B_{t+j} = 0 \tag{8-29}$$

$$\frac{\partial L}{\partial \lambda_{2,t+j}} = M_{t+j} - C_{t+j}P_{t+j} = 0 \tag{8-30}$$

通过以上方程可以得到消费的欧拉方程:

$$\frac{\beta U'(C_{t+1})}{U'(C_t)} \frac{(1+i_t)P_t}{P_{t+1}} = \frac{\beta U'(C_{t+1})}{U'(C_t)} \frac{(1+i_t)}{(1+\pi)} = 1 \tag{8-31}$$

其中,π 是通货膨胀率。

货币需求函数为

$$M_{t+j} = C_{t+j}P_{t+j} \tag{8-32}$$

简单考察稳态时货币对消费的影响,当经济处于稳态时,预算约束方程变为

$$\overline{C}\overline{P} + \overline{M} + \overline{B} - \overline{P}\overline{Y} - \overline{M} - (1+i)\overline{B} = 0 \tag{8-33}$$

则

$$\overline{C} = \frac{\overline{P} + \overline{B}\,\overline{i}}{\overline{P}} = \overline{Y} + \frac{\overline{B}\,\overline{i}}{\overline{P}} \tag{8-34}$$

由于收入是外生给定的,货币供给越多,价格水平通常越高,消费越少。当然,进一步的分析需要对长期的一般均衡进行求解,但在此模型中,结论是一致的。

二、内含货币模型

现金先行模型中货币需求取决于总支出,对货币的持有成本不敏感。内含货币模型(money-in-utility model,简称 MIU 模型)是直接将实际货币纳入效用函数,表示货币对消费者有更广泛的影响。

假定代表性消费者的效用函数为 $U(C_t, M_t)$,其中,效用函数符合稻田条件,且
$U_C(C_t, M_t) > 0, U_{CC}(C_t, M_t) \geq 0, U_M(C_t, M_t) > 0, U_M(C_t, M_t) \geq 0$。
在给定收入的条件下,代表性消费者效用最大化问题可表示为

$$\text{Max} \sum_{t=0}^{\infty} \beta^t U(C_t, M_t) \tag{8-35}$$

预算约束为

$$C_t P_t + M_{t+1} + B_{t+1} = P_t Y_t + M_t + (1+i)B_t \tag{8-36}$$

构建拉格朗日函数:

$$L = \sum_{j=0}^{\infty} \{\beta^j U(C_{t+j}, M_{t+j}) + \lambda_{1,t+j}(C_{t+j}P_{t+j} + M_{t+j+1} + B_{t+j+1} - P_{t+j}Y_{t+j} - M_{t+j} - (1+i)B_{t+j})\}$$

一阶条件为

$$\frac{\partial L}{\partial C_{t+j}} = \beta^j U'(C_{t+j}) + \lambda_{1,t+j} P_t = 0 \tag{8-37}$$

$$\frac{\partial L}{\partial B_t} = \lambda_{1,t+j-1} - \lambda_{1,t+j}(1+i) = 0 \tag{8-38}$$

$$\frac{\partial L}{\partial M_t} = \beta^j U'_M(C_{1,t+j}, M_{1,t+j}) - \lambda_{1,t+j-1} + \lambda_{1,t+j} = 0 \tag{8-39}$$

联合消费一阶条件与债券一阶条件,仍然可得到消费的欧拉方程:

$$\frac{\beta U'(C_{t+1}, M_{t+1})}{U'(C_t, M_t)} \frac{(1+i_t)P_t}{P_{t+1}} = \frac{\beta U'(C_{t+1}, M_{t+1})}{U'(C_t, M_t)} \frac{(1+i_t)}{(1+\pi)} = 1 \tag{8-40}$$

联合消费一阶条件和货币一阶条件,可得到货币的需求方程:

$$U'_C(C_t, M_t) \frac{i_t}{P_t} = U'_M(C_t, M_t) \tag{8-41}$$

为分析货币供给变化对经济的影响,我们假设具体的效用函数形式为

$$U_t = \frac{1}{1-\rho} C_t^{1-\rho} + \frac{\chi}{1-\varepsilon} \left(\frac{M_t}{P_t}\right)^{1-\varepsilon} \tag{8-42}$$

则货币需求函数变为

$$M_t = P_t \left(\frac{\chi C_t^\rho}{i_t}\right)^{\frac{1}{\varepsilon}} \tag{8-43}$$

由此我们可以看出,利率是货币的价格或持有货币的机会成本。利率越高,代表性消费者的货币需求越小;相反,利率越低,货币需求越大。

三、交易成本模型

内含货币模型从效应的视角引入货币,同样也可以从成本的视角引入货币,即交易成本模型。假设在消费的交易过程中存在一定的交易成本,持有货币能够降低交易成本。令交易成本为 X,则

$$X_t = X(C_t, M_t) \tag{8-44}$$

其中,$\frac{\partial X_t}{\partial C_t} \geq 0$,即随着消费的增加,交易成本增加;$\frac{\partial X_t}{\partial M_t} \geq 0$,即随着持有货币的增加,交易成本减少。

交易成本的引入使预算约束变为

$$C_t P_t + M_{t+1} + B_{t+1} = P_t Y_t - X_t + M_t + (1+i)B_t \tag{8-45}$$

消费者目标函数不再包含货币,于是

$$\text{Max} \sum_{t=0}^{\infty} \beta^t U(C_t) \tag{8-46}$$

构建拉格朗日函数:

$$L = \sum_{j=0}^{\infty} \{\beta^j U(C_{t+j}) + \lambda_{1,t+j}(C_{t+j}P_{t+j} + M_{t+j+1} + B_{t+j+1} - P_{t+j}Y_{t+j} + X_t - M_{t+j} - (1+i)B_{t+j})\}$$

一阶条件为

$$\frac{\partial L}{\partial C_{t+j}} = \beta^j U'(C_{t+j}) + \lambda_{1,t+j}(P_t + X'_C(C_{t+j}, M_{t+j})) = 0 \tag{8-47}$$

$$\frac{\partial L}{\partial B_t} = \lambda_{1,t+j-1} - \lambda_{1,t+j}(1+i) = 0 \tag{8-48}$$

$$\frac{\partial L}{\partial M_t} = \lambda_{1,t+j}(1 - X'_M(C_{t+j},M_{t+j})) - \lambda_{1,t+j-1} = 0 \tag{8-49}$$

新的欧拉方程变为

$$\frac{\beta U'(C_{t+1},M_{t+1})}{U'(C_t,M_t)} \frac{(P_t + X'_{C,t})}{(P_{t+1} + X'_{C,t+1})}(1+i_t) = 1 \tag{8-50}$$

并且

$$\frac{\lambda_{1,t+j-1}}{\lambda_{1,t+j}} = (1+i) = (1 - X'_M) \tag{8-51}$$

即

$$i = -X'_M \tag{8-52}$$

下面继续简单考察稳态情形。如前所述,系统稳态时,预算约束可表示为

$$\overline{CP} + \overline{M} + \overline{B} - \overline{PY} + \overline{X} - \overline{M} - (1+\overline{i})\overline{B} = 0 \tag{8-53}$$

化简得

$$\overline{CP} - \overline{PY} + \overline{X} - \overline{iB} = 0 \tag{8-54}$$

在 X、B、i 给定的条件下,

$$X_M = \int X_M \mathrm{d}M = -iM + O(C) \tag{8-55}$$

则

$$M = \frac{\overline{CP} - \overline{PY} - \overline{iB}}{i} \tag{8-56}$$

显然,消费越多,需要的货币持有量越大,与前面模型一致;利率越高,需要的货币持有量越少。而收入 Y 和债券 B 的持有能够增加消费。

四、货币超中性

宏观古典二分法认为,名义量的冲击对长期实际量没有影响。在这种完美的市场体系下,名义货币余额与通货膨胀同比例变动,或者说,货币供给的变化不会带来实际货币余额的变化,进而对经济实际变量没有影响,这就是所谓的货币超中性。

假定经济体中仅考虑货币政策,政府发行货币的铸币税以转移支付的方式返还代表性消费者,则消费者预算约束可表示为

$$C_t P_t + M_{t+1} + B_{t+1} = P_t Y_t + T_t + M_t + (1+i)B_t \tag{8-57}$$

转移支付 T 为

$$T = M_{t+1} - M_t \tag{8-58}$$

实际上,预算约束可转换为

$$C_t P_t + B_{t+1} = P_t Y_t + (1+i)B_t \tag{8-59}$$

与前述模型不同,我们将在一般均衡的条件下进行分析,即不再假定收入是给定的。假设生产函数为

$$Y = Y(K,L) \tag{8-60}$$

假定生产者领域无摩擦,均衡条件为生产的边际成本等于边际收益:

$$Y_K = i + \delta \tag{8-61}$$

$$Y_L = w \tag{8-62}$$

如果生产函数为一次齐次性的,则

$$Y(K_t,L_t) = Y_K K + Y_L L = (i_t + \delta)K_t + w_t L_t \tag{8-63}$$

假定代表性消费者投资的债券 B 全部转化为资本 K,预算约束可进一步简化为

$$C_t P_t + K_{t+1} = P_t w_t L_t + (1 + i)K_t \tag{8-64}$$

假定效用函数为内含货币方式,则消费者的最优化目标函数为

$$\text{Max} \sum_{t=0}^{\infty} \beta^t U(C_t, M_t, L_t) \tag{8-65}$$

构建拉格朗日函数:

$$L = \sum_{j=0}^{\infty} \{\beta^j U(C_{t+j}, M_t, L_t) + \lambda_{1,t+j}(C_{t+j}P_{t+j} + K_{t+j+1} - P_{t+j}w_t L_t - (1+i)K_{t+j})\}$$

最优化的一阶条件变为

$$\frac{\partial L}{\partial C_{t+j}} = \beta^j U'(C_{t+j}) + \lambda_{1,t+j} P_t = 0 \tag{8-66}$$

$$\frac{\partial L}{\partial L_{t+j}} = \beta^j U'(C_{t+j}) - \lambda_{1,t+j} w_t = 0 \tag{8-67}$$

$$\frac{\partial L}{\partial K_t} = \lambda_{1,t+j-1} - \lambda_{1,t+j}(1+i) = 0 \tag{8-68}$$

$$\frac{\partial L}{\partial M_t} = \beta^j U'_M(C_{1,t+j}, M_{1,t+j}) = 0 \tag{8-69}$$

于是,我们再次得到消费的欧拉方程:

$$\frac{\beta U'(C_{t+1}, M_{t+1})}{U'(C_t, M_t)} \frac{(1+i_t)P_t}{P_{t+1}} = \frac{\beta U'(C_{t+1}, M_{t+1})}{U'(C_t, M_t)} \frac{(1+i_t)}{(1+\pi)} = 1 \tag{8-70}$$

考察稳态情形,根据预算约束可得

$$C = rK + wL \tag{8-71}$$

其中 r 为实际利率,显然,在一般均衡条件下,引入货币的内含货币模型仍然可以显示出货币的超中性特征。

第三节 动态随机一般均衡模型

在关于货币政策模型的介绍中,我们主要考察了新古典学派的理论,即市场是完美的。在对汇率政策的分析过程中,我们将主要采用非完美市场的代表——开放条件下的新凯恩斯动态随机一般均衡(dynamic stochastic general equilibrium,DSGE)模型。

一、DSGE 模型的形成背景及其特点

近十年来,经济分析的一个重要突破就是动态随机一般均衡模型的飞速发展和广泛

应用,以此作为工具研究的经济问题也更加细致和深入。

DSGE 模型是在不确定环境下研究一般均衡问题的一种优化模型,其出发点是严格依据一般均衡理论,利用动态优化方法对各经济主体在不确定环境下的行为决策进行刻画,从而得到微观经济主体在资源、技术及信息约束等条件下的最优行为方程,通过考察市场出清条件和运用加总方法,最终得到不确定环境下总体经济满足的条件。它由新古典主义学派提出的真实经济周期(RBC)理论演变而来,一方面沿用了 RBC 理论的方法论,另一方面加入价格、工资的粘性条件,使这一分析方法更具浓厚的凯恩斯主义色彩。一般来说,使用 DSGE 模型进行宏观经济分析具有以下几个方面的特点和优势。

(1) DSGE 模型能够为宏观经济分析提供微观基础条件。DSGE 模型的基本思路来源于新古典主义学派的 RBC 理论,而 RBC 理论的主体思路在于针对个人或厂商等微观主体的行为设定行为方程或效用函数,再进一步通过加总的方法形成宏观经济方程,最终达到对宏观经济总量变动进行合理解释的目的。这种分析思路符合曼昆提出的内在一致性条件,使过去简单的宏观经济模型具有了微观行为基础,进一步加强了模型的解释能力,拓宽了模型的分析视角。

(2) DSGE 模型采用一般均衡的思路进行宏观经济分析。DSGE 模型中使用了一般均衡的分析思路,用一个通用的理论来解释不同部门领域各自的内在逻辑及其相互关系,这样做不仅能够避免过去局部均衡分析方法的前提假设冲突,还能够有效防止模型中静态分析与动态分析的分割,使研究者们能够更方便地讨论外部冲击对变量影响的时间轨迹,从而使得宏观经济研究更具实用性。

(3) DSGE 模型将理性预期假设纳入了宏观经济分析。DSGE 模型通过构建微观基础方程,在此基础上分析经济行为人在遵循理性预期的前提条件下所做出的跨期最优决策,从而有效避免了以往宏观经济模型的缺陷;同时,引入理性预期假设也能够更好地为 DSGE 模型提供合理的微观行为基础,进一步提高了 DSGE 模型解释实际经济现象的能力。

DSGE 模型中还强调了垄断竞争所造成的价格粘性问题,指出货币政策的变动能够有效影响微观主体行为,从而持有货币非中性假设的观点。这一具有浓厚凯恩斯主义色彩的假设在分析短期经济波动时比 RBC 模型更具说服力。

二、DSGE 模型的基本结构

DSGE 模型由三个相关的模块构成,分别为需求方程、供给方程和货币政策方程(如图 8.3 所示)。从形式上看,这些等式的推导来源于对微观主体的假设,分别为对经济主体的经济行为有明确假设的家庭、企业和政府。在这些明确每一个时期的部门的相互作用的市场中,推导出"一般均衡"模型的特征,进而通过微观基础模型推导,确定其平衡方程。

需求模块是由实际产出(Y)决定于实际利率和未来的实际预期产出的方程,其中,实际利率为名义利率与预期通货膨胀的差($i - \pi^e$)。这部分表明,当实际利率暂时提高时,个人和企业相比于消费和投资更倾向于储蓄。同时,当对未来预期较好时,人们愿意增加消费,无论利率水平如何。

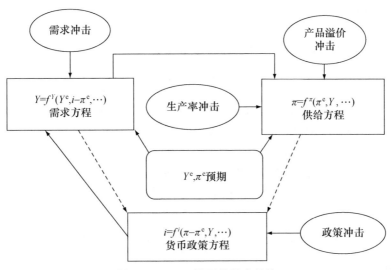

图 8.3 DSGE 模型的基本结构

需求模块和供给模块的连接线表明脱离于需求模块的产出水平(Y)和未来的预期通胀水平(π^e)是决定通货膨胀的关键因素。在经济繁荣时期,当产出水平较高时,企业必须提高工资来激励员工工作更长的时间。然而高工资会增加企业生产的边际成本,从而造成价格上行的通胀压力。而且,高通胀会对未来造成一定的通胀预期。

由供给和需求决定的产出和通货膨胀通过图中的虚线部分进入货币政策模块。这一模块的方程描述了中央银行如何通过含有通货膨胀和实际产出的方程来设定最优的名义利率。

上述描述为一个静态的过程,然而 DSGE 模型的一个基本特征就是两个部门之间的动态相关性,因此,在这种情况下,DSGE 模型的动态特征表现在未来的预期变量将对当期产出造成重要影响。这些预期变量相互牵制并且通过相同的机制影响当期产出。

图中的最后一个部分就是它的随机性,每一个时期,每一个部门的平衡条件都会被随机的外生干扰所打破,从而在经济发展中注入了不稳定因素,同时引起经济波动。如果没有这些冲击,经济会沿着一个完全可预测的路径发展,既不繁荣也不衰退。我们将这些冲击表示为三角形,用箭头指向它们能够直接影响的均衡条件。

三、DSGE 模型的设定

DSGE 模型不仅将 RBC 理论中"价格粘性""垄断竞争"以及"货币政策非中性"的假设改变,另外,更将代表性家庭、中间品生产商、最终品生产商、商业银行、政府部门等引入模型中,使模型中的行为主体更加丰富,行为刻画更加细化和符合社会现实。下面我们仅以家庭部门为例,简要介绍 DSGE 模型的设定及理论研究。

假设世界由本国和外国构成,本国家庭由$[0,n]$上的点构成,外国家庭由$(0,1]$上的点构成。本国生产的产品用 H 表示,外国生产的产品用 F 表示。本国和外国的消费篮子都包括 H 和 F。假设 H 和 F 之间的替代弹性为 η。本国产品 H 和外国产品 F 由多个品牌构成。本国产品 H 的种类由$[0,n]$上的点构成,不同种类的产品之间是垄断竞争的,相互之间的替代弹性为 θ。外国产品 F 的种类由 $(0,1]$ 上的点构成,相互之间的替代弹性也为 θ。

假设本国代表性家庭的效用函数为

$$U_0 \left\{ \sum_{t=0}^{\infty} \beta^t u(C_t, m_t, L_t) \right\} \tag{8-72}$$

其中,$\beta \in (0,1)$ 是主观贴现因子,表示消费者的耐心程度,这里对"一生效用"进行加权和,即具有时间可分性(time separable),同时消费品篮子为 C_t:

$$C_t = \left[\delta^{1/\eta} C_{H,t}^{(\eta-1)/\eta} + (1-\delta)^{1/\eta} C_{F,t}^{(\eta-1)/\eta} \right]^{\eta/(\eta-1)} \tag{8-73}$$

其中 $(1-\delta) = (1-n)o$,表示进口的外国产品在本国篮子中的权重。这个权重由两部分组成:外国的经济规模 $(1-n)$ 和本国的贸易开放程度 o。其中,C_H 和 C_F 又由不同产品构成:

$$C_H = \left[\left(\frac{1}{n}\right)^{1/\theta} \int_0^n C(h)^{(\theta-1)/\theta} dh \right], C_F = \left[\left(\frac{1}{1-n}\right)^{1/\theta} \int_0^1 C(f)^{(\theta-1)/\theta} df \right] \tag{8-74}$$

同样,外国的消费篮子为 C_t^*:

$$C_t^* = \left[\delta^{*1/\eta} C_{H,t}^{*(\eta-1)/\eta} + (1-\delta^*)^{1/\eta} C_{F,t}^{*(\eta-1)/\eta} \right]^{\eta/(\eta-1)} \tag{8-75}$$

其中,$\delta^* = no^*$。C_H^* 和 C_F^* 也是由不同产品构成:

$$C_H^* = \left[\left(\frac{1}{n}\right)^{1/\theta} \int_0^n C^*(h)^{(\theta-1)/\theta} dh \right], C_F^* = \left[\left(\frac{1}{1-n}\right)^{1/\theta} \int_0^1 C^*(f)^{(\theta-1)/\theta} df \right] \tag{8-76}$$

如果本国产品在本国篮子中的权重大于本国产品在外国篮子中的权重,即

$$\delta = 1 - (1-n)o > \delta^* = no^* \tag{8-77}$$

这就意味着存在消费的本国偏向(home bias)。在两国对称性的假定下,即在 $o = o^*$ 的情形下,上式等价于 $o < 1$,对外国而言也是如此。如果 $o = 1$,则不存在消费的本国偏向。在这种简单情形下,本国和外国的消费篮子可以写为

$$C_t = \left[n^{1/\eta} C_{H,t}^{(\eta-1)/\eta} + (1-n)^{1/\eta} C_{F,t}^{(\eta-1)/\eta} \right]^{\eta/(\eta-1)} \tag{8-78}$$

$$C_t^* = \left[n^{*1/\eta} C_{H,t}^{*(\eta-1)/\eta} + (1-n^*)^{1/\eta} C_{F,t}^{*(\eta-1)/\eta} \right]^{\eta/(\eta-1)} \tag{8-79}$$

此时,本国和消费品在两个国家的消费篮子中的比重相等,外国消费品也是如此。

定义本国的价格水平 P_t 为 1 单位本国消费篮子的最小支出,可以得出

$$P_t = \left[\delta P_{H,t}^{1-\eta} + (1-\delta) P_{F,t}^{1-\eta} \right]^{1/(1-\eta)} \tag{8-80}$$

其中,本国产品 H 和外国产品 F 以本币表示的价格指数为

$$P_{H,t} = \left[\left(\frac{1}{n}\right) \int_0^n P_t(h)^{1-\theta} dh \right]^{1/(1-\theta)}, P_{F,t} = \left[\left(\frac{1}{1-n}\right) \int_0^n P_t(f)^{1-\theta} df \right]^{1/(1-\theta)} \tag{8-81}$$

同样,定义外国价格水平 P_t^* 为 1 单位该国消费篮子的最小支出,可以得出

$$P_t^* = \left[\delta^* P_{H,t}^{*1-\eta} + (1-\delta^*) P_{F,t}^{*1-\eta} \right]^{1/(1-\eta)} \tag{8-82}$$

其中,本国产品 H 和外国产品 F 以外币表示的价格指数为

$$P_{H,t}^* = \left[\left(\frac{1}{n}\right) \int_0^n P_t^*(h)^{1-\theta} dh \right]^{1/(1-\theta)}, P_{F,t}^* = \left[\left(\frac{1}{1-n}\right) \int_0^n P_t^*(f)^{1-\theta} df \right]^{1/(1-\theta)} \tag{8-83}$$

这里根据 Kolasa & Lombardo(2011) 的设定,假设家庭的即期效用函数为以下形式:

$$u(C_t, m_t, L_t) = \frac{C_t^{1-\sigma}}{1-\sigma} + \chi \frac{m_t^{1-\varepsilon}}{1-\varepsilon} - \frac{L_t^{1+v}}{1+v} \tag{8-84}$$

其中，m_t是代表性家庭的实际货币余额，L_t表示劳动时间（也可以理解为代表性家庭的就业人数占总人数的比例），用实际的劳动小时数占总的可用时间的比率来表示。参数 σ，ε，υ 为正数，表示相对风险规避系数，同时也表示 C_t，m_t，L_t 的跨期替代弹性以及跨状态替代弹性的倒数。

此外，假定存在一个完备的 Arrow-Debreu 债券市场。用 s_t 表示自然状态，用 $B_{t+1}(s_{t+1})$ 表示本国代表性家庭拥有在自然状态为 s_{t+1} 下索取 B_{t+1} 单位本币的权利，用 $F_{t+1}(s_{t+1})$ 表示该家庭拥有在自然状态为 s_{t+1} 下索取 F_{t+1} 单位外币的权利。第 t 期价格为 $Q(s_{t+1}|s_t)$ 的风险债券的拥有者有权在第 $t+1$ 期向该债券的发行者索取 1 货币单位的支付，条件是自然状态与该债券标明的支付状态相同。本国家庭的预算约束为

$$M_t + \sum_{s_{t+1}} Q(s_{t+1}|s_t) B_{t+1}(s_{t+1}) + \tau_t \sum_{s_{t+1}} Q^*(s_{t+1}|s_t) F_{t+1}(s_{t+1})$$
$$= M_{t-1} + B_t + \tau_t F_t^* + W_t L_t + \amalg_t - T_t - P_t C_t \tag{8-85}$$

其中，$t = 0, 1, 2, \cdots$，M_t 表示代表性家庭持有的名义货币资产余额，实际货币余额 $m_t = \dfrac{M_t}{P_t}$，B_t 表示代表性家庭持有的本国名义风险债券余额，F_t 表示本国代表性家庭持有的以外币结算的外国名义风险债券余额，τ_t 表示名义汇率，T_t 表示税收，$\amalg_t$ 表示家庭所拥有企业的利润，W_t 表示名义工资，则家庭的可支配收入是工资收入 $W_t L_t$ 加上所拥有的企业的利润 $\amalg_t$ 减去税收 T_t。

同时，家庭预算约束的完整描述还需要防止"庞氏博弈"（Ponzi schemes）的出现，否则家庭可以无限制地负债以支撑任意大的消费流。用 $A_t = M_{t-1} + B_t + \tau_t F_t^*$ 表示家庭在第 t 期期初的财富，那么家庭通过第 t 期期末的资产选择，使得转移到下一期的财富满足如下约束即可排除家庭无限制的负债：

$$-A_{t+1} \leqslant \sum_{j=0}^{\infty} U_{t+1} [Q(s_{t+1+j}|s_{t+1})(W_{t+1}L_{t+1} + \amalg_{t+1} - T_{t+1})] \tag{8-86}$$

其中，将第 $t+1+j$ 期的收入贴现到第 $t+1$ 期的贴现因子为

$$Q(s_{t+1+j}|s_{t+1}) = \prod_{k=t+1}^{t+1+j} Q(s_{k+1}|s_k) \tag{8-87}$$

此外，在如下的讨论中始终假定家庭约束式(8-85)右端是有限值（即排除无穷大的情况）。则代表性家庭效用最大化问题为在预算约束下最大化一生效用函数，得出家庭效用最大化的一阶条件为

$$\frac{1}{R_t} = U_t \left\{ \frac{\beta C_{t+1}^{-\sigma}}{C_t^{-\sigma}} \frac{1}{\amalg_{t+1}} \right\} \tag{8-88}$$

$$L_t^\upsilon C_t^\sigma = \varpi_t \tag{8-89}$$

$$\chi m_t^{-\varepsilon} C_t^\sigma = \frac{R_t - 1}{R_t} \tag{8-90}$$

其中，第 t 期 1 单位无风险债券拥有者将有权在第 $t+1$ 期向该债券的发行者索取 R_t 单位货币的支付，这种支付不依赖于自然状态，且 $\dfrac{1}{R_t} = U_t Q(s_{s+1}|s_t)$，$\prod_{t+1} P_{t+1}/P_t$。

一阶条件方程(8-88)是家庭问题的跨期一阶条件，它反映了家庭在当期消费和未来

消费之间的选择。参数 $1/\sigma$ 反映了当期消费和未来消费的替代弹性的大小。一阶条件方程(8-89)是家庭问题的期内一阶条件,即劳动供给方程。该方程表明,实际工资越高,要素供给量越多。参数 $1/v$ 表示劳动供给弹性;消费的边际负效用 $C_t^{-\sigma}$ 越高,即 C_t^{σ} 越低,要求劳动的边际负效用越高,劳动供给量越多。一阶条件方程(8-90)是货币需求方程,参数 $1/\varepsilon$ 反映了货币需求对利率的半弹性。

由于 DSGE 模型所得到的最优条件都是非线性的,这些方程构成的非线性差分方程组往往得不到线性解。将上述模型系统进行泰勒展开的一阶线性化,可得到如下的线性近似的系统模型:

$$C_t = U_t c_{t+1} - \sigma^{-1}(i_t - U_t \pi_{t+1}) \tag{8-91}$$

$$\sigma c_t + v l_t = w_t \tag{8-92}$$

$$m_t = \frac{\sigma}{\varepsilon} c_t - \frac{1}{\varepsilon(\bar{R}-1)} i_t \tag{8-93}$$

四、DSGE 模型的求解

比较常见的 DSGE 模型的求解方法主要包括 BK(Blanchard and Kahn)方法、Uhlig 的待定系数法、Klein 的 Schur 分解法和 Sims 的 QZ 分解法。其中,BK 方法是最为基础的方法,Schur 分解法和 QZ 分解法则在 BK 方法的基础上解决了其所不能解决的奇异性(singularity)问题,而 Uhlig 的待定系数法更多地用于处理带有预期变量的线性模型,其具体求解原理和 BK 方法严格来说并没有太大差别,只是 Uhlig 的待定系数法更加简单直观。在实践中通过在 Matlab 软件环境下调用 Dynare 工具箱将 DSGE 模型的均衡条件非常直观地编写出来之后,就可以实现对模型的求解。

五、DSGE 模型的问题和缺陷

DSGE 模型强调了货币政策的有效性,并且通过纳入微观经济基础分析、一般均衡分析和理性预期假设,模型对现实经济的解释能力得到进一步的强化,因此它受到许多学者和政策制定者的欢迎。然而,2008 年金融危机的爆发让人们开始关注到 DSGE 模型无法预测金融危机这一重大问题,许多经济学家也开始质疑 DSGE 模型的实用性,主张弃用基于 DSGE 框架构建的宏观经济模型,改以利用基于计算实验或传统计量方法构建辅助决策分析的宏观经济模型。一般来说,在对经济理论模型进行评价时,往往应当从模型的假设前提、行为与机制描述以及建模方法三个方面对其进行合理性分析。

(1) DSGE 模型对微观主体行为的纯理性预期假设无法对实际情况进行合理解释。新凯恩斯学派继承了新古典综合派有关理性预期的假设,强调了理性预期行为对经济周期的影响作用,这也是过去大多数经济学家在构建宏观经济模型时常用的假设。然而,一旦微观主体的行为偏离预设的轨道,将会对整个模型的分析结果产生显著的影响。例如,2008 年的次贷危机,很大程度上正是由非理性预期行为的影响所导致的。正是非理性预期的存在,使过去传统的 DSGE 模型无法合理解释爆发金融危机的原因,更无法准确预测金融危机的出现。

(2) DSGE 模型没有准确地刻画出微观经济主体的实际行为。DSGE 模型并没有考虑经济主体的有限理性与复杂的异质性问题，如果所有的微观经济个体均存在理性预期，那么当经济出现虚假繁荣时，存在理性预期的个体能够通过有效信息分析出价格会最终回落，从而根本不会出现金融危机。然而事实上，正是缺乏微观经济主体异质性特点的区分，使整个DSGE模型过度简单化和理想化，无法描述复杂个体对整体经济波动的影响，更无法发现异质个体的一些行为能够引发系统性风险并最终导致金融危机的出现。

（3）原有的DSGE标准模型中并不包含金融因素。在过去大多数含有DSGE模型的文献中，都忽略了金融部门对经济运行的重要影响。White认为，对于金融部门问题的研究甚少这一客观事实与对信贷紧缩影响实体经济这一经济学研究共识形成了鲜明对比。提出这些观点的学者们都认为，正是模型中缺少对金融部门的刻画和描述，使得经济运行中并未考虑金融因素的影响，最终使DSGE模型没有预测出，同时也无法解释2008年金融危机的出现。

（4）DSGE模型在处理外部冲击因素时存在不合理性。DSGE模型中将金融危机作为一种特例而非常态进行分析是其无法预测金融危机的主要原因之一。如果将金融危机作为一种外生冲击放入模型，而这种冲击具有随机性质，那么这一理论根本就无法预测金融危机到底会在何时爆发。但事实上，金融危机的爆发并非偶然，如果能够对这些可能的诱导因素进行细致的刻画，并将其纳入整体模型，那么必然能够从中挖掘出引发金融危机的根本性因素。

六、DSGE模型的改进及应用

尽管部分经济学家认为，DSGE模型的根本缺陷在于沿袭了新古典主义的RBC模型研究范式，因此应摒弃这种由RBC模型演化而来的研究方法。但从实际情况看，DSGE模型并非一无是处，它仍然能够合理解释除金融危机之外的大部分经济现象。因此，金融危机之后许多学者开始尝试从金融风险角度对DSGE模型进行改进，尽可能地使其在面对当今复杂多变的经济环境时更好地做出分析和解释，并为政策制定者提供强有力的理论依据。综合来看，2008年金融危机后大多数文献从以下几个方面对DSGE模型进行了改进。

（一）在模型假设前提方面，将异质性假设纳入DSGE模型

一般来说，大多数理论模型都习惯于将相同的经济参与者归在同一类型来进行分析。然而，许多经济学家和学者们认为过去的那些理论模型在对微观经济行为进行刻画时显得过于简单，不能合理刻画现实经济环境，进而无法解释"金融异象"的产生。因此，他们开始摒弃过去理论模型中的同质性假设，转而从微观主体异质性的角度进一步深入探索，取得了一定的成果，成为这一批经济学家和学者们理论研究的突破口。

（二）在运行机制刻画方面，将内生性金融因素纳入DSGE模型

金融危机爆发后，将内生性金融因素纳入DSGE模型的主体框架成为后金融危机时代宏观经济理论发展的一个重要方向。2008—2012年，学术界涌现了一大批加入金融因素的DSGE模型，这些模型主要从两个大的方向上将金融因素纳入DSGE模型：一种是使

用金融加速器或抵押品约束框架,即通过某种函数或变量的形式将金融因素纳入厂商和家庭部门;另一种是界定一个全新的金融(银行)部门,纳入整个 DSGE 模型,再与其他部门相结合,形成一个全新的 DSGE 模型体系。尽管二者的研究思路和方法不尽相同,但因它们都同时考虑了金融摩擦(financial frictions)对整体经济的影响,因而比传统 DSGE 模型对整体宏观经济波动的解释力更强。

(三)在建模方法方面,通过构建复合型 DSGE 模型来提高其预测能力

DSGE 模型被用于预测工具应当追溯到 21 世纪以后,Smet 和 Wouters 将 DSGE 模型和非结构性模型的经济预测能力进行了比较。金融危机的出现,使许多学者开始尝试构建混合型 DSGE 模型来强化原有理论的预测能力,这些模型能够充分利用多个模型中的优势特点,使理论与实证分析紧密联系,为实际数据的变动规律提供完整分析,进一步体现了 DSGE 模型的动态特征。

混合型 DSGE 模型主要包括加总的混合模型和分层的混合模型,其中加总的混合模型主要是在原有的 DSGE 模型基础上对误差项进行一定程度的修正和扩展,主要有 DSGE-AR 模型和 DSGE-DFM 模型;分层的混合模型是在原有 DSGE 模型基础上加入其他具有层次的计量经济学模型(如 VAR、面板模型等),对 DSGE 模型中的先验信息进行估计,从而得出更具时变特性的估计参数,主要包括 DSGE-VAR 模型和扩展的 VAR 模型。这些混合型 DSGE 模型中,DSGE-VAR 模型由于易于操作且预测力较强而受到大多数学者的青睐。

DSGE 模型在近年来得到了飞速发展。其清晰的建模思路与框架,理论和实际的一致性,微观和宏观分析、长期与短期分析的完美结合等独特性日益受到研究者的青睐。并且,计算机技术的不断发展和计量经济研究方法的不断创新也使 DSGE 模型的更新程度和进度大大提高,用它作为工具研究的经济问题也更加广泛和深入。目前许多国家的中央银行、财政部门和其他经济部门以及世界各大经济组织已经或者正在开发不同复杂程度的 DSGE 模型,利用该模型研究的问题涉及经济周期分析、货币政策和财政政策、国际汇率、收入分配以及金融稳定等众多相关领域。DSGE 模型正在取代传统的计量经济模型而成为经济分析的一个基准工具。

第四节　宏观金融风险管理

宏观金融风险是金融经济学中的一个重要概念,它是指由于经济金融因素的变化,导致资金融通活动中金融脆弱性增强,从而出现资产价格偏离经济基本面,金融体系不能较好地履行经济职能,金融危机因素增多,给国民经济产出带来严重损失的可能性。宏观金融风险的生成、传染、积累、爆发表现为一个连续的动态过程。宏观金融风险管理并不要求每个金融机构在任何时候都保持最优状态,但整个金融体系的风险必须处于可控状态。

宏观金融和微观金融的风险都来源于经济金融领域的不确定性,是不确定性带来的经济损失的可能性。有效地防范和化解宏观金融风险能够避免社会公共风险和金融危机的发生,从而实现金融体系的稳定。

一、宏观金融脆弱性

有关金融脆弱性的讨论最早源于费雪提出的债务通缩理论,其利用该理论对1929—1933年大萧条进行了理论解释。而继大萧条之后,传统、主流的商业周期理论的主要政策目标是如何应对需求冲击来稳定宏观经济产出及价格水平,金融部门在经济周期理论中的作用并没有得到应有的重视。相对非主流的金融脆弱性(financial fragility)或金融不稳定假说(financial instability hypothesis)理论,在2008年金融危机爆发后,越来越受到主流经济学界的关注,并且逐渐被纳入宏观经济分析框架。

由于2008年全球金融危机中表现出的新特征,众多学者基于不同研究角度对金融不稳定性进行了深入分析,同时也加深了对本次金融危机的理解。其中,主要的分析视角包括债务杠杆、杠杆周期及金融周期。Goodhart等(2010)的研究主要解释了金融危机的产生机制及由债务杠杆所引起的动态金融不稳定;Geanakoplos(2010)提出了杠杆周期理论,基于该理论重新审视了美国金融史,指出2008年金融危机无非是历史重演,也说明了金融系统脆弱性的内生性;Borio(2014)将金融周期定义为金融体系中有关金融风险认知、融资约束及资产价格之间的自我强化机制扩大了经济波动,进而导致了广泛的金融萧条及宏观经济错配。金融繁荣成为金融系统崩溃的原因,金融系统崩溃是金融脆弱性在金融繁荣阶段累积的结果,金融系统脆弱性是由不可避免的内生力量所导致的。

二、宏观金融风险的预警

国际货币基金组织对53个国家在1975—1997年间发生的引发货币危机的冲击事件进行了考察,结果发现,一些经济指标在冲击发生前几个月中会表现出显著不同于正常时期的特征,这些指标是:实际汇率、信贷增长以及广义货币与国际储备之比。国际货币基金组织以这三个变量为基础,设计了一个脆弱性指数,认为脆弱性指数持续增高,此时如果出现某种冲击,很可能引发金融危机。国际货币基金组织的脆弱性预警指标体系建立在经验统计的基础上,在不同国家都有成功的预测案例。卡明斯基等建立的信号法首创于1997年,其核心思想是选择一系列经济指标,根据其历史数据确定临界值,这个临界值是使干扰信号比率最小化的指标取值,即 $T = B/(1-A)$(A表示犯第一类错误的概率,B表示犯第二类错误的概率)。当某个指标的临界值在某个时段被突破,就意味着该指标发出了一个危机信号。危机信号发出得越多,表示未来24个月爆发危机的可能性越大。卡明斯基等发现,预警指标体系应包括尽可能多的指标,而最有效的指标是实际汇率、国内信贷、国际储备、货币供应量、财政赤字、贸易余额、实际GDP等。信号法的实质是外推预测,当经济金融在预测时期和历史资料的来源时期没有重大变化,总体同分布时,预测效果是可以信赖的。

宏观金融风险预警方法研究的另一种思路,是计算宏观金融风险的发生概率。阿尔弗莱德·莱哈尔(Alfred Lehar)提出将风险管理法用于估测银行业系统性风险(Lehar,2003)。风险管理法首先设定系统性风险的诱导因素和银行倒闭的指标临界值,用极大似然估计法估算资产的波动率和资产的收益率,利用布莱克-斯科尔斯(Black-Schloes)模型和默顿(Merton)模型就可以得到银行资产的市场价值的时间序列,银行资产的市场价值波动由几何布朗运动给出,使用蒙特卡罗模拟法模拟单银行倒闭的时间序列,即可得出诱导因素发生的概率和超过银行系统中某一特定数量的银行同时倒闭的可能性,也就是整个银行系统性风险发生的概率。风险管理法以上市银行为研究对象,要求有系统的金融数据资料,对发达金融市场国家有较强的解释力,应用于发展中国家则面临资料获取的困难,会计和统计核算基础难以适应。

三、宏观金融风险的监测

压力测试(stress test)最早被应用于工程学,是指一种测试系统稳定性的技术方法。就其在金融学中的应用而言,其最早是被用来测试单个投资组合或单一金融机构在特殊压力条件下的表现,也被称为微观压力测试。但2008年全球金融危机后,为了评估整个金融系统稳定性及其对宏观经济的溢出效应,更好地解决及防范金融危机,众多学者提出通过借鉴原有压力测试方法,应用相似技术来测试整个金融系统稳定性及其对宏观经济的影响,即宏观压力测试。宏观压力测试具体包括,应对外部压力的风险敞口、压力情境(影响风险敞口的外生冲击)、建立外部冲击及测试结果之间关系的理论模型、衡量测试结果(产出)等。例如,有关金融机构偿付能力的宏观压力测试,是通过将金融机构的资本水平作为衡量测试结果的指标,假定所有测试金融机构的资产负债表和损益表(风险敞口)都受到了经济衰退(压力情境)的较大影响,并且通过采用一组简化形式或结构形式的理论模型来反映经济衰退与金融机构资本水平之间的关系,进而评估不同压力情境下的金融机构偿付能力及潜在风险。

2008年金融危机后,有关宏观压力测试的研究,主要是基于本次金融危机的新状况及新特征,提出了新的宏观压力测试框架及压力测试方法。例如,Breuer等(2009)提出压力测试情境设计的三个评价标准:压力情境的合理性、压力情境的严重性及降低风险的措施建议。他们通过建立压力情境合理性的算法模型来搜寻使得投资组合损失最大的外部因素结果,但是他们也指出,压力情境的合理性与严重性之间存在相互对立的关系,因为非合理的压力情境往往会产生严重性后果;Huang等(2009)提出了一个系统性风险的测度及压力测试框架,用单个银行的事前违约概率与资产预期收益相关性的金融风险保费来衡量系统性风险,通过整合微观—宏观模型,并考虑美国主要银行的稳健情况与宏观金融条件的动态联系,建立金融机构的压力测试方法。有关新的压力测试方法及技术的研究,如Duffie(2011)提出了基于金融网络分析方法的"10-by-10-by-10"的模型来监管系统性风险,监管者可以应用该模型评估银行抵押前后的经济价值及流动性敞口的风险压力程度,进而测度在不同压力情境下的系统性重要金融机构的风险敞口。另外,美国监管资本评估计划(SCAP)中选取了GDP增长率、失业率及房价等宏观经济情景,该计划从金融监管角度,基于各个金融机构自身数据、模型和估算方法,通过详细的"自下而上"的分析方法来评估单个投资组合的风险状况,以确定19家大型金融机构的资本充足率,同时可以应用每个计划中的金融机构数据来分析微观审慎监管对宏观审慎监管的影响。

2008年全球金融危机后,宏观压力测试备受关注。很多国家和地区都将其作为评估金融体系潜在风险的方法,货币当局也都进行了宏观压力测试的有益实践。Avouyi-Dovi

等(2009)介绍了法国宏观压力测试的框架,即主要通过建立评估法国制造业信用风险的宏观经济模型来进行宏观压力测试。该宏观经济模型主要是基于信贷组合理论来模拟不同宏观经济情景下信贷组合的损失概率分布来测试宏观压力。他们应用了两个损失概率分布模拟程序:在第一个模拟过程中,企业被假定为有相同的违约概率;在第二个模拟过程中,纳入了个体风险。实证结果表明,不同的模拟程序将导致显著不同的损失概率分布。例如,一个标准差的产出负面冲击将导致法国制造业的金融负债在99%置信度下的最大损失为3.07%,但是考虑个体违约风险情况及相同的违约概率假设,金融负债的最大损失为2.61%。Carciente 等(2014)利用网络模型理论,建立可以描述银行体系的系统性结构动态模型,用以分析金融系统对外部冲击的敏感性和传染性等基本特征,并且利用委内瑞拉1998—2013年银行体系数据,分析了银行系统的结构性变化和银行投资组合对外部冲击的敏感性,结果表明,针对政策制定者和监管机构,应用网络模型方法可以有助于其更好地实施基于宏观审慎监管的动态压力测试和监管措施。Kitamura 等(2014)对于日本央行所实施的宏观压力测试进行了说明,阐述了日本金融系统报告(Financial System Report)中的宏观压力测试框架。他们指出,日本央行的宏观压力测试框架已经随着时间的推移得到不断改进,以确保其能够更好地分析日本金融系统的风险因素。目前日本央行宏观压力测试的主要内容包括:通过建立一个包括金融和宏观经济两部门的中型规模的新的金融宏观经济计量模型(the Financial Macro-econometric Model, FMM),刻画金融和经济部门之间的反馈环(feedback loop)。该宏观压力测试框架不仅能对总量指标(如资本充足率和净利息收益)进行压力测试,也能对单个金融机构进行内部压力测试。

本章小结

1. 传统宏观金融学以凯恩斯有效需求理论为起点,之后希克斯和汉森对此模型进行了修改,提出了 IS-LM 模型。二战后,随着外汇管制的放松以及国际金融市场的发展,罗伯特·A.蒙代尔建立了一个开放经济的宏观经济学模型,即蒙代尔-弗莱明模型,进一步补充和完善了宏观经济理论体系。

2. 开放条件下的宏观经济均衡条件可以通过三种动态优化方法进行求解,即拉格朗日方法、汉密尔顿方法和动态规划法。

3. 在完美的市场经济分析框架下,货币对宏观经济的影响是中性的,货币发行的多少仅决定物价的高低,不对实际经济产生影响,因此古典宏观经济模型也被称为"实际经济周期"模型。但在凯恩斯主义的非完美市场分析框架下,货币将表现出非中性特征,目前将货币纳入新凯恩斯主要分析框架的主要由三种方式:现金先行模型、内含货币模型和交易成本模型。

4. DSGE 模型是在不确定性的环境下研究经济的一般均衡问题的一种优化模型,它的出发点是严格依据经济上的一般均衡理论,利用动态优化方法对各经济主体在不确定环境下的行为决策进行详细的刻画,从而得到经济主体在禀赋约束、成本约束及信息约束等条件下的最优行为方程,再加上市场出清条件,并利用宏观加总方法,最终得到不确定环境下总体经济满足的基本方程。

5. 宏观金融风险是金融经济学的一个重要概念,指由于经济金融因素的变化,导致资金融通活动中金融脆弱性增强,从而出现资产价格偏离经济基本面,金融体系不能较好地履行经济职能,金融危机因素增多,给国民经济产出带来严重损失的可能性。宏观金融风险的生成、传染、积累、爆发表现为一个连续的动态过程。宏观金融风险管理并不要求每个金融机构在任何时候都保持最优状态,但整个金融体系的风险必须处于可控状态。

6. 宏观金融风险可以通过国际货币基金组织设计的脆弱性指数、卡明斯基等建立的信号法及阿尔弗莱德·莱哈尔提出的风险管理法等方法进行预测。宏观压力测试可以清晰地找到金融体系的薄弱点,定量地对宏观金融风险进行监测。

本章重要概念

凯恩斯模型　IS-LM 模型　蒙代尔-弗莱明模型　现金先行模型　内含货币模型　交易成本模型　货币超中性　生产者货币定价　消费者货币定价　DSGE 模型　宏观金融风险　压力测试

思考练习题

1. 简述新开放宏观金融学的分析框架。
2. 简述 DSGE 模型的含义及其结构。
3. 什么是货币超中性?
4. 如何对宏观金融风险进行预警和监测?

习 题 答 案

第二章

1. **解** （1） $i_e = \left(1 + \dfrac{i}{m}\right)^m - 1 = 1.0609 - 1 = 0.0609 = 6.09\%$

（2） $i_e = e^r - 1 = e^{0.06} - 1 = 1.06184 - 1 = 0.06184 \approx 6.18\%$

2. **解** $r = \dfrac{\ln F - \ln P}{t} = \dfrac{\ln 3P - \ln P}{8} = \dfrac{\ln 3}{8} = 13.73\%$

3. **解** $4.2 = 2.6 \times (1+i)^5 \quad 1.615 = (1+i)^5 \quad i = 0.10061 \approx 10\%$

4. **解** 将 $V = 200\,000(1.25)^{\sqrt[3]{t^2}}$ 代入 $P = Ve^{-rt}$

$P = 200\,000(1.25)^{t^{\frac{2}{3}}} e^{-0.06t}$

$\ln P = \ln 200\,000 + t^{\frac{2}{3}} \ln 1.25 - 0.06t$

$\dfrac{\mathrm{d}}{\mathrm{d}t}(\ln P) = \dfrac{1}{P}\dfrac{\mathrm{d}P}{\mathrm{d}t} = \dfrac{2}{3}(\ln 1.25) t^{-\frac{1}{3}} - 0.06 = 0$

$\dfrac{\mathrm{d}P}{\mathrm{d}t} = P\left[\dfrac{2}{3}(\ln 1.25) t^{-\frac{1}{3}} - 0.06\right] = 0$

$t^{-\frac{1}{3}} = \dfrac{3 \times 0.06}{2\ln 1.25} \Rightarrow t = \left[\dfrac{0.18}{2 \times 0.22314}\right]^{-3} = 15.3$

所以，15.3 年后收益最大。

5. **解** $P = 250\,000(1.75)^{\sqrt[4]{t}} e^{-0.07t}$

$\ln P = \ln 250\,000 + t^{\frac{1}{4}} \ln 1.75 - 0.07t$

$\dfrac{\mathrm{d}}{\mathrm{d}t}(\ln P) = \dfrac{1}{P}\dfrac{\mathrm{d}P}{\mathrm{d}t} = \dfrac{1}{4}(\ln 1.75) t^{-\frac{3}{4}} - 0.07 = 0$

$\dfrac{\mathrm{d}P}{\mathrm{d}t} = P\left[\dfrac{1}{4}(\ln 1.75) t^{-\frac{3}{4}} - 0.07\right] = 0$

$\dfrac{1}{4}(\ln 1.75) t^{-\frac{3}{4}} - 0.07 = 0$

$t = \left[\dfrac{0.28}{\ln 1.75}\right]^{-\frac{4}{3}} = 2.52 \text{ 年}$

6. 解 （1）求需求函数的反函数

$$\begin{bmatrix} -3 & 1 & 1 \\ 1 & -4 & 2 \\ 2 & 1 & -5 \end{bmatrix} \begin{bmatrix} P_1 \\ P_2 \\ P_3 \end{bmatrix} = \begin{bmatrix} Q_1 - 150 \\ Q_2 - 180 \\ Q_3 - 200 \end{bmatrix}$$

$|A| = -36$

$$|A_1| = \begin{vmatrix} Q_1 - 150 & 1 & 1 \\ Q_2 - 180 & -4 & 2 \\ Q_3 - 200 & 1 & -5 \end{vmatrix} = -4\,980 + 18Q_1 + 6Q_2 + 6Q_3$$

$$P_1 = \frac{-4\,980 + 18Q_1 + 6Q_2 + 6Q_3}{-36} = 138.33 - 0.5Q_1 - 0.17Q_2 - 0.17Q_3$$

$$|A_2| = \begin{vmatrix} -3 & Q_1 - 150 & 1 \\ 1 & Q_2 - 180 & 2 \\ 2 & Q_3 - 200 & -5 \end{vmatrix} = -5\,090 + 9Q_1 + 13Q_2 + 7Q_2$$

$$P_2 = \frac{-5\,090 + 9Q_1 + 13Q_2 + 7Q_2}{-36} = 141.39 - 0.25Q_1 - 0.36Q_2 - 0.19Q_3$$

$$|A_3| = \begin{vmatrix} -3 & 1 & Q_1 - 150 \\ 1 & -4 & Q_2 - 180 \\ 2 & 1 & Q_3 - 200 \end{vmatrix} = -4\,450 + 9Q_1 + 5Q_2 + 11Q_3$$

$$P_3 = \frac{-4\,450 + 9Q_1 + 5Q_2 + 11Q_3}{-36} = 123.61 - 0.25Q_1 - 0.14Q_2 - 0.31Q_3$$

（2）
$$\pi = P_1 Q_1 + P_2 Q_2 + P_3 Q_3 - TC$$
$$= (138.33 - 0.5Q_1 - 0.17Q_2 - 0.17Q_3)Q_1$$
$$+ (141.39 - 0.25Q_1 - 0.36Q_2 - 0.19Q_3)Q_2$$
$$+ (123.61 - 0.25Q_1 - 0.14Q_2 - 0.31Q_3)Q_3$$

$$\pi'_1 = 138.33 - 1.42Q_2 - 1.42Q_3 - 3Q_1 = 0$$
$$\pi'_2 = 141.39 - 1.42Q_1 - 1.33Q_3 - 4.72Q_2 = 0$$
$$\pi'_3 = 123.61 - 1.33Q_2 - 1.42Q_1 - 2.62Q_2 = 0$$

$$\therefore \begin{bmatrix} -3 & -1.42 & -1.42 \\ -1.42 & -4.72 & -1.33 \\ -1.42 & -1.33 & -2.62 \end{bmatrix} \begin{bmatrix} Q_1 \\ Q_2 \\ Q_3 \end{bmatrix} = \begin{bmatrix} -138.33 \\ -141.39 \\ -123.61 \end{bmatrix}$$

$|A| = -22.37, |A_1| = -612.27, |A_2| = -329.14, |A_3| = -556.64$

$\bar{Q}_1 = \frac{|A_1|}{|A|} = 27.37, \bar{Q}_2 = 14.71, \bar{Q}_3 = 24.88$

（3）$|H_1| = \begin{vmatrix} -3 & -1.42 & -1.42 \\ -1.42 & -4.72 & -1.33 \\ -1.42 & -1.33 & -2.62 \end{vmatrix} = -3, |H_2| = 12.14, |H_3| = |A| = -22.37$

所以 π 可以达到最大值。

7. 解 $K = \int I\mathrm{d}t = \int 40 t^{\frac{3}{5}} \mathrm{d}t = 40 \left(\frac{5}{8} t^{\frac{8}{5}}\right) + C = 25 t^{\frac{8}{5}} + C$

代入 $t = 0$ 和 $K = 75$

$C = 75 \qquad K = 25 t^{\frac{8}{5}} + 75$

8. 解 $P_S = 81 \times 6 - \int_0^6 (Q+3)^2 \mathrm{d}Q = 486 - \left[\frac{1}{3}(Q+3)^3\right]_0^6 = 252$

9. 解 当市场平衡时, $s = d$, 则

$25 - Q^2 = 2Q + 1$, $(Q+6)(Q-4) = 0$, $Q_0 = 4$, $P_0 = 9$

(1) $C_s = \int_0^4 (25 - Q^2) \mathrm{d}Q - 9 \times 4 = \left[25Q - \frac{1}{3}Q^3\right]_0^4 - 36 = 42.67$

(2) $P_s = 9 \times 4 - \int_0^4 (2Q + 1) \mathrm{d}Q = 36 - [Q^2 + Q]_0^4 = 16$

10. 解 $P_{ij}(1) = 0$

$P_{ij}(2) = P^2 = \begin{pmatrix} q & p & 0 \\ q & 0 & p \\ 0 & q & p \end{pmatrix}^2 = \begin{pmatrix} q^2 + pq & pq & p^2 \\ q^2 & 2pq & p^2 \\ q^2 & pq & pq + p \end{pmatrix}$

$P_{ij}(0) > 0, \forall i,j > 0, S = 2$, 具有遍历性。

第四章

4. 解 已知: $\sigma_A^2 = 459 \qquad \sigma_B^2 = 312 \qquad \sigma_C^2 = 179$

$\sigma_{AB} = -211 \qquad \sigma_{AC} = 112 \qquad \sigma_{BC} = 215$

$\omega_A = 0.5 \qquad \omega_B = 0.3 \qquad \omega_C = 0.2$

(1) 用公式计算:

方差 $\sigma_P^2 = 0.5^2 \times 459 + 0.3^2 \times 312 + 0.2^2 \times 179 + 2 \times 0.5 \times 0.3 \times (-211)$
$\qquad + 2 \times 0.5 \times 0.2 \times 112 + 2 \times 0.3 \times 0.2 \times 215 = 134.89$

标准差 $\sigma_P = \sqrt{134.89} = 11.61$

(2) 用矩阵计算:

方差 $\sigma_P^2 = (0.5 \quad 0.3 \quad 0.2) \begin{pmatrix} 459 & -211 & 112 \\ -211 & 312 & 215 \\ 112 & 215 & 179 \end{pmatrix} \begin{pmatrix} 0.5 \\ 0.3 \\ 0.2 \end{pmatrix} = 134.89$

标准差 $\sigma_P = \sqrt{134.89} = 11.61$

5. 解 (1) 构造套利组合:

根据题意,假设在套利组合中 A、B、C 的投资比重分别为 $0.2, x, y$。

根据套利组合的条件建立方程组:

$0.2 + x + y = 0$

$2 \times 0.2 + 3.5x + 0.5y = 0$

$0.2 \times 0.2 + 0.1x + 0.05y > 0$

据此可以得到方程组的一组解:$x = y = -0.1$。

这表明:A、B、C 在套利组合中的投资比重分别为 0.2、-0.1、-0.1。

(2) 对原有组合进行调整(以达到套利的目的):

根据题意,将 A 的持有比例提高到 0.4,将 B 和 C 的持有比例都减少到 0.3。

因此,为达到套利的目的,在调整后的陈先生的投资组合中其他两种证券 B 和 C 的比例都是 0.3。

6. 解 假设在套利组合中三种股票的投资比重分别为 x、y 和 z。由已知条件可得:

(1) $x + y + z = 0.05 + 0.10 - 0.15 = 0$

(2) $4x + 2.5y + 3z = 4 \times 0.05 + 2.5 \times 0.1 - 3 \times 0.15 = 0$

(3) $x \times 20\% + y \times 15\% + z \times 10\% = 0.05 \times 20\% + 0.1 \times 15\% - 0.15 \times 10\% = 1\%$

假定投资者持有这三种证券的市值分别为 100 万元,那么套利证券组合的市值为 300 万元。为了实现套利,他可以这样操作:

(1) 出售股票 3:$-0.15 \times 10\% \times 300 = -4.5$(万元)

(2) 购买股票 1:$0.05 \times 20\% \times 300 = 3$(万元)

(3) 购买股票 2:$0.10 \times 15\% \times 300 = 4.5$(万元)

其和为 $1\% \times 300 = -4.5 + 3 + 4.5 = 3$(万元)

因此投资者可以在没有任何风险的情况下获得较高回报。它是非投资获利,没有风险,并且有正的预期收益。

7. 解 投资的期望收益为 $E(W) = 50 \times 0.4 + 200 \times 0.6 = 140$

投资的期望效用为 $E[U(W)] = 0.4 \times \ln 50 + 0.6 \times \ln 200 = 4.744$

设确定性等价为 x,则令 $\ln x = 4.744$,得到 $x = 114.89$

因此,该投资活动的风险溢价为 $140 - 114.89 = 25.11$。

8. 解 估计结果为 $E(r_p) - r_f = 4\% + 0.8 \times [E(r_m) - r_f]$

即 $E(r_p) = 5.2\% + 0.8 \times E(r_m)$

估计结果表明,股票组合 P 的年平均收益率与市场组合的年平均收益率保持同向变动,并且当市场组合的年平均收益率变动 1% 时,股票组合 P 的年平均收益率大致变动 0.8%。

如果明年的预期市场收益率为 20%,利用估计结果可以预测出股票组合 P 的预期收益率 $E(r_p) = 5.2\% + 0.8 \times 20\% \approx 21\%$。

第五章

7. 解 $d_1 = \dfrac{\ln(100/100) + (0.1 + 0.25^2/2) \times 1}{0.25 \times \sqrt{1}} = 0.525$

$d_2 = \dfrac{\ln(100/100) + (0.1 - 0.25^2/2) \times 1}{0.25 \times \sqrt{1}} = 0.275$

查阅标准正态分布函数数值表可知 $N(d_1) = 0.7002, N(d_2) = 0.6083$

因此该看涨期权的价格为:$c = 100 \times 0.7002 - 100 \times e^{-0.1 \times 1} \times 0.6083 = 14.98$(美元)

8. 解 （1）由已知条件有

$u = 1.2, \quad d = 0.8$

$p = \dfrac{e^{r\Delta t} - d}{u - d} = \dfrac{e^{0.08 \times 3/12} - 0.8}{1.2 - 0.8} = 0.5505$

$1 - p = 0.4495$

由题意可知,股价在两个时间步长后分别为 72 美元、48 美元和 32 美元,对应的欧式看涨期权的价值分别为 22 美元、0 美元和 0 美元,因此有

$c_u = (0.5505 \times 22 + 0.4495 \times 0) \times e^{-0.08 \times 3/12} = 11.8712 (美元)$

$c_d = (0.5505 \times 0 + 0.4495 \times 0) \times e^{-0.08 \times 3/12} = 0 (美元)$

因此该欧式看涨期权的价格为

$c = (0.5505 \times 11.8712 + 0.4495 \times 0) \times e^{-0.08 \times 3/12} = 6.41 (美元)$

（2）证明：

$c + X e^{-r(T-t)} = 6.41 + 50 \times e^{-0.08 \times 6/12} = 54.45$

$p + S = 4.45 + 50 = 54.45$

因此得到 $c + X e^{-r(T-t)} = p + S$,欧式看涨期权和欧式看跌期权的平价关系成立。

9. 解

由题意可知 $S = 100\,000\,000$ 美元,$X = 90\,000\,000$ 美元,$r = 7\%$,$\sigma = 20\%$,$T = 0.5$ 年。

$d_1 = \dfrac{\ln(100\,000\,000/90\,000\,000) + (0.07 + 0.2^2/2) \times 0.5}{0.2 \times \sqrt{0.5}} = 1.0632$

$d_2 = \dfrac{\ln(100\,000\,000/90\,000\,000) + (0.07 - 0.2^2/2) \times 0.5}{0.2 \times \sqrt{0.5}} = 0.9218$

查阅标准正态分布函数数值表可知 $N(d_1) = 0.8562$,$N(d_2) = 0.8217$

因此该看跌期权的价格为

$p = 90\,000\,000 \times e^{-0.07 \times 0.5} \times N(-d_2) - 100\,000\,000 \times N(-d_1) = 1\,115\,070.12$ 美元

因此,实施此项策略需付成本为 $1\,115\,070.12$ 美元,约为投资组合价值的 1.1%。若市场动荡,证券组合的市场价值下降为 $70\,000\,000$ 美元,此时执行看跌期权,可得 $90\,000\,000$ 美元,并且扣除购买看跌期权的成本后可得 $88\,884\,929.88$ 美元。另一方面,若证券组合的市场价值上升为 $110\,000\,000$ 美元,期权到期时已没有价值,那么剩余为 $108\,884\,929.88$ 美元($110\,000\,000$ 美元 $- 1\,115\,070.12$ 美元)。

第七章

6. 解 （1）计算 3 年期商业贷款的久期：

$$D_3 = \dfrac{\dfrac{98}{1.14} + \dfrac{2 \times 98}{1.14^2} + \dfrac{3 \times 98}{1.14^3}}{700} = 2.65 (年)$$

9 年期政府贷款的久期：

$$D_9 = \dfrac{\sum_{t=1}^{9} t\dfrac{24}{1.12^t}}{200} + \dfrac{9 \times \dfrac{200}{1.12^9}}{200} = 5.97$$

1 年期定期存款的久期 $D_1 = 1$

4 年期可转让定期存款的久期：

$$D_4 = \sum_{t=1}^{4} \frac{t\dfrac{40}{1.1^t}}{400} + \frac{\dfrac{4 \times 400}{1.1^4}}{400} = 3.49$$

5 年期定期存款的久期：

$$D_5 = \frac{5 \times \dfrac{280 + 28 \times 5}{1.1^5}}{280} = 4.66$$

资产平均久期为：$D_C = \dfrac{700}{1\,000} \times 2.65 + \dfrac{200}{1\,000} \times 5.97 = 3.05$

负债平均久期为：$D_A = \dfrac{240}{920} \times 1 + \dfrac{400}{920} \times 3.49 + \dfrac{280}{920} \times 4.66 = 3.2$

（2）久期缺口为：$D_{gap} = D_C - \omega D_A = 3.05 - \dfrac{920}{1\,000} \times 3.2 = 0.11$

（3）3 年期商业贷款的凸性：

$$C_3 = \frac{1}{700 \times 1.14^2}\left(\sum_{t=1}^{3} \frac{t(t+1)98}{1.14^t} + \frac{12 \times 700}{1.14^3}\right) = 7.79$$

9 年期政府贷款的凸性：

$$C_9 = \frac{1}{200 \times 1.12^2}\left(\sum_{t=1}^{9} \frac{t(t+1) \times 24}{1.12^t} + \frac{90 \times 200}{1.12^9}\right) = 40.51$$

1 年期定期存款的凸性：

$$C_1 = \frac{2 \times (240 + 240 \times 0.09)}{240 \times 1.09^2} = 1.83$$

4 年期可转让定期存款的凸性：

$$C_4 = \frac{1}{400 \times 1.1^2}\left(\sum_{t=1}^{4} \frac{t(t+1) \times 40}{1.1^t} + \frac{20 \times 400}{1.1^4}\right) = 13.72$$

5 年期定期存款的凸性：

$$C_5 = \frac{\dfrac{30 \times 420}{1.1^5}}{280 \times 1.1^2} = 23.09$$

（4）当利率立即上升 1% 时，3 年期商业贷款由于久期变化而导致的现值变化为

$$\Delta P_3 = -D_3 \frac{\Delta i}{1+i} P = -2.65 \times 700 \times \frac{0.01}{1.14} = -16.3（万元）$$

由于凸性变化而导致的现值变化为

$$\Delta P_3' = \frac{1}{2} P C_3 (\Delta i)^2 = \frac{1}{2} \times 700 \times 7.79 \times 0.01^2 = 0.27（万元）$$

总的现值变化为

$$\Delta P = \Delta P_3 + \Delta P_3' = -16.3 + 0.27 = -16.027\,3（万元）$$
$$P' = 700 + \Delta P = 700 - 16.027\,3 = 683.972\,7（万元）$$

利用现值公式计算得到的现值为
$$P = \sum_{t=1}^{3} \frac{105}{1.15^t} + \frac{700}{1.15^3} = 684(万元)$$
可以看出利用久期和凸性可以很好的衡量资产现值的变化。

7. 解 先计算方差协方差矩阵：

$$\begin{bmatrix} 0.25 \times 1.65 & 0 & 0 \\ 0 & 0.27 \times 1.65 & 0 \\ 0 & 0 & 0.3 \times 1.65 \end{bmatrix} \times \begin{bmatrix} 1 & 0.6 & 0.5 \\ 0.6 & 1 & 0.3 \\ 0.5 & 0.3 & 1 \end{bmatrix}$$

$$\times \begin{bmatrix} 0.25 \times 1.65 & 0 & 0 \\ 0 & 0.27 \times 1.65 & 0 \\ 0 & 0 & 0.3 \times 1.65 \end{bmatrix} = \begin{bmatrix} 0.17 & 0.11 & 0.1 \\ 0.11 & 0.2 & 0.07 \\ 0.1 & 0.07 & 0.25 \end{bmatrix}$$

再用权重矩阵相乘：

$$\sigma^2 = (0.3 \quad 0.25 \quad 0.45) \begin{bmatrix} 0.17 & 0.11 & 0.1 \\ 0.11 & 0.2 & 0.07 \\ 0.1 & 0.07 & 0.25 \end{bmatrix} \begin{bmatrix} 0.3 \\ 0.25 \\ 0.45 \end{bmatrix} = 0.14$$

$$\text{VaR} = P_0 z_\alpha \sigma = 500 \times \sqrt{0.14} = 184.6(万元)$$

8. 解 求出第六年的收益率：

$$\alpha = \frac{7-6}{7-5} = 0.5$$

$$y_6 = 0.5 \times y_5 + 0.5 \times y_7 = 0.5 \times 0.06605 + 0.5 \times 0.06745 = 0.067$$

计算实际现金流的现值：

$$\text{PV} = \frac{100}{1.067^6} = 67.77(万元)$$

求方差：

$$\sigma_6 = \alpha \sigma_5 + (1-\alpha)\sigma_7 = 0.5 \times 0.577\% + 0.5 \times 0.8095\% = 0.69\%$$

计算相同波幅时的映射权重：

$a\bar{\alpha}^2 + b\bar{\alpha} + c = 0$

$a = \sigma_4^2 + \sigma_5^2 - 2\rho_{4,5}\sigma_4\sigma_5, b = 2\rho_{4,5}\sigma_4\sigma_5 - 2\sigma_5^2, c = \sigma_5^2 - \sigma_{4,6}^2$

$$\bar{\alpha} = \frac{-b \pm \sqrt{b^2 - 4ac}}{2a} \Rightarrow \bar{\alpha}_1 = 0.5, \bar{\alpha}_2 = 9.7(舍去)$$

计算现金流映射的分配：

$P_5 = \bar{\alpha}_1 \text{PV} = 0.5 \times 66.67 = 33.335$

$P_7 = \text{PV} - P_5 = 33.335$

计算 VaR：

$\text{VaR} = P_0 z_\alpha \sigma_P = 100 \times 1.65 \times 0.69\% = 1.1385(万元)$

参 考 文 献

1. 李楚霖等编著. 金融分析及应用. 首都经济贸易大学出版社. 2002.
2. 陈忠阳著. 金融风险分析与管理研究——市场和机构的理论、模型与技术. 中国人民大学出版社. 2001.
3. 王春峰著. VaR——金融市场风险管理. 天津大学出版社. 2001.
4. 〔美〕菲利浦·乔瑞著. 张海鱼等译. VAR:风险价值. 中信出版社. 2001.
5. 斯坦利·R. 普利斯卡著. 数理金融学引论. 经济科学出版社. 2002.
6. 王松奇、刘玚. 动态随机一般均衡理论的新进展. 当代经济研究. 2014.9.
7. 张逸民等编著. 风险计量学. 百家出版社. 2000.
8. 〔美〕安东尼·桑德斯著. 刘宇飞译. 信用风险度量. 机械工业出版社. 2001.
9. 〔美〕爱德华·I. 爱特曼等著. 石晓军等译. 演进着的信用风险管理. 机械工业出版社. 2001。
10. 〔美〕滋维·博迪等著. 朱宝宪等译. 投资学(第四版). 机械工业出版社. 2000.
11. 宋逢明著. 金融工程原理——无套利均衡分析. 清华大学出版社. 1999.
12. 〔美〕安东尼·G. 科因等编著. 唐旭等译. 利率风险的控制与管理. 经济科学出版社. 1999.
13. 陆懋祖著. 高等时间序列经济计量学. 上海人民出版社. 1999.
14. 张永林编著. 数理金融学与金融工程基础(第二版). 高等教育出版社. 2011.
15. 叶中行、林建忠编著. 数理金融——资产定价与决策理论. 科学技术出版社. 1998.
16. 张尧庭编著. 金融市场的统计分析. 广西师范大学出版社. 1998.11.
17. 陈绍昌编著. 国际金融计算技术. 中国对外经济贸易出版社. 1995.6.
18. 王一鸣编著. 数理金融经济学. 北京大学出版社. 2000.
19. 〔美〕特伦斯·米尔斯著. 金融时间序列的经济计量学模型. 经济科学出版社. 2002.
20. 埃德加·E. 彼德斯著. 分形市场分析. 经济科学出版社. 2002.
21. 段兵编译整理. 金融风险管理理论新进展——TRM评述. 国际金融研究. 1999,8.

教辅申请说明

北京大学出版社本着"教材优先、学术为本"的出版宗旨,竭诚为广大高等院校师生服务。为更有针对性地提供服务,请您按照以下步骤通过**微信**提交教辅申请,我们会在 1~2 个工作日内将配套教辅资料发送到您的邮箱。

◎扫描下方二维码,或直接微信搜索公众号"北京大学经管书苑",进行关注;

◎点击菜单栏"在线申请"—"教辅申请",出现如右下界面:

◎将表格上的信息填写准确、完整后,点击提交;

◎信息核对无误后,教辅资源会及时发送给您;
如果填写有问题,工作人员会同您联系。

温馨提示: 如果您不使用微信,则可以通过以下联系方式(任选其一),将您的姓名、院校、邮箱及教材使用信息反馈给我们,工作人员会同您进一步联系。

联系方式:

北京大学出版社经济与管理图书事业部
通信地址:北京市海淀区成府路 205 号,100871
电子邮箱:em@pup.cn
电　　话:010-62767312 /62757146
微　　信:北京大学经管书苑(pupembook)
网　　址:www.pup.cn